# GREGORY

Bernard GROSLIER / Catherine TARDREW

# GREGORY

CARRERE

Michel Lafon

Éditions 13
9 Bis rue de Montenotte
75017 PARIS
Tél. : (1) 622.44.54

I.S.B.N. 2-86804-125-5

# TABLE DES MATIÈRES

# PRÉAMBULE

**« CECI EST MA DERNIÈRE LETTRE. VOUS VOUS DEMANDEREZ TOUJOURS QUI J'ÉTAIS ET VOUS NE TROUVEREZ JAMAIS... »**

C'est le Corbeau de la Vologne qui a écrit cette phrase dans une de ses lettres adressées à la famille de Grégory. Grégory Villemin, cet enfant de quatre ans et demi, retrouvé noyé comme un chaton dans la Vologne, une rivière des Vosges. Grégory jeté à l'eau, pieds et poings liés, son bonnet enfoncé sur le visage pour qu'il ne voit pas son assassin. Ou parce que celui-ci n'a pu supporter de voir ses yeux rieurs au moment de le condamner à mort. Grégory, la joie de vivre, l'innocente victime d'une monstrueuse affaire qui révulse la France.

Qui a osé ? Qui a pu, pour assouvir sa vengeance, s'en prendre à l'enfant dans une mise en scène qui dépasse l'imaginable ? Un scénario qu'aucun auteur de film noir ou de roman policier n'aurait osé imaginer parce que non crédible. Et pourtant, dans le crime de Lépanges, tout est vrai. Tous les ingrédients sont réunis pour en faire sans doute la plus mystérieuse affaire de ce demi-siècle.

« Vous vous demanderez toujours qui j'étais et vous ne trouverez jamais », écrivait le Corbeau.

Même si demain, ou dans six mois, les policiers désignent un nouveau coupable, le doute persistera. Trop d'erreurs ont été commises, trop de « suspects » arrêtés et salis, pour qu'on puisse croire, les yeux fermés, que le nouveau coupable qu'on nous présentera est le bon. Faute de preuves formelles, même des aveux devront nous laisser sceptiques.

Qui est le Corbeau ? Qui est l'assassin de Grégory ? La même personne ? Un homme ? Une femme ? Un couple ? Ou quelqu'un a-t-il profité de l'existence d'un Corbeau pour tenter de lui faire endosser son crime ? Un fou ? Un maniaque ? Un proche de l'enfant ? Sa mère ?... Laroche ?... Ou quelqu'un d'autre qui se cache dans l'ombre et auquel les enquêteurs n'ont pas pensé. A moins que ce ne soit une personne que côtoie chaque jour la famille de l'enfant... Un être supérieurement intelligent, alors ? Qui mettrait son intelligence au service de sa haine et de sa perversité ?... Pourquoi pas ? Tout est possible. Même l'inimaginable, sinon l'impossible.

Pendant sept mois, Bernard Groslier et Catherine Tardrew ont enquêté dans les Vosges. Ils ont vécu au jour le jour dans la vallée de la Vologne, comme envoyés spéciaux du « Parisien ». C'est cette extraordinaire et passionnante enquête que nous voulons vous raconter. Ce livre est un document. Il est fondé sur leur perception de l'affaire et il est truffé d'indices et de révélations. Il donne des pistes et des clefs au lecteur. A ceux qui le liront, de se faire eux-mêmes leur opinion.

# 1.

# L'APPEL DU CORBEAU : « J'AI TUÉ LE FILS DU CHEF. »

Mardi 16 octobre 1984. — « Il fait un temps superbe sur la majeure partie de la France » a annoncé à la télévision le météorologiste de service. Il ne s'est pas trompé. Le soleil est revenu sur les Vosges et ailleurs après quatre ou cinq jours d'un temps exécrable. Un bon soleil d'automne pas très chaud mais bien agréable. Ce n'est pas aujourd'hui qu'on rentrera les géraniums qui éclaboussent de rouge les bords des fenêtres. La campagne prend des allures de tableau impressionniste avec sa palette infinie de jaunes et de tons roux. Par ci, par là, les colchiques font des taches roses dans les prairies gorgées d'eau.

A Lépanges-sur-Vologne, un village de 1 000 habitants, bâti à flanc de côteau sur les bords de la départementale 44 qui relie Bruyères, le chef-lieu de canton, à Épinal ou Remiremont en passant par Docelles, l'après-midi est calme en ce mardi. Quelques camions sur la route ; des vieilles sur le pas de leurs portes qui parlent du beau temps revenu en attendant le soir. Plus haut, en bordure de bois, quelques tracteurs strient les champs. Un village comme les autres. Paisible, endormi. A cette heure-là, les gosses sont à l'école et leurs parents à l'usine, la manufacture vosgienne, une grande bâtisse plutôt sinistre, bâtie toute en longueur en contrebas de la route, le long de la rivière, la Vologne.

16 h 30. — La demie vient de sonner au clocher de la petite église qui domine le village et la vallée. Juste à côté, comme un écho, la cloche tinte à l'école communale. Les portes s'ouvrent tout grand : les gamins sortent en criant et en se bousculant. Ils ont hâte de retrouver le grand air et le soleil qui se reflète là-bas sur la rivière derrière la Manufacture. La nuit ne tombera que dans une heure et demie. Les petits de la maternelle se précipitent dans les bras de leur maman. Parmi eux, un garçonnet aux yeux vifs et rieurs, bagarreur comme pas un. Une dernière bourrade, un dernier coup de poing dans un cartable... Grégory Villemin, quatre ans et demi, dit « salut » aux copains et s'approche de Christine Jacquot, la mère de son camarade Éric.

Comme chaque soir, Christine récupère Grégory à la sortie de l'école en même temps que son gamin. C'est un rituel convenu depuis longtemps entre cette jeune et jolie femme de 24 ans, aux longs cheveux bouclés, et Christine Villemin, la mère de celui qu'on appelle « Greg », « Grego » ou « Titi », le petit caïd de la maternelle. Les deux femmes sont amies depuis cinq ou six ans. Elles habitaient l'une à côté de l'autre au « Gai-Champ », la petite cité H.L.M. de Lépanges, avant que Jean-Marie et Christine Villemin ne décident de faire construire un pavillon sur le plateau de Parimont, au milieu des prés, juste au-dessus du village. Comme la maman de Grégory travaillait en tant qu'ouvrière-couturière à la Manufacture, c'est Mme Jacquot qui s'est chargée de jouer les « nourrices » pour Grégory. Quand il a eu l'âge d'aller en maternelle, sa mère a dit à sa copine : « Si tu pouvais te charger de mon gosse en même temps que du tien à la sortie de l'école, ça m'arrangerait bien.

Je n'aurais qu'à le prendre tous les soirs chez toi à la sortie du boulot, à cinq heures moins le quart »...

Comme chaque jour, Christine Villemin est venue ce mardi lui confier l'enfant juste après le repas de midi en retournant à son travail, sans oublier la pomme du goûter.

Christine Jacquot ramène à la cité les deux enfants qui chahutent tout le long du chemin. A peine arrivés au H.L.M., ils avalent en dix secondes leur « quatre heures » et se lancent dans une partie de foot acharnée devant l'immeuble, sous les yeux de la maman qui bavarde quelques instants avec une voisine au pied de l'escalier. Une petite brume recouvre les prairies le long de la Vologne. Du parking de Gai-Champ, on voit au loin les montagnes, et les forêts de sapins sombres à perte de vue. Ici, d'ailleurs, c'est le pays du bois tout autant que du textile. Dans le ciel bleu, de gros nuages, blancs comme le coton qu'on tisse dans les manufactures de la région, filent très haut...

16 h 50. — Christine Villemin arrive au volant de sa petite R5 bleu marine. Elle sort de l'usine, située à à peine 400 ou 500 mètres plus bas : elle n'a eu qu'à prendre sur 300 mètres la route départementale qui, comme dans tous les villages-rues de France, constitue aussi l'artère principale, puis elle s'est engagée sur la droite dans une petite impasse en épingle à cheveux pour venir se garer au pied des H.L.M. Elle est pressée. Elle refuse la tasse de café que lui propose son amie.

— *J'ai une montagne de linge à repasser ! C'est fou comme le gosse salit... Bon, je me sauve. A demain ! Allez, Titi, arrive ! Viens ! Je ne vais pas t'attendre cent sept ans !*

Des mots ordinaires, des phrases comme chaque soir des millions de mères qui ont leurs occupations ménagères après leur journée de travail en prononcent.

Simplement, Christine a manifestement hâte d'être rentrée chez elle. Dure, dure, la vie d'usine à la chaîne pour 4 200 F par mois dans ce pays touché par la crise où on est encore bien heureux d'avoir un job et d'être payé au S.M.I.C.

Grégory consent difficilement à interrompre la partie de ballon, traîne les pieds. Il faut le supplier. « Greg » se plaît bien mieux ici au milieu de ses copains de la cité que là-haut au grand pavillon devant lequel personne ne passe. Il finit par grimper à l'arrière de la voiture. Christine Jacquot, sa nounou, aperçoit par la vitre arrière une petite main qui s'agite en guise d'au-revoir dans la R5 qui s'éloigne. C'est la dernière image qu'elle aura de l'enfant.

Pour l'heure, la voiture file et disparaît dans le virage en bas du parking pour rejoindre de nouveau la D 44 qu'il faut reprendre sur 500 mètres à gauche pour gagner les Hauts de Lépanges par une rue en côte qui longe le cimetière et l'église.

17 h 00. — Christine Villemin gare sa voiture dans le petit garage de parpaings attenant à son pavillon. Jean-Marie, son mari, a ajouté, il y a quelques mois, cette aile à la maison et il lui reste d'ailleurs encore à la crépir en blanc pour dissimuler les blocs de béton. Ce garage ne fait pas laid. Au contraire, la pente rallongée du toit sur le côté gauche et la charpente de bois lui donnent l'allure d'un châlet savoyard. Le coin, certes, est un peu sauvage, mais la vue est imprenable sur la vallée et les montagnes des Vosges qui, dans deux mois, seront recouvertes de neige.

Grégory saute à terre et demande à jouer dehors devant l'entrée, sur le tas de gravillons que son père utilise pour son mortier. Il fait tout de même un peu frisquet et sa mère l'oblige à garder son anorak.

— *J'ai obligé Grégory à mettre son bonnet que j'ai*

*pris dans la maison,* dira plus tard Christine Villemin qui, elle, ôte son pull et ses chaussures, enfile une robe d'intérieur, installe sa table à repasser et branche la radio.

C'est la fin du flash sur R.T.L. et la speakerine annonce la seconde partie des « Grosses Têtes » : « Nous retrouvons maintenant les invités de Philippe Bouvard qui sont aujourd'hui... » Les volets du pavillon sont fermés. De temps en temps, en vaquant à ses occupations — expliquera Christine — elle jette un œil sur l'enfant qui joue avec son seau, sa pelle et des petites voitures.

17 h 26. — A Aumontzey, à douze kilomètres de là, sur la nationale 423 qui rejoint Gérardmer, le téléphone sonne chez Albert Villemin, le grand-père de Grégory. Il habite lui aussi un peu à l'écart du village, fief des usines de filature Boussac Saint-Frères, un grand pavillon neuf, tout blanc, aux volets sombres. Il répugne à décrocher. Une sonnerie, puis deux, trois. Et ça raccroche sans attendre. On s'est impatienté au bout du fil. Albert maugrée contre les gens pressés. Quelques secondes plus tard, c'est chez Gilbert, un oncle de Grégory, qui habite lui dans la maison neuve d'à-côté que la sonnerie retentit. Michel Villemin, 24 ans, oncle lui aussi de l'enfant, est en train de regarder un téléfilm sur F.R.3. Il décroche :

— *Allô ?*

— *C'est moi ! Tu me reconnais ? dit une voix à l'autre bout.*

Le sang de Michel se glace. Sûr qu'il a reconnu, rien qu'à l'intonation, la voix qui parle. Une voix qu'il n'a jamais oubliée, reconnaissable entre toutes et qu'il n'a pas entendue depuis des mois : celle du Corbeau !

— *Ça ne répond pas à côté. Tu leur diras que j'ai pris le fils du chef et que je l'ai mis dans la Vologne !* Sa mère est déjà en train de le chercher ! lance la voix déguisée, comme venue de l'au-delà, déformée par un mouchoir ou un ustensile (un verre peut-être ou un micro de magnétophone), sans que Michel puisse dire si la voix forcée est celle d'un homme ou d'une femme. Le correspondant anonyme a déjà raccroché.

Michel court chez ses parents et hurle dès l'entrée :

— *Le Corbeau vient d'appeler ! Il a dit qu'il avait jeté Grégory dans la Vologne ! Oui, le fils du chef qu'il a dit ! Oui, oui, dans la Vologne qu'il l'a mis !*

Conciliabules, affolement. Est-ce encore une blague douteuse, un sale tour du Corbeau qui s'était arrêté pourtant de faire des siennes depuis près d'un an et demi ? Cela à l'air sérieux. On décide d'alerter la gendarmerie de Corcieux. Ce sont les gendarmes de cette brigade qui ont eu à s'occuper par le passé des méfaits du Corbeau. Ils ont enquêté pendant un bout de temps. En vain. Mais ils connaissent bien l'affaire. « *Vous êtes sûr qu'il a dit qu'il avait jeté le gosse dans la Vologne ? Il a dit le chef ? Le chef, c'est Jean-Marie ? Il rigolait pas ?* »Sûr, c'est grave ! Il faut faire quelque chose !

Tandis que les gendarmes de Corcieux s'activent, les Villemin alertent aussi Jean-Marie, le père de Grégory. A cette heure, il doit être à son travail à Autocoussin, à la Chapelle-devant-Bruyères, distante de deux kilomètres à vol d'oiseau. Le jeune père est contremaître dans cette usine de sous-traitance pour l'industrie automobile, spécialisée dans les accessoires comme tant d'autres entreprises du coin. Car pour la famille, il ne fait aucun doute que le Corbeau faisait allusion à son enfant. Ils ont tout de suite compris le sens du message.

Le « chef », c'est le surnom de Jean-Marie depuis qu'il a des responsabilités à Autocoussin. C'est le beau-père de Jacky, un autre de ses frères, le Roger Jacquel, qui, croit-on se souvenir, aurait le premier donné ce sobriquet, un peu par dérision, au contremaître. Le

« chef », c'est aussi comme cela qu'on l'appelle dans la famille, parce que c'est celui qui a le mieux réussi et qu'il a tendance à donner des ordres et des conseils à tout le monde.

Et puis, surtout, le Corbeau a souvent cité le chef dans ses lettres. C'est bien à son gosse qu'il a fait allusion tout à l'heure !

Cri de tête de Jean-Marie quand il entend sur le téléphone de l'atelier la nouvelle.

— *Je pars tout de suite là-bas.* dit-il les dents serrés. *Je devine qui a fait le coup. Il l'emportera pas au paradis, ce fumier, s'il a vraiment fait ça !* »

Quelques minutes plus tard, au volant de sa voiture, il fonce sur la route de Lépanges. A l'entrée de Bruyères, il croise son frère Michel lui aussi en voiture : appels de phare. Les deux véhicules se garent le long du fossé herbeux de chaque côté de la nationale.

— *Alors, c'est le Corbeau ?* crie Jean-Marie blême, à travers la vitre baissée. *Tu as reconnu sa voix ?... Bon, je vais aller le trouver !*

Pendant ce temps, Monique Villemin, la grand-mère de Grégory, a appelé depuis Aumontzey Mme Gilberte Blaise, la mère de Christine, au H.L.M. de Bruyères. Les deux grands-mères, qui se voient rarement, mais qui s'estiment bien, sont rongées par l'angoisse. D'autant que les Villemin n'on pas réussi à joindre Christine à son pavillon de Lépanges. Les parents de Grégory ont fait mettre leur téléphone sur la liste rouge, car le Corbeau s'est acharné sur eux à une époque. Ils n'ont communiqué le numéro secret qu'à quelques proches. D'ailleurs, depuis, le Corbeau ne s'est plus manifesté.

17 h 30. — Léger retour en arrière. Pendant tous ces événements, Christine qui vaquait dans sa maison, prise, dit-elle, par son ouvrage, est venue seulement à

cette heure-là jeter un œil dehors. Stupeur ! Grégory n'est plus sur son tas de sable. Ses jouets traînent à terre. Elle appelle et commence à chercher autour de la maison. Affolée, elle court chez les Méline, les fermiers voisins dont les bâtiments sont à cent mètres derrière la maison en bordure des bois. C'est souvent là que Grégory va jouer et se cacher auprès des vaches, « ses copines », comme il dit. Il n'y est pas. La mère prend sa voiture et redescend chez la nourrice, Christine Jacquot.

Ce n'est pas la première fois que Grégory se sauve. Il s'ennuie tellement « là-haut » qu'il lui est arrivé de s'éloigner de la maison. Il a pu vouloir retourner chez sa nounou pour reprendre la partie de foot.

Il est 17 h 33 quand elle arrive, pâle, livide :

— *« Tu n'as pas vu Grégory ? C'est pas possible ! Il s'est sauvé de la maison ! Il jouait dehors. Il a disparu.*

Et la jeune mère ajoute cette phrase qui étonne sur le moment et étonnera toujours Mme Jacquot, comme elle intriguera par la suite les enquêteurs :

— *Si c'est lui qui l'a pris, c'est fichu ! Je ne reverrais jamais plus mon Titi !*

Et juste au moment de remonter dans sa R5 pour regagner en hâte son pavillon, elle lâche une confidence tout aussi étrange :

— *Si tu savais, ma pauvre, ce que j'ai pu endurer ces dernières années !*

Quand elle arrive chez elle, le téléphone sonne. Au bout du fil, sa mère qui lui répète ce que vient de lui apprendre la mémé Villemin d'Aumontzey : « Christine, le Corbeau a appelé chez Gilbert. C'est Michel qui a pris la communication. Il a dit qu'il allait jeter le gamin dans la Vologne ! »

Christine gémit :

— *Oh non ! Mon pauvre petit ! Je ne le reverrai plus !*

A ce moment, son mari, revenu en catastrophe, entre, le visage blanc, les yeux fixes. Sans attendre, il prend son fusil et saute dans sa voiture. Direction : Granges-sur-Vologne chez Roger Jacquel, le beau-père de son frère Jacky, celui même qui l'a baptisé du nom de « chef », et qu'il soupçonne depuis des années d'être le Corbeau.

Le soir tombe. Il aperçoit au loin, devant la fermette entourée de prés, deux fourgonnettes bleues qu'il prend pour des voitures de gendarmerie. Il fait demi-tour.

Bientôt toute la famille Villemin se trouve sur les hauteurs de Lépanges. Les gendarmes, sont là. On explique l'affaire. Le Corbeau, les menaces, le ton résolu de son appel. Mais, on essaie encore de se rassurer, de ne pas dramatiser.

— *Bon, ne vous affolez pas ! Le gamin a très bien pu faire une fugue. On va fouiller les bois à côté...*

— *Mais puisqu'on vous dit que le Corbeau a appelé pour dire que c'était lui qui avait pris le gosse ! Le petit n'a pas pu s'enfuir. Il l'a enlevé. Il faut fouiller la Vologne !*

Évidemment, vu ainsi, ce ne peut être une affaire de fugue. On voudrait bien espérer que l'enfant turbulent se soit caché dans un fourré pour faire « tourner sa mère en bourrique », mais la thèse de l'enlèvement s'impose à l'évidence.

Les recherches commencent. Tandis que des hommes fouillent les bois environnants et ratissent les prés, les fossés et jettent un œil sur les étangs proches de la maison en criant « Grégory ! », aux quatres points cardinaux, d'autres descendent à la rivière. D'autant que les gendarmes de Corcieux ont confirmé l'existence du corbeau malfaisant. Les enquêteurs se font expliquer l'affaire par le même : une histoire de maniaque qui a menacé plusieurs fois la famille...

Les effectifs grossissent de minute en minute, au fur et à mesure que la nuit tombe. On bat le rappel des pompiers du village, puis de la région. Il faut faire vite car, bientôt, on n'y verra plus rien. Et l'on inspecte le long de la Vologne où l'on pense que l'enfant a pu tomber en se promenant...

Philippe Jéchoux, reporter à « La Liberté de l'Est », alerté par un informateur, arrive d'Épinal avec son photographe. Sur le moment, il ne comprend pas la réflexion que lui lance méchamment Jean-Marie : *Tiens, vous êtes déjà là ! Je devine qui vous a averti !*

Notre confrère, sur l'instant éberlué, aura l'explication quelques jours plus tard de cette phrase aussi hargneuse que sybilline. Liliane Villemin, la femme de Jacky, le frère de Jean-Marie et la fille de Roger Jacquel, est correspondante de « La Liberté de l'Est » pour le secteur de Granges-sur-Vologne. Or, dans sa rage de trouver l'assassin, le père de Grégory a imaginé que la fille de celui qu'il prend pour le Corbeau a été avertie du rapt de Grégory par son père. Il pense qu'elle a poussé le machiavélisme jusqu'à avertir les reporters de son journal...

— *Si le corps du gamin est dans l'eau, il sera arrêté au barrage de Docelles. C'est là que le courant va l'emporter et il ne pourra pas passer plus loin ! Il faudrait que vous envoyiez une équipe là-bas.*

C'est M. Claudel, le maire de Lépanges, qui parle aux pompiers et aux gendarmes en dirigeant les opérations de recherches sur les bords de la rivière. La Vologne, il la connaît parfaitement.

La nuit est tombée. On n'a toujours pas retrouvé Grégory. Il faut se rendre à l'évidence. L'enfant a bien été enlevé et son ravisseur n'a pas dû mentir. Mais fouiller les rives et les eaux glauques devient une gageure, même avec de puissantes torches. Et où faut-il chercher ? Juste sous Lépanges ? En amont ?

On court voir à Docelles, le bourg plus bas, distant de six kilomètres. On inspecte les berges, lampe électrique en main. Le faisceau des torches glisse sur les remous du torrent.

21 h 30. — *Hé ! les gars ! Venez voir ! Il y a un truc bizarre dans la flotte ! Ça ressemble à un gosse !*

Brusquement, depuis la passerelle pour piétons qui enjambe la Vologne en plein cœur du village, un des sauveteurs vient d'apercevoir dans la lueur de sa torche un paquet long, juste à trois ou quatre mètres en aval. Il est aux trois quarts immergé au sommet de la petite cascade que forme le déversoir encombré de grosses pierres et de branchages.

Les hommes s'approchent, pénètrent encordés et bottés dans l'eau glacée du ruisseau, mi-torrent, mi-rivière, grossie par les pluies des jours derniers. Retenu par un tronc d'arbre, coincé par les rochers de la retenue, c'est bien le corps d'un enfant.

Grégory !

Il est mort.

Il est 21 h 35.

Tandis qu'alertés les autorités judiciaires et les grands patrons de la gendarmerie arrivent, toutes sirènes hurlantes, d'Épinal et de Nancy, on retire le petit corps. Le photographe de « La Liberté de l'Est » est là. Il a suivi les battues et n'a pas lâché d'une semelle les sauveteurs. Son flash crépite dans la nuit. Il va immortaliser la scène.

Lui, l'humble photographe d'un journal régional, va prendre l'une des photos les plus pathétiques de ces vingt dernières années : un cliché effroyable, qui a fait le tour du monde, et qui sera examiné des centaines de fois pour tenter de comprendre. Un cliché que les enquêteurs ont épinglé au-dessus de leurs bureaux pour se souvenir toujours et ne pas fléchir dans la chasse à son assassin.

Un homme en pleurs, au visage débonnaire et jovial, grosses moustaches tombantes, en blouson au col fourré, porte dans ses bras un enfant qui semble dormir. Sur les joues du sauveteur, deux larmes brillent. En bas de la photo, deux autres bras qui se tendent pour recueillir le petits corps. Vêtu d'un anorak bleu, chaussé de ses botillons, Grégory a les poignets et les pieds attachés avec une grosse ficelle. Son meurtrier lui a enfoncé son bonnet sur la tête, retenu lui aussi par une ficelle. Au cou, l'enfant porte une corde. Son assassin a dû vouloir lester le corps d'une pierre. A moins qu'il ne s'agisse d'un symbole, d'une sorte de signature, d'un simulacre de pendaison...

Commence réellement alors ce qui va devenir le plus étrange et le plus horrible « fait divers » de ce dernier quart de siècle.

Dans Docelles, envahi par les gendarmes, les pompiers, les gens du parquet, les autorités préfectorales et politiques locales, la rage s'empare de la population. La foule se masse autour de la passerelle. Des mots reviennent sur toutes les lèvres : corbeau... enfant... assassin... monstruosité... guillotine...

Une rage mêlée de crainte et presque de peur, de honte aussi, en pensant à l'individu qui a fait cela. La nouvelle du drame a déjà gagné Lépanges, Bruyères, Aumontzey, Épinal.

A vingt-trois heures, les radios en ont parlé. Les Vosges sont pétrifiées d'effroi. Comment cette région calme, ce coin de France profonde peuplé d'honnêtes gens et de travailleurs, qui se débat dans un chômage endémique alors qu'elle a du courage à revendre, aurait-elle enfanté pareil monstre ?...

A minuit, dans les cafés restés ouverts, on est comme anéanti.

Toute la nuit, à la gendarmerie de Bruyères, la ville voisine qui héberge la brigade du secteur où s'est installé le Q.G. des enquêteurs, les lumières restent allumées. Commence un incessant va-et-vient des voitures de service et les premières auditions de la famille, puis les interrogatoires de ceux que l'on désigne déjà comme les suspects, voire comme les auteurs probables de ce crime immonde.

Rarement peut-être les gendarmes n'ont eu une telle rage à vouloir mettre la main sur un assassin. Car c'est un monstre impitoyable, doublé d'un corbeau maléfique. Ils sont décidés à le découvrir avant l'aube, ou, au plus tard, dans la matinée de demain.

C'est quasi sûr : demain soir, le monstre sera sous les verrous. Il faudra même songer à le protéger du lynchage, car sait-on jamais ? Avec la foule surexcitée qui parle de lui faire la peau...

Pendant ce temps, au pavillon de Lépanges, là-haut sur le plateau d'ordinaire désert, c'est l'accablement chez les Villemin. Jean-Marie, le père du petit martyr sacrifié à des haines d'adultes, a hurlé devant la mort de son fils unique, l'amour de sa vie, sa fierté d'homme. De rage impuissante, il s'est rué les deux poings en avant contre un mur et s'est foulé le poignet. Christine, la mère, sanglote. Tous les proches sont là, tentant de calmer leur douleur et de comprendre le crime. On s'éloigne, secoués de hoquets, pour pleurer un bon coup, et on tourne en rond dans les pièces de la grande maison qui n'entendra plus les cris de Grégory, le petit caïd. On pleure à nouveau en regardant les jouets dispersés dans sa chambre recouverte d'un papier choisi exprès pour son fils par le papa-gâteau : des bolides qui font la course sur tous les murs et même jusqu'au plafond.

— *On ne peut pas les laisser seuls,* dit une cousine

très tard dans la nuit. *Ils seraient capable de faire une bêtise. Il faut pourtant qu'ils se reposent un peu. Le mieux, c'est qu'ils viennent dormir à la maison...*

Les voitures trouent l'ombre en direction d'Aumontzey. Avant de partir, on a fermé ce qui fut naguère le pavillon du bonheur et qui s'est transformé en maison du malheur devant laquelle une petite pelle en plastique est plantée sur le tas de sable. Jean-Marie et Christine la quittent à tout jamais. Jamais plus, ils n'y dormiront. Jamais plus, ils n'y seront heureux.

# 2.

# CE MATIN LES VOSGES ONT HONTE

Mercredi 17 octobre. — Depuis l'aube, R.T.L., Europe 1 et France-Inter ont parlé de « l'affaire ». La France s'est réveillée mal à l'aise en écoutant les détails du crime.

Une première dépêche est tombée, tard la veille, parlant d'un enfant de quatre ans enlevé dans les Vosges près d'Épinal. Son ravisseur, expliquait-elle, a affirmé par téléphone qu'il allait le jeter dans une rivière voisine. Des battues ont été organisées pour retrouver le garçonnet.

Une heure et demie plus tard, une autre dépêche est arrivée en urgence : le petit garçon, Grégory Villemin, a été retrouvé dans la Vologne, les pieds et les mains liés. Malgré l'heure tardive, les journalistes de permanence ont téléphoné de tous côtés pour tenter d'en savoir plus. Les rédacteurs en chef de nuit n'on pas hésité à « repiquer », à bouleverser la mise en page des quotidiens pour annoncer le drame. Mais, faute de temps, on n'a pas cassé la « une » pour passer l'information en première page. Et ce matin, la nouvelle est en page intérieure du « Parisien » avec un titre malgré tout imposant.

Grande effervescence au journal. Il y a eu quelques réflexions de la part du directeur de la rédaction. En clair, on s'est fait un peu sonner les cloches aux « Infos Génés » (1). En professionnel accompli, Jacques Poncharal a senti « l'énorme affaire, le fait divers hors du commun ». Il s'est étonné que, dès la veille, quelqu'un ne soit pas parti dans la nuit dans les Vosges... On bredouille des raisons pour notre défense : le manque de reporters, l'heure tardive, l'absence de trains...

— *C'est une affaire fabuleuse !* explique le patron à la cantonnade. *Incroyable cette affaire de Corbeau !... Cette famille qui se déchire... Ces haines ancestrales... Dominici... Lurs... La France profonde... Je vous dis que c'est une extraordinaire affaire dont on parlera encore longtemps.*

L'aube s'est levée sur la Vologne en ce mercredi 17 octobre. Une aube blafarde. Le ciel, bleu hier, a viré au gris. Brusquement, le paysage semble triste, lugubre, sali par la mort d'un innocent. Les Vosgiens espéraient, la veille, avoir fait un cauchemar. Quand ils se réveillent pour gagner leurs usines, à vélo, en « mob », ou en voiture, la radio les ramène sur terre.

Ce matin, les Vosges ont honte.

— *Il faut lui couper la tête à ce salaud ! Faire ça à un gosse sans défense !*

Les Vosges vont vivre pendant des semaines en proie à la peur de tout : peur du voisin, peur de l'inconnu, peur aussi d'être suspecté. Chacun va jeter son fiel. On ne comptera plus les appels anonymes aux gendarmes. Les suspects seront innombrables dans ce coin de l'hexagone traumatisé. La chasse au monstre de Lépanges est ouverte.

— *Ah ! si on le tenait !*

Les femmes ont les expressions les plus dures, imaginent pour le monstre les supplices les plus raffinés, au regard desquels la castration n'est qu'un aimable passe-

*(1) Informations Générales (chargées de couvrir les faits divers)*

temps. Comme si, en s'en prenant au petit Grégory, le Corbeau s'en était pris à leur propre enfant. Rarement, autant que dans ce meurtre, on aura vu les Françaises s'investir corps et âme. C'est leur chair et leur ventre de mère que le Corbeau a crucifiés. Badinter, l'homme de l'abolition, le Monsieur anti-guillotine, doit avoir les oreilles qui sifflent. D'ailleurs, tout ce qui arrive, « c'est de sa faute ». Combien de fois ne l'entendrons-nous pas ! Il n'a pas intérêt, l'occupant de la place Vendôme, à aller les jours de crime boire un rouge limé dans les troquets de la France profonde !

A Bruyères, où les enquêteurs ont établi dans la nuit leur P. C. dans le petit bâtiment préfabriqué de la gendarmerie, pas un seul gamin dans les rues en ce mercredi, jour des enfants. Ou alors, très entourés... C'est le jour où, en temps normal, on aurait pu voir jouer Grégory devant le H.L.M. de sa grand-mère, Mme Blaise, juste à côté de la gendarmerie. Tous les mercredis matins, en allant au travail à la Chapelle-devant-Bruyères, son père le déposait là, chez mémé Gilberte, sauf quand il était « de nuit ».

Le gamin passait la journée à « faire-le-fou » avec les bambins de l'immeuble.

Aujourd'hui, plus de cris, plus d'insousiance. C'est triste, lugubre...

Difficile d'imaginer que c'est dans ce paysage campagnard qui prend des allures de contrée touristique, au moindre rayon de soleil que l'horreur a surgi. La semaine précédente encore, il paraît qu'on cueillait les champignons à la tonne dans les massifs forestiers, mais pour l'heure les immenses bois de sapins et de hêtres sont déserts. On ne s'aventure plus depuis hier dans les taillis.

Des vallées, des collines à perte de vue, pas très élevées (500 à 800 mètres) ; des forêts partout, des rivières qui courent au fond de chaque val : voici les Basses-

Vosges. Glacées l'hiver, froides au printemps. C'est un paysage reposant, traversé par les vacanciers qui ne font que passer... Car à deux pas, c'est la vraie montagne.

Granges-sur-Vologne, encore dans la plaine, c'est l'amorce des sommets. Déjà la petite ville où règnent les usines Ancel bénéficie de la proximité de Gérardmer. On est tout surpris d'y trouver, à deux pas des filatures pas vraiment gaies-gaies, et même sinistres, des hôtels de tourismes qui donnent au village un côté villégiature.

Gérardmer, à treize kilomètres de là, où travaillent aussi beaucoup de gens de la vallée dans la zone industrielle ou la restauration, c'est le Deauville du coin. Le contraste est saisissant avec les villages qui entourent Bruyères, Épinal ou Remiremont : riches maisons de vacances, hôtels de luxe, résidences d'été, casino, planches à voile sur le lac. On vient de loin, le samedi soir, danser dans les boîtes.

Juste au-dessus, c'est le Haut-Rhin, le col de la Schlucht, le Hohneck (1 300 mètres) fréquentés par des touristes, pour la plupart allemands. Ceux-ci ont une prédilection pour ce lieu, même à l'automne et au printemps. On a dû leur apprendre à l'école que la région était allemande après la guerre de 1870 (la frontière passait à la Schlucht) et sans doute viennent-ils voir sur place où se terminait l'Empire germanique. Même les restaurants du col ont un aspect bavarois.

Quand certains jours, nous aurons un temps de pause dans la chasse à l'assassin, nous tenterons d'échapper à l'atmosphère étouffante de la vallée, et grimperons au Hohneck d'où l'on voit le Mont-Blanc, le Jungfraü et même les monts d'Auvergne. Idéal pour faire le point avant de replonger dans le brouillard d'en-bas : il n'y a qu'à suivre pour cela le cours de la Vologne. Elle ne vous quitte pas dans la descente depuis le lac de Gérardmer où elle prend sa source. A Granges, à

Aumontzey, à Lépanges, à Docelles, elle est là. Au même titre que l'enfant noyé ou le Corbeau, elle est le personnage clef de l'affaire Grégory. Elle se transforme, elle aussi, comme le paysage. Plus grand-chose à voir, quand elle arrive sous Lépanges, avec le fin torrent qui dégringole au milieu des sapins noirs du côté de Kichompré. A l'image des villages qu'elle traverse, elle devient industrieuse, car le long des nationales ou des départementales de la vallée, se sont édifiées au siècle dernier d'innombrables usines en bordure des vieux bourgs. Filatures, tissages. C'était la grande époque du capitalisme naissant et des maîtres des forges. Avec la concurrence sino-japonaise et l'envahissement des fibres made in Taiwan ou Formose, elles n'en finissent pas de mourir, les filatures, comme sont mortes les usines de soie des fonds de vallées ardéchoises.

Pourtant, pas de travail ici, hormis le textile ou la sous-traitance automobile. Le textile se porte un peu mieux qu'il y a dix ans. Comme disent les élus locaux, « la région a su surmonter la grave crise économique provoquée par la concurrence asiatique ». Pas d'autre échappatoire que la manufacture. Depuis le siècle dernier, une fois terminée l'année du certificat d'études, on file à la chaîne, bien content d'y entrer pour un salaire de misère. Rien n'a changé, sinon qu'on essaye de pousser les gosses jusqu'au C.A.P., même s'ils ont tendance à s'ennuyer sur les bancs de l'école après quatorze ans. Ces grands garçons un peu rustauds sont manifestement mieux faits pour courir les prés ou casser du bois que pour languir en classe.

L'arrivée des « fabriques » sous le second Empire a colmaté l'effroyable hémorragie de l'exode rural. Ce n'est d'ailleurs pas par hasard ni philantropie, si le patronat paternaliste du siècle dernier a choisi ces régions rudes. Comme aujourd'hui en Inde ou en Asie, une population pauvre, ardente au travail, était prête à se précipiter derrière les métiers à tisser pour trois sous. Une masse facilement exploitable dont la bourgeoisie capitaliste naissante ne s'est pas privée pendant longtemps d'exploiter la sueur et santé. Les choses ont sans doute changé, mais la condition ouvrière dans ces régions frappées par le chômage reste difficile et peu brillante.

Les enfants des paysans fortunés sont demeurés à la terre et ont agrandi leurs domaines (élevage, polyculture), mais les petits fermiers qui vivotaient jadis sur des lopins de terre ont fini à l'usine. Ici, on n'y échappe pas.

En fait, ce ne sont pas les Vosgiens qui sont partis à la ville. Ce sont les usines qui sont venues à la campagne, au milieu des champs. C'est ce qui frappe le plus en arrivant à Lépanges, Aumontzey, Granges, Laveline-devant-Bruyères, les villages des Villemin : une extraordinaire cohabitation de deux mondes que l'on dit —et qui sont bel et bien —opposés. D'un côté, les agriculteurs ; de l'autre, les ouvriers. Les usines ont poussé dans les prés au bord de la Vologne. Et les habitations de leurs ouvriers ont surgi, il y a quatre-vingts ans, sous leur ombre, tout près de la maison des maîtres. Imaginez des corons en bordure des champs de maïs, des cités populaires à deux pas des vaches et des tracteurs. Pas d'immenses grands ensembles style Minguettes ou Sarcelles, mais des H.L.M. à l'horizontale. De toutes petites maisons ouvrières, construites à l'identique, alignées le long des routes, chacune avec son jardinet à poireaux. Et à côté, les énormes usines à toit en dents de scie... Une vraie caricature des livres de géographie de notre enfance. Avec parfois, comme à Aumontzey, à vingt mètres de chez le grand-père Villemin, une grande église de style bizantin, construite « bêtement » au milieu des champs au début du siècle par un clergé dynamique venu évangéliser les masses laborieuses gagnées par l'athéisme... Une église prévue pour trôner au cœur d'une ville ouvrière qui n'a pas eu le temps de naître (la crise du textile est arrivée trop vite), un peu comme ces saloons des villes du Far West désertés après la ruée vers l'or. Il y a longtemps que la grande bâtisse n'a plus accueilli de fidèles, si tant est qu'elle en ait eus ! Une impression de misère à l'image des corons voisins.

Le rêve de tous ici est simple, le même que Jean-Marie : faire construire. Avoir son pavillon à soi, c'est le symbole de la réussite. La pub pour Férinel, Phénix, Bouygues et autres constructeurs, ils l'écoutent à la radio avec recueillement. Les « Sam' suffit » avec deux cents mètres de jardin clos par des cyprès, c'est le but de la vie de chacun.

Être chez soi : la maison construite « parpaing après parpaing », le faux puits sur le gazon, le fortitia en fleurs en mars, le chien sur le pas de la porte et un grand portail de gentilhommière. Un rêve touchant qu'avait réalisé Jean-Marie, le père de Grégory. Et d'autres, débrouillards comme lui, passent leurs loisirs à aménager leur nid.

Leur livre de chevet : le catalogue de « la Redoute » ou des « Trois Suisses »... Est-ce la jalousie pour la réussite de son papa qui a tué Grégory ?

« Les Vosgiens sont pauvres, mais riches dans leur cœur ! », explique un élu du coin. C'est particulièrement vrai dans ce coin de la vallée de la Vologne. Un historien local raconte que la région comptait beaucoup de serfs sans terre jadis ; des vilains, des esclaves, véritablement taillables et corvéables à merci par les seigneurs et les abbayes du coin. Cela expliquerait l'incroyable profusion d'habitants n'ayant qu'un prénom en guise de nom. Pas un village qui n'ai sa kyrielle de Noël, Daniel, Michel, Robert, Jacob, Jacques, Bernard, Philippe, etc. Ils ont gardé leurs patronymes de pauvres sans biens, donc sans nom de lieu. Les gendarmes auront du mal à s'y retrouver dans les Daniel Michel et Michel Daniel, les Jacques Noël ou les Noël Jacques.

A la Révolution, une fois émancipés, ces hommes sont passés du servage à la condition d'ouvriers agricoles. Guère plus riches : un bout de pré pour faire vivre des familles de dix ou douze enfants, la misère noire, obligés de faire le domestique ou l'ouvrier agricole chez les autres.

— *« J'avais à peine sept ans quand mes parents m'ont placé chez des voisins. On me donnait un bout de pain le matin pour aller garder les vaches et je dormais avec les bêtes...,* se souvient un vieux d'Herpelmont, le pays des Villemin, qui a vécu cette condition vers 1900.

L'implantation des usines a été accueillie à l'époque comme un bienfait du ciel. Est née alors une race que l'on appelle les ouvriers-paysans. Le nom, ici, n'est pas exact. Vers Aumontzey, on n'est pas dans la Sarthe ou le Puy-de-Dôme où les agriculteurs qui font leurs trois-huit chez Renault ou Michelin continuent à cultiver leurs quinze-vingt hectares de maïs ou de blé. Dans les Basses-Vosges, c'est plutôt le jardin potager, un bout de verger, dix clapiers à lapins et trois poules pour aider à boucler les fins de mois.

Les vrais paysans du coin ne se mélangent guère avec ces ouvriers. On cohabite. On sent chez l'agriculteur comme une once de mépris pour ces citadins ruraux qui logent leurs familles nombreuses dans ces drôles de petites maisons sans âme au bout des champs.

— *On n'est pas du même milieu ; on ne se comprend pas,* dit un fermier de Jussarupt.

Il y a aussi de la méfiance chez ce paysan qui n'aime guère les gens de la ville et leurs manières. C'est vrai aussi que face aux hommes de la terre, rougeauds, bien portants, les habitants des cités voisines font parfois un peu maladifs. Certes, les choses ont bien changé par rapport à un demi-siècle : l'hygiène et le confort sont présents partout, mais il n'en demeure pas moins que l'alcoolisme, la promiscuité, la maladie, la misère, la malnutrition, le manque d'hygiène et de soins ont fait des ravages jusqu'à un temps récent dans ces familles nombreuses. Et ont laissé parfois des traces.

C'est au milieu de cette population que l'assassinat de Grégory a eu lieu. Des gens simples, aimables, serviables, attachants et travailleurs, mais guère portés sur le monde extérieur et les études. Beaucoup d'illettrés aussi ou quasi analphabètes.

— *J'ai fait la classe à près de trois générations de gamins d'ici,* dit un instituteur à la retraite. *C'était dur... Ils préféraient manifestement la maraude dans les bois à l'imparfait du subjonctif ! On ne pouvait même pas les menacer de finir à l'usine... Ils savaient que c'était leur sort !*

D'ailleurs, les pères, méfiants pour la culture livresque et les maîtres qui apprennent la paresse et les bons usages, se sont toujours chargés de calmer les velléités intellectuelles.

— *Pourvu que tu saches manier une clef à molette à l'usine, le reste !...*

A deux pas de ce monde ouvrier un peu frustre qui garde encore de lourdes cicatrices d'un univers à la Zola : la campagne. Le moindre petit chemin vous conduit tout de suite vers des vallons reposants. Et dans chaque creux, du côté de Lépanges, de Champ-le-Duc, de Laveline-du-Houx ou d'Herpelmont — le village natal des Villemin — une jolie ferme blottie au milieu des prés. De belles maisons blanches très propres, semblables à celles du Pays basque avec leurs linteaux en pierre au-dessus des portes de granges ou des fenêtres. Et des petites statues de vierges à profusion dans des niches au-dessus des porches ; des magnifiques croix de chemin sculptées de Christ naïf à chaque carrefour de routes viccinales.

C'est dans ce décor, mi-rustique, mi-banlieue ouvrière, que ce mardi 16 octobre...

Les gendarmes ont travaillé toute la nuit. On a mobilisé les sept hommes de la gendarmerie des Bruyères sous les ordres de l'adjudant Lamirand, un personnage haut en couleurs, et tous les effectifs disponibles de la brigade de recherche d'Épinal et de la section de recherche (l'échelon supérieur) de Nancy. Et dès l'aube, ce mercredi, ils sont déjà à pied d'œuvre sur le terrain. Ce qu'ils ont appris depuis hier soir les a stupéfaits. Ils ont déjà interrogé tous les proches de l'enfant. Avant même qu'on retrouve le corps de Grégory dans la rivière, ils s'étaient fait raconter en détail cette incroyable histoire de Corbeau qu'ils n'osaient pas trop prendre au sérieux. Jouer au Corbeau par lettre ou téléphone, passe encore... mais de là à passer à l'acte, à tuer. Impensable ! Et puis, le petit garçon a été découvert ligoté. Le Corbeau, brusquement, est devenu un kidnappeur, puis un assassin.

Les gendarmes sont très tôt au courant des démêlés qui règnent au sein de la famille Villemin.

A minuit, ils connaissent déjà presque tout des appels téléphoniques de ce monstre qu'on croirait tout droit sorti de quelque mauvais film d'épouvante ou d'une histoire de sorcière du Moyen-Âge. Ils connaissent aussi le contenu des trois lettres reçues par Albert Villemin à Aumontzey. C'est sur cet homme au visage de doux instituteur à barbiche et lunettes de myope que s'est acharné le Corbeau malfaisant.

*Un jour*, il m'a dit : *« Albert, tu finiras pendu ! »*, explique le grand-père aux enquêteurs. *« Vous pensez si ça fait plaisir. Une autre fois, il m'a menacé : « Attention Albert ! Ta maison va brûler cette nuit ! » Ça a duré pendant des années. J'ai marqué la date du dernier appel, le 17 mai 1983. Il m'a téléphoné ce jour-là à l'usine, à la filature d'Aumontzey, pour me dire : « Albert, vas te pendre ! »*

Étrange...

Par chance, à la demande de la brigade de Corcieux, les Villemin ont enregistré un grand nombre d'appels. On écoute les bandes : une voix bizarre, transformée, amplifiée, parfois grave et gutturale, caverneuse même, parfois haute, avec souvent des bruits annexées. Avec même des conversations en fond sonore, la radio ou un disque. Une chanson revenait souvent, celle des Charlots : « Chef ! Encore un petit verre ! ».

L'allusion à Jean-Marie, le chef, est ici évidente. Du reste, il a été, après son père, la victime du Corbeau quand les appels ont cessé à Aumontzey en mai 83. Juste après qu'il eut achevé sa maison sur le plateau. C'est pour cette raison qu'il s'est fait mettre sur la liste rouge.

Et dans les appels, le (ou les Corbeaux) — il semble bien qu'il y ait plusieurs voix différentes d'hommes et de femmes — est souvent grossier, vulgaire, trivial, un brin obsédé sexuel : Monique Villemin, la grand-mère est ainsi traitée de « salope », de « catin » et autres qualificatifs encore plus dissonants. Les allusions à des détails intimes sont innombrables, comme les expressions ordurières. Et toujours avec un accent vosgien très prononcé qui devrait tout de même limiter le champ des recherches.

On raconte aussi les équipées nocturnes du Corbeau contre le pavillon de Jean-Marie et Christine Villemin : des coups de feu tirés sur la porte; un mur que le jeune venait de construire effondré dans la nuit; une tranchée fraîchement creusée éboulée volontairement...

— *Et vous n'avez pas d'idée sur l'identité de ceux qui vous en veulent ?* demandent les enquêteurs.

Les Villemin reparlent bien sûr de Roger Jacquel de Granges-sur-Vologne, de leur certitude d'avoir reconnu sa voix. D'ailleurs, les Jacquel en veulent à Jean-Marie pour des histoires de travail. Ils pensent aussi à un autre suspect : Jacky, le demi-frère qui habite lui aussi à Granges avec sa femme Liliane. Les lettres anonymes y font toujours allusion au « bâtard laissé de côté avec sa petite famille ». Intéressantes ces lettres. Le Corbeau s'est trahi ! Il va suffire de les donner à des experts graphologues pour qu'ils désignent leur auteur.

Bien sûr, les gendarmes interrogent aussi la mère de Grégory, effondrée dans un coin, la suppliant de faire un effort malgré son chagrin :

— *Essayez de vous souvenir, madame. Vous n'avez rien remarqué ? Bien entendu ? demandent-ils pour la dixième fois. Personne ne vous a suivi ? Faites un effort ! Aidez-nous à retrouver l'assassin de votre enfant !*

Christine n'a rien remarqué, ni sur le chemin du pavillon, ni une fois à l'intérieur. Sur la route, elle a simplement croisé M. Colin qui se promenait avec son dalmatien, aperçu M. Méline qui cassait du bois, semble-t-il, près de ses champs à côté de la maison. Puis, occupée à son repassage avec la radio branchée très fort, elle n'a pas entendu de bruit suspect. Un bruit de voiture ? *« Non, non... A moins que... Attendez... »* En redescendant chez la nourrice de Grégory, elle croit avoir aperçu, sans trop y faire attention dans son affolement, une voiture arrêtée un peu plus bas, semble-t-il. Comment est la voiture ? La marque ? La couleur ? Une 4L verte, croit-elle se souvenir.

*« Une 4L verte ? Ça vous dit quelque chose ? »* demandent les gendarmes aux Villemin. Roger Jacquel, d'Aumontzey, justement en a une ! Lui qu'on soupçonne d'être le Corbeau. C'est chez lui que se rendait d'ailleurs Jean-Marie pour lui demander des comptes ! Jacquel a eu jadis des mots avec le jeune père. Il est persuadé que Jean-Marie ne serait pas étranger à son licenciement pour diverses « fautes répétées ». D'ailleurs, la Paulette,

sa femme, travaille aussi à Autocoussin, à la Chapelle-devant-Bruyères, pas directement sous les ordres de Jean-Marie, mais quand même...

Les Jacquel sont longuement interrogés à Bruyère, traités, les malheureux, presque en coupables. Ils nient farouchement. A cette heure-là, ils travaillaient. Des gens les ont vus. Leurs alibis sont soigneusement vérifiés. Ça tient. Leur voiture est passée au peigne fin. On la garde même à la gendarmerie de Bruyères pour un examen plus approfondi, tandis qu'on est bien contraint de relâcher, dans la nuit, les parents de Liliane Villemin, à tout jamais brisés par les soupçons.

Reste la piste Jacky, le demi-frère... le fils aîné des grands-parents Villemin, conçu avant le mariage par la Monique et que le grand-père Albert a reconnu à sa naissance. Même si Albert n'a jamais fait sentir à Jacky qu'il n'était pas son fils (il l'a toujours traité comme un de sa race), cette naissance a jeté la discorde dans la famille quand les frères ont appris l'aventure de leur mère... Lui aussi fait figure de suspect parfait. On amène dans la nuit Jacky et Liliane, sa femme. L'interrogatoire dure des heures. Leur voiture est passée au crible.

— *Je suis resté toute la journée d'hier au pied du toit de mon voisin,* dit le jeune homme, râblé, nerveux, qui fume cigarette sur cigarette. *On réparait la charpente... Des gouttières qui ne tenaient plus... Je passais d'en bas les matériaux. Il m'avait aidé, il y a quelque temps, à faire mon toit... J'avais promis de lui rendre le même service. Vous pouvez le demander aux voisins !*

Tous les voisins confirment : Jacky a travaillé dur toute la journée. Il n'a pas bougé de là. Une douzaine de personnes l'ont vu aussi bien le matin que l'après-midi, et surtout à l'heure du crime.

Liliane, une jeune femme aux jolis traits qui fait un peu figure d'intellectuelle dans la famille puisqu'elle est correspondante de presse de « La Liberté de l'Est », est aussi formelle : « Je suis allée chercher à la clinique, le matin, une amie qui venait d'accoucher, et je n'ai plus bougé de chez moi de la journée. Sauf cinq minutes vers 16 h 30 pour aller au Crédit Agricole mettre le chèque que mon gamin Éric était allé chercher chez l'employeur. Vous ne pensez tout de même pas qu'on ait pu faire une chose pareille ? Nous qui avons un fils de douze ans ! »

Liliane est outrée. Elle se bat, crie son innocence. Là encore, les témoins confirment : *« On l'a vue chez elle toute la journée ou sur le devant de sa porte à bavarder avec ses voisines et à encourager les hommes qui s'activaient sur le toit. »*

Grâce à leurs alibis « en béton », les voilà blanchis, mais pas totalement innocentés. Longtemps encore, la sale rumeur, va s'acharner sur eux. Après tout, diront certains à mi-voix, ils peuvent être complices sans avoir directement participé... Les soupçons mettront longtemps à se dissiper.

D'autant que Jacky se complaît à laisser planer le mystère :

— *Je ne peux rien dire,* explique-t-il aux journalistes. *Les gendarmes m'ont interdit de parler... Ah la la ! Si on disait tout ce qu'on sait. Elle en a des secrets, la famille !*

Au fil des jours, il en rajoutera, augmentant l'impression de trouble chez les reporters :

— *Un jour, je dirai au grand jour ce que j'ai révélé aux gendarmes... Je leur ai tout raconté.*

Mais plus important, Jacky et Liliane ont été eux aussi les victimes du Corbeau. Ils ont même enregistré ses appels. Cent, deux cents peut-être, conversations que les enquêteurs vont entendre et réentendre des dizaines de fois à leur domicile pour tenter de mettre un nom ou des noms sur les voix, car il semble là encore qu'il y en ait plusieurs...

En tout cas, le couple revient de loin quand il quitte,

dans la nuit de mardi à mercredi, la gendarmerie de Bruyères. Ah ! si Jacky et Liliane n'avaient pas eu la chance d'avoir des témoins... Les enquêteurs, le parquet, et l'opinion, étaient si pressés de découvrir les assassins !...

Mais alors que les gendarmes pensaient conclure rapidement, voilà qu'ils découvrent que la tâche ne sera pas si facile. Il leur faut maintenant reprendre l'enquête à zéro. D'abord, réfléchir sur les diverses possibilités :

— la piste d'un crime fortuit commis par un rôdeur, enlevant Grégory en passant par hasard, est exclue. Il y a eu revendication ;

— la piste d'un camarade de jeu ? Guère plausible. Certes, ce genre de faits-divers n'est pas rare : une bagarre, un mauvais coup, un simulacre d'enlèvement, une sorte de jeu morbide organisé par des gosses n'ayant pas la notion du danger et de la mort, qui tourne au drame... Ça s'est vu... Mais là, ce n'est pas possible. Il y a eu revendication du Corbeau : le mot « chef » prononcé lors de l'appel chez les Villemin.

Reste la piste d'un proche. Le crime est obligatoirement l'œuvre d'un familier. C'est manifestement la vengeance terrible de quelqu'un qui côtoie quotidiennement Jean-Marie et qui, dans sa haine aveugle, s'en est pris à son enfant. Mais ce qui d'habitude limite le champ des investigations ouvre cette fois la porte à d'innombrables possibilités.

Dans une famille française ordinaire, les suspects sont réduits : père, mère, frères, sœurs, quelques cousins et relations. Or, on découvre que les Villemin sont innombrables. Une grande, une immense famille ! Avec des frères, des sœurs, des cousins, des neveux, des nièces, des alliés, des collatéraux, des gendres, des brus à foison !

Originaire d'Herpelmont, un village à côté, la tribu a essaimé tout le long de la Vologne depuis le milieu du siècle. Et chacune des familles qui compose le « clan Villemin » est chargée d'enfants. On dit même, en ce mercredi, que Jean-Marie a dix-huit frères et sœurs ! Albert aurait eu, dit-on, six enfants d'un premier lit, sa femme Monique Jacob huit d'un premier mariage, et ensemble ils en ont eu six. On découvrira quelques jours plus tard qu'ils n'en ont eu en réalité que six et qu'ils n'ont jamais été mariés l'un et l'autre auparavant. On a simplement confondu : c'est Albert qui est originaire d'une famille de six enfants, et Monique de huit. Mais beaucoup de leurs frères et sœurs sont encore vivants. Ils ont eu de nombreux enfants de leur côté et de multiples petits-enfants... Les gendarmes finissent par établir une liste de soixante-dix membres pur sang Villemin. Mais si on compte les « belles-familles », on arrive à deux cents ou trois cents ! Rajoutez les proches et relations de travail de chacun, on dépasse les mille ! D'autant que Jean-Marie et Christine, comme tout jeune ménage, comptent de nombreux amis...

Les enquêteurs vont mettre des jours et des jours à dresser l'incroyable arbre généalogique des Villemin et consorts.

Pour eux, dans l'immédiat, soixante-dix témoins à entendre. Et parmi eux, vraisemblablement l'assassin. Mais pour plus de sécurité, si les enquêteurs veulent comprendre les tenants et aboutissants, il leur faudra aussi interroger l'immense environnement familial et les voisins.

— *Ils ne sont pas sortis de l'auberge,* rigole un journaliste.

Surtout si on ne veut pas négliger de fouiller du côté des Blaise, la famille maternelle de Grégory, sacrément embrouillée elle aussi...

Pendant que les gendarmes partent dans la campagne commencer les auditions, d'autres se rendent, dès les premières lueurs du jour, au bord de la Vologne, à la recherche d'indices.

On fouille les rives du côté de Docelles. C'est vers ce village, on en est sûr, que Grégory a été jeté à l'eau. Le corps du petit garçon enlevé vers 17 heures a été retrouvé à 21 h 30, soit quatre heures trente plus tard. A priori donc, si l'enfant a été noyé avant le coup de téléphone du Corbeau annonçant à 17 h 26 l'accomplissement de son crime, il a dû dériver pendant quatre heures trente. Impossible de savoir, même en tenant compte du courant, où Grégory a été « mis » à l'eau.

Les enquêteurs sont alors servis par un coup de chance. Une habitante de Docelles s'est présentée à eux dans la soirée alors qu'on venait de repêcher l'enfant.

— *J'habite cette grande maison là-bas, de l'autre côté de la passerelle, au bord de la rivière, et je suis passée ici à 17 h 28-29,* a expliqué Mme Guyot, une jeune mère de famille qui ressemble à Christine Jacquot ou à Christine Villemin. *Je revenais d'accompagner ma fille au cathéchisme après son cours de danse,* explique la jeune femme. *En franchissant la passerelle, j'ai remarqué, sans trop y faire attention, un grand sac poubelle bleu coincé par les rochers, juste à l'endroit où on a retrouvé l'enfant. Ça m'a frappée comme quand on voit un objet insolite, mais sans plus. On ne pense pas à un gosse dans ces cas-là ! Mais maintenant que j'y repense, je suis certaine que c'était le petit garçon. Ça avait la même forme allongée...*

Mme Guyot n'est pas du genre à fantasmer ou à travestir la vérité. Elle a réfléchi avant de témoigner. D'ailleurs, les sacs poubelles sont rares sur la Vologne. La rivière charrie bien des bouts de plastique et autres débris, mais jamais de ces grands sacs bleus, pleins de surcroît. On ne retrouvera pas, en aval, celui aperçu par la jeune femme. Son témoignage — le plus fiable de toute l'affaire — est capital. Si le corps se trouvait déjà à la retenue de Docelles à 17 h 30, c'est qu'il a été jeté très près de là. On inspecte les rives mètre par mètre. Les enquêteurs restent confondus par cette confirmation de l'extrême rapidité avec laquelle le rapt et le meurtre de Grégory ont été commis. Moins d'une demi-heure ! Son meurtrier a enlevé l'enfant, l'a transporté à cinq kilomètres de là, l'a ligoté, jeté à l'eau et a téléphoné le tout en moins de vingt-cinq minutes ! Il a fallu une rage de tuer incontrôlable, irrépressible.

A 17 h 26. — Son œuvre accomplie, il a même pu se défouler au téléphone avant de disparaître...

Bientôt, une certitude se fait jour : l'assassin a dû jeter l'enfant à 700 mètres de l'endroit où on l'a trouvé. Il y a là un petit chemin de terre qui, à l'entrée de Docelles en venant de Lépanges, rejoint la voie ferrée, juste avant le passage à niveau. C'est le coin le plus propice. Certes, le courant de la Vologne, grossie par les orages des jours derniers, était fort hier, mais il est difficile de penser qu'on ait pu jeter l'enfant plus en amont. D'ailleurs, son corps ne portait pas de traces de griffures qui auraient été visibles s'il avait été longuement balloté par les flots dans les branchages encombrant la rivière.

Le chemin, très peu fréquenté, traverse la voie et va rejoindre plus loin une ferme. La Vologne coule en contre-bas. Un coin connu des pêcheurs et des amoureux qu'on aperçoit quelquefois le dimanche. Le meurtrier n'a eu que quarante mètres à faire en voiture. Il a effectué une marche arrière de l'autre côté des rails pour se garer dans le bon sens et repartir rapidement. Il lui a suffi de descendre un talus herbeux avec l'enfant qui marchait peut-être à côté de lui, pour se retrouver au bord de l'eau, caché par les broussailles et les peupliers. Ligoter Grégory et le jeter dans l'eau n'ont dû demander que deux minutes. A cet endroit, la rivière est très profonde et forme des tourbillons. Les pêcheurs diront que c'est l'un des rares trous d'eau de la rivière. Un connaisseur, le Corbeau...

Les gendarmes remarquent deux traces de pas visibles : ceux d'un homme vêtu de bottes et d'une femme à talons hauts. Les talons se sont enfoncés profondément dans la boue. Les empreintes de pas sont relevées dans des moules par les spécialistes de la S.R. de Nancy, ainsi que des traces de roues sur le chemin. Des pneus Michelin XZ, révèlent les enquêteurs.

Il est 9 h 30 du matin. — A la même heure, d'autres gendarmes sont aux abords du pavillon des parents de Grégory à Lépanges. Tout en attendant le retour du jeune couple parti dormir chez les grands-parents à Aumontzey, ils examinent à nouveau, plus soigneusement encore que la veille, les alentours. Le seau et la pelle du petit garçon sont là... Pas de traces de lutte ; pas d'indices ; pas d'herbe foulée, semble-t-il, dans le pré tout contre. Tout semble incompréhensible dans ce rapt. Le facteur de Lépanges passe et dépose dans la boîte à lettres le courrier. Par conscience professionnelle, les gendarmes examinent les lettres. L'une d'elles les frappe. L'enveloppe, rédigée en caractère bâton, est adressée à « Monsieur Jean-Marie Villemin à Lépanges ». Les caractéristiques même d'une lettre anonyme. Qui plus est, elle a été postée, la veille, à Lépanges même. On l'ouvre. Serait-ce le Corbeau ? C'est le Corbeau ! Une lettre immonde, monstrueuse dont les enquêteurs cacheront les termes exacts aux parents pour ne pas les traumatiser et les expurgeront pour les journalistes. On apprend le mercredi qu'il y ait question de vengeance : « Tu peux être fier avec ton pognon sans ton gosse. Me voilà vengé ! »

Le texte exact en est (on l'apprendra plus tard) :

— *J'espère que tu mourras de chagrin le chef. Ce n'est pas ton fric qui pourra te redonnera (sic : redonnera) ton fils. Voilà ma vengeance, pauvre con.*

On comprend à la lecture d'une telle ignominie que les gendarmes et le parquet aient décidé d'en taire les mots exacts. Déjà horrifiée par le crime, la population risquait, à chaud, de faire un mauvais parti à tout suspect.

Le receveur de la poste de Lépanges est interrogé. Il est formel : la lettre a été postée entre 16 h 45 et 17 h 12 ou 13. Comment le sait-il, s'est étonnée l'opinion ? Il a des points de repère précis : pour s'avancer dans son travail, il a l'habitude, chaque soir, de relever les boîtes dès qu'il a un instant de libre, le courrier étant affranchi à 17 h 30. Or, quand il a pris les lettres à 16 h 45, la missive du Corbeau n'y était pas. En revanche, à 17 h 12, lorsqu'il a recommencé le tri, la lettre avait été jetée dans la boîte. Quand elle est passée sous ses yeux, il a bien sûr été frappé par l'écriture en majuscules et surtout par le nom du destinataire : un habitant de la commune. Une chose qui ne se fait jamais. A la même seconde, une cliente est entrée dans le bureau. Elle a confirmé : il était 17 h 12 ou 13.

— *Les gens écrivent à la Redoute, aux Trois Suisses, aux Assédic, l'A.N.P.E., aux caisses maladies, mais jamais à quelqu'un du même village,* explique le facteur de Lépanges. *Ça frappe une lettre comme ça ! On se parle. On va se voir. On n'est pas à Paris : on ne s'envoie pas du courrier entre voisins !*

L'assassin ou son complice savaient, en postant la lettre, qu'ils allaient capturer l'enfant, qu'ils étaient sûrs de réussir et qu'ils le tueraient.

Horrible ! Le crime dépasse tout ce qu'on pouvait imaginer ! Mais qui peuvent donc être ces assassins pour avoir commis un tel acte ? Qui peut être ce couple de détraqués — puisqu'on a relevé les traces d'un homme et d'une femme à Docelles — pour avoir osé — les monstres — s'en prendre à un enfant dans le but de faire souffrir le père : « J'espère que tu mourras de chagrin, le chef ! »

Qui peut en vouloir autant au jeune contremaître ? Qu'a-t-il donc fait pour mériter une telle haine et une telle vengeance ?...

Ce qui est sûr, c'est que l'assassinat de Grégory n'est pas un acte gratuit. Le mobile — et par conséquent le meurtrier — devrait donc être aisé à découvrir. Tous les policiers du monde le savent : autant il est difficile de trouver les auteurs d'un vol, autant il est — en règle générale — relativement simple de découvrir l'auteur d'un crime. Sur deux millions de vols enregistrés chaque année, rarissimes sont les plaintes qui aboutissent à l'arrestation des voleurs. En revanche, sur un millier de crimes commis annuellement, seule une petite centaine ne sont pas élucidés. La raison en est simple : à part le crime gratuit commis par un rôdeur ou un maniaque agissant sur une impulsion, l'homicide est perpétré le plus souvent par des proches de la victime : crime passionnel, drame de l'alcoolisme, folie furieuse, assassinat prémédité par des familiers : conjoint, héritiers, associés, voisins, acte de vengeance... Une règle impérative donc pour tout enquêteur : fouiller d'abord dans l'entourage et l'environnement familial.

A Lépanges, la tâche devrait être encore plus aisée : le meurtrier de Grégory a pris la peine — et le risque — de signer deux fois son horrible geste : par lettre et par téléphone. Comme s'il craignait que l'on se trompe de cible...

C'est le capitaine de gendarmerie, Étienne Sesmat, qui est chargé de diriger l'enquête policière, supervisée par le patron de la S.R. de Nancy, le commandant Chaillan, et par le colonel Tanguy qui dirige la gendarmerie des Vosges. Comme tous les protagonistes de l'affaire, le capitaine Sesmat est jeune : trente ans, allure de Saint-Cyrien, blond aux yeux bleus, cheveux courts, petite voix fluette, un peu froid, mais sympathique. Sa femme, dit-on, attend un enfant, et le jeune officier prend l'affaire à cœur comme si c'était son propre gosse qu'on avait noyé. De même que les bons sentiments ne font pas nécessairement les meilleurs films, l'investissement personnel pour des raisons familiales ne font pas obligatoirement les bonnes enquêtes. En tout cas, le jeune capitaine ne va pas ménager sa peine.

Dans l'après-midi de ce mercredi, M. Violette, premier substitut auprès du procureur de la République d'Épinal, annonce que le dossier judiciaire est confié au juge d'instruction Jean-Michel Lambert. L'enquête, ajoute-t-il, se poursuit sur commission rogatoire délivrée aux services de gendarmerie « initialement saisis ».

— *Lambert sur l'affaire ?...* s'étonne méchamment un confrère d'un journal de la région. *Ça promet ! C'est lui qui a fait rater l'affaire des trois filles d'Épinal, l'hiver dernier. Les flics étaient certains de tenir l'assassin d'au moins une et peut-être deux des trois gamines. Ils ont demandé au juge une prolongation de garde à vue. Le suspect allait craquer, paraît-il. Lambert a refusé... Peur de mettre un innocent en taule... Les policiers sont sûrs qu'ils tenaient le coupable !*

Jean-Michel Lambert, comme Sesmat, comme Jean-Marie et Christine Villemin, comme tant d'autres dans l'affaire, est jeune : 33 ans. Avec son visage poupin et ses lunettes de myope, il a l'air d'un étudiant sage.

— *Mon malheur,* dira-t-il en riant, *c'est que toute ma vie, je ferai plus jeune que mon âge !*

Le juge d'instruction Lambert, le « petit juge » comme on l'appellera très vite, est toujours aimable, souriant, ironique et il ne ferme jamais sa porte aux journalistes. C'est aussi un bourreau de travail. Il a cent cinquante dossiers en cours...

En ces premiers jours d'enquête, le sympathique petit juge d'Épinal ne réalise pas : il semble n'avoir pas pris la mesure du dossier qui vient de lui tomber sur les bras et qui fera de lui l'un des hommes les plus connus et les plus controversés de France.

Dans la soirée de ce mercredi, le Pr Deren a pratiqué l'autopsie du corps de Grégory à l'institut médico-légal de Nancy. Stupeur ! L'enfant a bien été jeté vivant dans la Vologne ! Le médecin légiste a aussi remarqué que les liens ont été attachés de façon lâche par le ou les assassins « comme pour jouer ». Des nœuds faits par quelqu'un — peut-être une femme — travaillant dans une filature (c'est le cas de la plupart des gens de la région). Grégory est mort d'hydrocution, saisi par le froid. Pas noyé. Ses poumons ne renferment que très peu d'eau. Son bonnet a été enfoncé sans violences. Aucune trace de coups ou de sévices. L'enfant n'a donc pas été assommé lors de son enlèvement et il a suivi de plein gré son meurtrier. Pas de traces de griffures sur le corps, ce qui confirme bien que Grégory a été mis à l'eau très près de l'endroit où il a été retrouvé. Quelques traces de cyanose, semble-t-il, sur les lèvres, mais pas sur les ongles des doigts. Son visage est reposé. Aucune trace d'adrénaline : pas une seconde, l'enfant n'a eu peur.

Le médecin légiste a ce mot :

— *C'est un crime de femme...*

Et le soir même, le capitaine Sesmat confie, stupéfait :

— *C'est comme si l'enfant s'était laissé faire. On dirait qu'il est entré de lui-même dans l'eau...*

La journée s'achève sans qu'aucune des personnes interrogées n'ait été placée en garde à vue. Pourtant, la piste de la 4L verte signalée par Christine, la mère de l'enfant, s'étoffe : certains affirment avoir aperçu une voiture de ce type avec un couple à l'intérieur rôdant près de Lépanges. Un homme et une femme ? Intéressant ça. La piste du « couple démoniaque » se précise...

— *Nous ne manquons pas d'éléments,* disent les

enquêteurs déjà plus prudents que le matin. Une prudence que le père de Grégory prend pour un silence calculé.

Jean-Marie confie à Jean-Louis Hauck, l'envoyé spécial du « Républicain Lorrain » :

— *Les gendarmes ne me disent rien... Ils savent bien que s'ils lâchent un nom, je le tuerai !...*

# 3.

# « NE T'EN VAS PAS GREGORY RESTE MON TITI »

— *Je connais l'assassin de mon enfant. Les gendarmes enquêtent. Je suis allé le voir, mais il était déjà gardé. Mais je l'aurai !... Je le tuerai !...*

Jean-Marie Villemin a lâché ces quelques mots en passant devant les journalistes ce jeudi matin. Des mots lourds de menaces, mais qui vont surtout accréditer une thèse : le père de Grégory connaît le meurtrier et refuse de le dénoncer. Soit pour lui régler son compte lui-même ; soit parce qu'il est « tenu » par un secret.

Le soleil est revenu sur la vallée de la Vologne. De tous côtés, on croise des voitures et fourgonnettes de la gendarmerie. Les enquêteurs sont partout. A Lépanges certes, mais aussi à Docelles, à Aumontzey, à Granges... Toutes les cinq minutes, un uniforme sort en courant de la gendarmerie de Bruyères et file au volant d'un véhicule de service vers une destination inconnue : un témoin à entendre, un alibi à vérifier, un témoignage à recueillir.

La presse nationale a débarqué de tous les coins de France. Les grands quotidiens parisiens ont dépêché un « spécial », bientôt renforcé dans les heures qui suivent par des équipes radio, puis les grandes chaînes de télévision.

La première visite des journalistes : Lépanges bien sûr, le pavillon des parents de Grégory, puis Docelles où son corps a été repêché. Les envoyés spéciaux tout comme les gendarmes sont surpris par l'incroyable sauvagerie de ce crime-éclair. A Lépanges, l'hôtel de l'Est, au bord de la départementale, entre la poste et l'usine où Christine Villemin est sortie de son travail le fameux soir, affiche complet. Les reporters ont pris d'assaut les chambres et se disputent le téléphone. La meute va pourtant quitter rapidement Lépanges. Elle envahira à Bruyères l'Hôtel de la Renaissance, dans le centre ville, au grand souci de la patronne Julia Collomb, dynamique quinquagénaire. Elle devra faire la police contre tous ces « parigots » culottés qui transforment ses chambres en studios radio et passent leur vie à encombrer les deux uniques lignes de son établissement. Le petit hôtel Dossmann, à Brouvelieures, juste à côté, connaîtra aussi l'invasion, ainsi que quelques hôtels de Granges-sur-Vologne, avant que la horde n'aille définitivement s'installer au « Cadet Roussel » à Épinal, le chef-lieu devenu point stratégique de l'affaire.

Les premiers reporters arrivés échangent leurs impressions et échafaudent des hypothèses, jusqu'aux plus monstrueuses. Les pires rumeurs circulent. Et si c'était la mère ?... Par accident ou par dépression... Le gosse a pu se noyer dans la baignoire en prenant son bain, et Christine a déguisé le drame en meurtre...

Et cette phrase de Jean-Marie qui affirme qu'il connaît l'assassin ? Bizarre tout de même sa réussite sociale, ce pavillon neuf, ses deux voitures, dans un pays pauvre où chacun lutte âprement pour avoir un standing de vie correct. Ce secret qu'il tait : ne serait-ce pas un coup qu'il a pu faire avec des complices ? Un hold-up suivi d'un partage mal fait, un des complices s'estimant lésé et se vengeant ? Jean-Marie, gangster alors ?...

— *En tous cas, son argent il ne l'a pas gagné à la*

*loterie,* murmure un commerçant de Lépanges, *ça se saurait !*

Et pour sa maison, avait-il seulement un crédit ? L'a-t-il réglée argent comptant ?... Et ses vacances en famille, comment les paye-t-il ?

Ces rumeurs malveillantes viennent très vite à l'oreille du père de Grégory :

— *Tout ce que j'ai, je ne l'ai pas gagné au Loto, j'ai travaillé pour l'avoir, ma femme aussi,* confie-t-il à Jean-Michel Bezzina, le correspondant de R.T.L. *Seulement, il y a des fainéants qui envient les autres et il y a des fous sur terre !*

Ses explications ne convainquent pas tout le monde. On n'oublie pas qu'il a dit connaître l'assassin, ce qui est en contradiction avec sa déclaration de la veille : n'a-t-il pas affirmé que les gendarmes lui cachaient le nom de l'assassin de peur qu'il n'aille lui régler son compte ?...

Et puis il y a la phrase de sa femme à la gardienne Christine Jacquot :

— *S'il le tient, c'est fichu ! Je ne reverrai jamais mon Titi !.*

A qui faisait-elle allusion ? Pourquoi faisait-elle son repassage sur une pièce donnant sur l'arrière du pavillon avec les volets fermés, en laissant l'enfant dehors, si elle se savait menacée ?

Et l'on reparle de cette fameuse persécution du Corbeau contre les Villemin et la famille du « chef ». Ses appels téléphoniques (« En tout, au bas mot, il y en a bien eu sept cents », explique Monique, la grand-mère). Les coups de fusil contre la porte, les fondations éboulées, la porte défoncée...

Son obsession pour la pendaison d'Albert, le Grand-père d'Aumontzey :

— *Albert, tu te pendras !*

Et ses blagues morbides comme celle faite aux Hollard

de Lavelins — devant — Bruyères, l'oncle et la tante d'Albert du côté maternel :

— *Un jour,* raconte Mme Hollard, *on a reçu un coup de téléphone d'une femme en larmes qui s'est fait passer pour Jacqueline Villemin, la fille d'Albert : « Papa est mort... Il s'est pendu... » Vous pensez si on était triste ! On a vite acheté une plaque « A notre cher Neveu » aux pompes funèbres et on est allé présenter nos condoléances à la Monique à Aumontzey. En arrivant devant la porte, on est tombé sur Albert qui finissait de dîner en famille. « Qu'est-ce que vous faites ici endimanchés, avec vos têtes d'enterrement ? Entrez donc boire un verre ! »,* qu'il a dit... *On a balbutié une vague explication ; qu'on allait faire des démarches chez l'assureur et on s'est sauvé... Vous imaginez notre gêne !*

Étrange ce Corbeau maléfique qui, de blagueur, se transforme brusquement en assassin. Tout cela a presque un côté sorcellerie dans ces Vosges profondes où les vieilles paysannes se signent encore en parlant du Diable. On n'en est pas encore à parler d'envoûtement et de loup-garou, mais presque...

Étonnant, ce Corbeau qui après avoir cessé, le 17 mai 1983, d'harceler Albert Villemin, semble avoir retourné sa haine contre les parents de Grégory. D'abord, en les persécutant au téléphone et en s'en prenant à leurs biens.

Un voisin affirme même que vers minuit, un soir, il fut alerté par les cris de la mère, la même nuit où un mystérieux agresseur s'en est pris à la porte. Ce même voisin confie que Christine venait quelques fois dormir chez eux avec son gamin quand Jean-Marie était de nuit « tellement elle avait peur », sans expliquer pourtant la nature de ses frayeurs. On parle même d'une protection discrète qui aurait été exercée par des proches ou les gendarmes sur la maman et son enfant quand le père travaillait... Étrange, non ?

Jean-Marie doit quand même bien avoir sa petite idée sur l'identité de ce Corbeau et savoir qui lui en veut et pourquoi ? Le plus étonnant, pourtant, c'est que le jeune couple ait pu continuer à vivre dans une maison isolée sur le plateau, ouverte à tous les vents des Vosges, loin du village. Et sans aucune protection extérieure : pas la moindre clôture, pas la moindre haie, pas de chien...

L'étonnement, on le lit encore dans le regard de la nourrice de Grégory, Christine Jacquot. Quand elle a appris que, selon l'autopsie, l'enfant n'avait pas été enlevé de force et n'avait subi aucune violence, elle est restée stupéfaite :

— *Je n'y comprends plus rien... Je pensais que Grégory avait été frappé ou endormi. Jamais il n'aurait suivi un inconnu. C'était un petit garçon adorable, mais extrêmement fort pour son âge. Il se débattait avec une énergie incroyable quand on tentait de l'attraper par jeu ou pour le faire rentrer. Ni moi, ni même sa mère n'y parvenions quand il avait décidé de ne pas se laisser prendre...*

Et Mme Jacquot ajoute :

— *Son assassin n'a même pas pu l'attirer avec un bonbon. Grégory ne se serait jamais laissé piéger ainsi... Il n'était pas sauvage, mais très éveillé, très petit homme, déluré. Il n'admettait pas de se faire avoir comme un bébé. Non, c'est vraiment inconcevable... Il aurait au moins crié ou averti sa mère...*

C'est la même Christine Jacquot qui nous dira, quelques jours plus tard, alors que l'on cherche à cerner au plus juste l'emploi du temps de la mère de Grégory :

— *Je ne comprends pas Christine quand elle dit être venue chez moi vers six heures moins vingt-cinq pour voir si Grégory n'était pas là. Je bavardais avec deux voisines. Pour nous, il n'était même pas cinq heures vingt-cinq. J'ai un point de repère précis qui a été vérifié. Mon voisin arrive à cinq heures et quart tous les jours. On l'a entendu monter. Christine est passée moins de dix minutes plus tard.*

Étonnement aussi, au résultat de l'autopsie, chez une autre femme, la propre mère de Christine, Gilberte Blaise, où Grégory allait passer ses mercredis au H.L.M. de Bruyères. Elle non plus ne comprend pas que le gosse n'ait pas eu peur et ait suivi son assassin de bon gré.

— *Grégory n'aurait jamais suivi quelqu'un qu'il ne connaissait pas,* confie la grand-mère à Yves Maréchal d'« Ici Paris ». *Il était trop méfiant. A la limite, il aurait pu suivre un autre enfant, mais pas un adulte. Son assassin ou ses complices étaient des familiers, ou bien alors, on lui a baissé son bonnet sur la tête par surprise et il a cru que c'était une blague...*

Qui peut donc être ce Corbeau suffisamment proche et enjôleur pour que Grégory se laisse attacher les mains et les pieds sans broncher ? La piste devrait se limiter à quelques familiers. Mais dans l'affaire, rien n'est simple : on est sûr que la vengeance était dirigée contre le « chef », mais l'expression est utilisée aussi bien dans la famille de Jean-Marie que par ses camarades de travail. Or, cinq Villemin et quelques cousins travaillent à Autocoussin, dans la même usine que le jeune contremaître :

— *Je n'ai aucun membre de ma famille sous mes ordres à l'usine et je ne m'y connais aucun ennemi,* jure Jean-Marie.

Il explique que le surnom de « chef » lui a été donné plus par gentille taquinerie que par méchanceté. Difficile d'imaginer que sa nomination comme contremaître ait pu lui valoir une telle inimitié et une telle haine. Il est vrai que dans la famille, tous, ou presque, ont été Corbeaux.

Chacun l'avoue sans fausse honte ou finit par le reconnaître lors des interrogatoires, avec la peur d'être accusé du crime. S'ils ont envoyé des coups de téléphone anonymes, c'est parce qu'ils se soupçonnaient les uns les autres. Jean-Marie avouera avoir lui aussi transformé sa voix pour se vanter un jour de celui qu'il pensait avoir reconnu.

Idem pour les autres : presque tous ont appelé l'ennemi supposé. Ils ont fait ça innocemment sans méchanceté, sur le coup de la colère, pour vider leur sac d'injures à leur tour... Et le vrai Corbeau — insoupçonné lui — avec ravissement, a vu s'agiter les Villemin dans tous les sens et il a tiré les ficelles de ce petit monde. Cette famille est vraiment bizarre. Elle passe son temps à se brouiller, à se rabibocher, à rompre les ponts et on la retrouve au complet sur d'innombrables photos de fêtes, de mariages, de baptêmes et de communions, souriant tous ensemble. Difficile de comprendre quelque chose à cette psychologie familiale, brutalement mise en lumière autour d'un cadavre...

Un petit corps que Christine et Jean-Marie, effondrés, vont reconnaître à la morgue d'Épinal en ce jeudi après-midi. Foule des journalistes devant le funérarium à l'entrée de la ville, quand les jeunes parents pénètrent en compagnie de huit de leurs proches. Dans une minuscule pièce, un petit catafalque est dressé. Grégory est là. Son visage est extraordinairement calme, reposé. Un léger sourire flotte sur ses lèvres. Comme l'autopsie l'a révélé, il n'a pas dû avoir peur. Il semble dormir. Il a l'air d'un ange endormi, tout pâle, souriant, envolé au Paradis des Innocents.

Christine est effondrée, les genoux sur le carrelage, serrée contre la poitrine de son bambin. Pendant plus de trois-quarts d'heure, elle pleurera, gémira, sanglotera, la tête enfouie dans le linceul, en caressant de sa main droite le doux visage, l'aile du nez et la joue de marbre. Pendant ces longues minutes, Christine ne va cesser de répéter : « Mon chéri ! mon chéri ! Reviens mon amour ! Reviens. Tu ne peux pas nous abandonner ! Reviens ! Pourquoi ont-ils fait ça ? Pourquoi ils s'en sont pris à toi ? Ils n'avaient pas le droit ! Reviens, mon chéri ! »

Au même moment, le parquet a confirmé à Épinal l'existence d'une lettre adressée à l'heure du rapt par le ravisseur et saisie mercredi matin par les gendarmes. « Te voilà fier avec ton pognon », dit le message. Le Corbeau a vraiment voulu être sûr qu'on ne le confonde pas avec quelqu'un d'autre... Mais cette missive est aussi l'occasion du premier faux pas de l'enquête. Alors que le procureur et le juge d'instruction nous ont donné des détails sur cette lettre monstrueuse, le capitaine Sesmat lors du point-presse de 17 heures, devant le P.C. de Bruyères, en nie l'existence devant les journalistes. Tollé général. On se récrie :

— *Mais le juge nous l'a dit !*

— *Ah bon ? Si c'est comme ça... Nous voulions garder cet élément secret pour pousser le meurtrier à envoyer une nouvelle lettre ! confie l'officier.*

Premier cafouillage dans la coordination parquet-gendarmerie... Les enquêteurs espèrent-ils que le Corbeau va mettre cette fois son nom et son adresse sur la lettre ?...

Et, déjà, les journalistes commencent à douter du sérieux de l'enquête. Le matin même, Jean-Claude Hauck parlait dans « Le Républicain Lorrain » d'une enquête qui piétine *« La haine collective reste diffuse dans l'attente de se cristalliser sur un ou, peut-être, deux assassins odieux. Mais toute la haine de la vallée demeurait hier soir sans destination. L'enquête piétine... »* Elle piétinera longtemps...

Le procureur est pourtant optimiste :

— *J'ai des idées sur le couple,* confie-til à José Benjamin de « France-Soir ». *Mais ce ne sont que des hypothèses. La femme, nous pensons l'avoir localisée. L'homme, nous pensons pouvoir le repérer parmi trois témoins...*

A qui faisait allusion le magistrat si confiant ? Aux Hollard ? Aux Laroche ? Ou à une piste qu'on a négligée par la suite ?

Les gendarmes demandent à voir dans tous les foyers qu'ils visitent les cordelettes qu'on emploie dans le ménage. Des fois qu'elles ressembleraient à celle utilisée par le Corbeau... On examine les pneus des voitures ; l'empreinte des bottes et des chaussures à talons hauts. On a aussi réclamé aux proches leurs quittances de téléphone. Le montant des factures pourrait être instructif dans un pays où on téléphone peu : sept cents coups de téléphone, ça doit se voir... Toutes ces investigations n'aboutiront à rien.

Puis le procureur Lecomte avance :

— *Il semble qu'il y ait un certain nombre de cadavres dans les placards. La jalousie devant la réussite sociale, professionnelle et financière n'est pas notre seule hypothèse !*

Des « cadavres dans les placards » ? Qu'est-ce qu'il sous-entend ?

Et voilà la rumeur qui repart de plus belle : « Ils » ont un secret ! « Ils » sont tenus ! Monique Jacob-Villemin a beau dire :

— *On a tout dit aux gendarmes ! On n'a rien à cacher ! Vous pensez bien que si on savait quelque chose, on le dirait pour arrêter l'assassin !*

Rien n'y fait. Le procureur a parlé de cadavres... Il doit savoir de quoi il s'agit...

D'autant que le capitaine Sesmat y va lui aussi de ces déclarations imagées. A 23 heures, ce même jeudi soir, le jeune officier sort des bureaux et s'avance sur le perron face aux micros :

— *C'est une histoire absolument extraordinaire,* dit-il, *vous vous en rendez bien sûr compte. Mais elle est sans doute encore plus extraordinaire que vous ne pouvez l'imaginer. Vous serez effarés quand vous en connaîtrez le dénouement. Nous sommes dans une jungle où il y a un loup qui hurle, et tant qu'il continuera de hurler, nous le suivrons et nous finirons bien par le débusquer !*

Et le capitaine abandonne la comparaison du gibier pour celle du chasseur :

— *Ils ont des cartouches, mais nous en avons plus qu'eux !*

Le lendemain, **vendredi 19,** nouvelle déclaration fracassante du procureur Lecomte :

— *Tout le monde est suspect dans la famille, je dis bien tout le monde ! Il faut s'attendre à tout dans cette affaire même à l'incroyable !*

Les gendarmes se déguisent alors en maîtres d'école. Tous les Villemin et leurs proches sont soumis à l'épreuve de la dictée : main droite, main gauche, puisque, pense-t-on, le message posté à Lépanges a été écrit de la main gauche par quelqu'un qui n'est pas gaucher. Les témoins doivent rédiger leurs textes d'une écriture courante et en majuscules (caractères bâtons). On leur fait écrire des phrases sybillines du genre : « Il y a des nids de poule sur la route de Mortagne », à moins qu'on ne les oblige à retranscrire certains mots de la lettre : « Tu peux être fier avec ton pognon ».

Il faudra attendre plusieurs jours le résultat des expertises graphologiques.

Les enquêteurs effectuent encore chez les témoins des essais de voix : les personnes appellent de leur domicile la gendarmerie de Bruyères sous le contrôle d'un gendarme, et l'appel est enregistré pour comparaison avec les bandes enregistrées par les victimes du Corbeau. Une chose est sûre : le Corbeau et les acteurs d'appels occasionnels sont du coin : ils ont tous un accent vosgien à couper au couteau !

Les gendarmes commencent à s'interroger :

— *Et si nous nous étions trompés en nous lançant, sur les recommandations du père et le témoignage de la mère, sur ceux qu'ils soupçonnaient ?*

Commence à se faire jour l'hypothèse qu'un meurtrier diabolique et pervers a pu profiter des discordes familiales pour agir en brouillant les pistes.

On sait qu'on a affaire à un adversaire coriace et malin. Une personnalité forte, ce qui ne devrait pas s'appliquer à beaucoup de monde dans la famille...

Une chose encore frappe les enquêteurs : l'assassin devait connaître parfaitement Lépanges pour savoir qu'il existait une minuscule route de colline qui rejoint Docelles par Deycimont, sans traverser le village... Un itinéraire qui permet d'être au bord de la Vologne, depuis le pavillon, en moins de sept minutes. Et sans risque d'être vu par les rares agriculteurs travaillant dans leurs champs.

D'autre part, il fallait que l'assassin soit bien certain de réussir son crime pour, avant même d'enlever Grégory, poster la lettre où il annonce ce rapt ! Il n'avait pas le droit d'échouer ; il se condamnait à agir sans faute, à réussir, puisqu'il ne pouvait recommencer, ayant donné l'éveil.

Or, le soir du rapt, personne n'a rien vu d'anormal, rien remarqué, sinon la voiture de Christine remontant la rue en pente le long de l'église, sans pouvoir dire si Grégory était avec elle.

Reste bien sûr, si l'on écarte la thèse de la lettre postée à l'avance, la possibilité d'une complicité ou d'un détour du ravisseur par la poste, une action obligatoirement faite avant d'avoir jeté Grégory à l'eau, puisque la lettre a été postée à Lépanges avant 17 h 12 et le coup de téléphone annonçant le crime, donné à 17 h 26. On voit mal le meurtrier revenir poster, après son geste, une lettre dans Lépanges même. Il aurait choisi un autre village, loin de son crime.

Un complice ? C'est possible si c'est bien un couple qui a agi : l'homme (ou la femme) kidnappe l'enfant vers 17 h 05, redescend par le village, fait un signe convenu à son complice qui file à la poste mettre la lettre tandis que le ravisseur roule à toute allure vers Docelles noyer Grégory...

Pour un homme seul, c'est également réalisable en respectant les horaires au plus juste : 17 h 05, l'enlèvement ; descente sur le centre de Lépanges, détour à la poste pour jeter la lettre. Il est à peine 17 h 10. Le ravisseur a alors le choix entre deux routes : soit faire demi-tour et traverser à nouveau Lépanges en direction de Docelles, soit continuer tout droit, et passer directement sur l'autre rive de la Vologne par Prey.

Il suffit de sept minutes, là encore, pour rejoindre Docelles en traversant les villages de La Neuveville-devant-Lépanges et Le Boulay. La rivière longe même la petite route sur plusieurs secteurs, aussi bien entre Prey et La Neuveville qu'entre Le Boulay et Docelles.

Reste à vérifier si le courant de la Vologne était assez fort pour entraîner le petit corps aussi rapidement jusqu'à la retenue de Docelles.

Deux choses se dégagent ce vendredi : aussi machiavélique que soit le Corbeau, il n'avait sans doute pas prévu deux détails capitaux : si la corde attachée au cou de l'enfant n'était pas un symbole, mais bien destinée à lester le corps d'une pierre, celle-ci en se détachant a empêché l'enfant de s'enfoncer dans l'eau. C'est ce qui a permis à Mme Guyot, la passante de Docelles, de l'apercevoir sous la passerelle du village dès 17 h 29. Sans cet incident, il aurait peut-être fallu de longs jours de draguage de la rivière pour découvrir le cadavre de Grégory, ce qui aurait laissé le temps à l'assassin de se forger un alibi. Mais avait-il envisagé tout cela ? Une chose comptait sans doute pour lui, avant tout : assouvir le plus vite possible son irrépréssible besoin de vengeance, quelqu'en soient les conséquences.

Après le Corbeau épistolier et obsédé du téléphone, surgit alors le Corbeau porteur de jumelles. Les gendarmes lancent un appel en début d'après-midi « à toute personne ayant vu quelqu'un observant le paysage avec des jumelles ». Ils pensent que le Corbeau a dû regarder de loin le pavillon, depuis Prey, ou depuis les bois environnants.

— *L'homme pourrait même s'être installé sur la toiture d'une maison,* ajoutent les enquêteurs.

Nous découvrirons dans les jours qui suivent de nombreux points d'observation. Le jour même, avec Jean Ker de « Paris Match », nous remarquons, dans les bois sauvages, à trois cents mètres derrière la maison des Villemin, sur les hauts de Lépanges, des traces suspectes : branches cassées et soigneusement coupées à divers endroits permettant d'observer à travers le sous-bois sans être vu ; herbes et fougères aplaties ; traces fraîches de pas et même de roues de voitures. Après tout, si le ravisseur guettait l'arrivée de Grégory et de sa maman, c'est là qu'il était le mieux placé pour voir à la jumelle l'enfant sur son tas de sable et fondre sur lui en une minute sans être aperçu par qui que ce soit. Il ne lui restait plus qu'à reprendre le chemin goudronné rejoignant la petite route qui vient de Fays sur les hauteurs de Lépanges et à gagner le centre du village avec un détour par la poste...

Ce qui a mis les gendarmes sur la piste de l'homme aux jumelles, c'est la précision du Corbeau : *« Je vois que tu as refait ta tapisserie »*, a-t-il dit un jour au téléphone. Et une autre fois : *« Je vois que tu as un nouveau canapé. » Et encore : « Tu as travaillé toute la journée à ta maçonnerie. »*

Gilberte Blaise, la grand-mère de Grégory, raconte même qu'un soir où Albert et Monique Villemin, les beaux-parents de sa fille, étaient au pavillon de Lépanges, ils ont entendu des bruits suspects. Albert est sorti et a fait le tour de la maison. Il n'a rien remarqué. Un coup de fil du Corbeau les a avertis :

— *J'ai tout vu,* ricanait-il.

— *A croire qu'il observait avec des jumelles,* dit Mme Blaise.

Il n'y a pas que les enquêteurs à s'intéresser à l'arbre généalogique de ces étranges Villemin, des gens qui détonnent un peu dans le coin par leur réussite sociale. Et leur intelligence supérieure à la moyenne. La grande place de Bruyères a même la statue du plus célèbres des Villemin : un médecin, de la fin du siècle dernier, collaborateur direct de Pasteur...

Les journalistes se transforment eux aussi en généalogistes, fouillent les registres des mairies et des presbytères, interrogeant les édiles, les anciens maires, les vieux... Le Corbeau n'a-t-il pas évoqué à diverses reprises une histoire de pendaison et fait allusion au passé de Monique ? Serait-ce un vieillard ce Corbeau qui assouvirait aujourd'hui une antique vengeance ? Ou bien aurait-il monté la tête à l'un de ses proches ? Jamais peut-être on aura autant épluché l'histoire d'une famille, ses tares, ses histoires oubliées, enfouies dans les décombres de la mémoire collective. On déballe le linge sale des Villemin.

Tout y passe : on exhume de sordides et insignifiantes histoires d'héritages, de banales affaires de mariages consanguins, de lointains drames de l'inceste... Les ragots vont bon train ; il y a toujours une âme charitable pour se remémorer des histoires de bagarres datant d'avant-guerre, des mauvaises fréquentations remontant au début du siècle, des rixes parfois sanglantes et meurtrières.

On affirme aussi que l'un des membres du clan a trouvé la mort de façon mystérieuse à l'endroit même où l'on découvrira le corps de Grégory à Docelles... Est-ce ecore une piste ?

Il y a encore Gaston Villemin, d'Herpelmont, le père d'Albert, d'Aumontzey qui a épousé une Jeanne Hollard dans les années 30. « Une femme un peu branquignole », comme disent les vieux, « simplette », « dérangée » ou « pas sérieuse ». De nombreux enfants naissent. Juste avant la guerre, que se passe-t-il un soir dans ce ménage qui vit à la limite de la pauvreté ? Crise de démence ? Suites d'une beuverie ? Jeanne, dit-on, cogne sur un de ses gosses qui va s'écraser contre un coin de la cuisinière... Arrestation de la meurtrière condamnée à trois ans de prison. D'autres vieux affirment : *« Ils ont cogné sur le gamin tous les deux, mais c'est la Jeanne qui a tout endossé ! »*

La guerre est là. Gaston est mobilisé, puis prisonnier, tandis que ses enfants sont confiés à l'oncle et la tante Villemin de Clos-Fays à quelques kilomètres de là. *« En 1945, quand le père Gaston est rentré, il a découvert que Jeanne, sortie de prison, avait eu des aventures,* explique un ancien voisin. *Avec des Allemands... Il a choisi une corde et il est allé se pendre dans ses bois, au-dessus d'Herperlmont... »*

Là même, où, trente-huit ans plus tard, on retrouvera éventré, un coffre-fort ayant contenu vingt millions d'anciens francs dérobés chez un entrepreneur de Fays, un village situé de l'autre côté de la Vologne à moins de deux kilomètres de Lépanges.

La pendaison du grand-père Gaston que la famille essayait d'oublier remonte donc à la surface des eaux troubles de la Vologne. Tout comme le passé de Monique Jacob, la femme d'Albert. Car, brusquement, voilà que la rumeur se déplace et on songe au père naturel de Jacky, le demi-frère de Jean-Marie. Monique a eu une liaison avant son mariage. Enceinte, elle a épousé Albert sans lui cacher la vérité. A la naissance de l'enfant, le mari a bien sûr reconnu le fils aîné. Jacky a été traité et choyé comme les autres par ce brave couple d'ouvriers travailleurs et honnêtes. Personne n'en a parlé. Sauf une bonne âme quand Jacky a eu quinze ou seize ans. L'adolescent est tombé des nues. La révélation l'a marqué des années durant, tout comme elle marquera ses autres frères quand la vérité leur sera aussi, plus tard, révélée, toujours par des âmes charitables.

On affirme — en ces premiers jours d'enquête — que les lettres du Corbeau font allusion à cette naissance illégitime : *« Jacky ne doit plus être considéré comme un bâtard »*, écrit le mystérieux épistolier qui prend bizarrement la défense du demi-frère. Au point que Jean-Marie, le père de Grégory, a soupçonné son frère aîné et son beau-père Roger Jacquel d'être les auteurs des lettres, donc du crime.

Cette piste s'effondrant, on songe maintenant au père naturel du demi-frère. On ausculte le passé de Monique à la loupe, on ressort les anciennes « aventures » ou prétendues telles, les bons amis, les lointains flirts de cette gentille femme bouleversée, comme son mari, par le drame qui s'est abattu sur la tribu.

Jacky a trente deux ans. Son vrai père chercherait donc, si longtemps après, à se venger de n'avoir pu épouser son ancienne maîtresse ? Étrange ! A moins qu'il ne joue les justiciers pour ce fils traité, pense-t-il, en bâtard par les Villemin... Trente-deux ans après, c'est un peu gros ! Mais la rumeur enfle. Voilà l'amant volage d'il y a plus d'un quart de siècle transformé en possible meurtrier plus que « présentable ».

Les gendarmes étudient cette hypothèse comme tant d'autres pistes. Ils ont même reçu des renforts : en tout, quatre-vingts hommes se relaient sur l'affaire. Du jamais vu sans doute pour une enquête de ce type. Car au fil des jours, la liste des suspects potentiels s'allonge, alors que la logique voudrait qu'elle se resserre... Et les alibis constituent de vrais casse-tête. Dans toutes les familles, on travaille à l'usine à contre-équipe : quand l'un arrive, l'autre part aux aurores et doit s'occuper des enfants. Drôle de vie.

En vérifiant les emplois du temps de chacun, le soir du rapt, les enquêteurs croient devenir fous.

— *Où étiez-vous le 16 octobre à 17 heures ?*

— *Mardi ? Attendez... Dans mon jardin, près de la voie.*

— *Vous avez des témoins ? Il y a quelqu'un qui vous a vu ?*

— *J'en sais rien. Personne. J'ai rien vu moi en tout cas. J'ai travaillé sans lever la tête. J'avais les poireaux à...*

— *Qui nous prouve que vous y étiez ? Réfléchissez ! C'est important !*

— *Mais puisque je vous répète que j'y étais, c'est que j'y étais !*

Tout cela dit avec un accent buté de sincérité qui démonte le plus fin limier.

— *Tout le monde est suspect,* a dit ce vendredi matin le procureur. Même les voitures. Après la R4 verte, voici que l'on recherche une R12, puis une R18.

La journée, finalement, n'a pas donné grand-chose. Le choc psychologique sera pour demain samedi, les gendarmes en sont persuadés. A 14 heures, l'enterrement de Grégory doit avoir lieu au petit cimetière de Lépanges. Peut-être l'assassin craquera-t-il ?...

Le commandant Chaillan parle à la radio :

— *Nous serons aux obsèques, car nous pensons que le Corbeau y sera aussi. Nous filmerons la cérémonie et nous espérons qu'il se démasquera !*

La déclaration du patron du S.R.P.J. de Nancy étonne. Il n'est pas, en effet, dans les habitudes des policiers d'avertir ainsi leur proie. « Ne risquent-ils pas d'obtenir l'effet contraire a celui recherché ? » S'il s'agit d'un coup de bluff psychologique, d'une guerre des nerfs pour paniquer l'adversaire et l'amener à commettre un impair, le risque est gros...

Samedi 14 h 30. — Ciel bas, mais temps doux, quand les cloches de l'église de Lépanges sonnent le glas. La foule pénètre entre les travées. Christine et Jean-Marie s'installent, seuls, sur le premier banc de droite à l'entrée du chœur. La jeune femme est effondrée contre l'épaule de son mari et sanglote. A leur gauche, dans l'allée centrale, le petit cercueil de Grégory sous un linceul blanc. Et, posé devant, un grand portrait du petit martyr, souriant, qui semble provoquer ces gens qui s'entredévisagent. Six cents personnes au total se jettent des regards pleins de soupçons. Qui ? Toi ? Lui ? Où est l'assassin ? Là au troisième rang ? Derrière le pilier ? Un bloc de haine et de douleur. L'absence de Jacky, le demi-frère, est remarquée.

— *Ce sont les gendarmes qui nous ont conseillé de ne pas aller à l'enterrement,* nous a-t-il dit le matin. *C'est ignoble si on interprète ça comme une dérobade. Liliane et moi, on était prêts à y aller. On aimait Grégory et on est aux côtés de Jean-Marie, même s'il nous croit coupables !*

Jean-Marie qui a vu faiblir ses soupçons à l'encontre de son frère, a murmuré, sans méchanceté cette fois, entre ses lèvres :

— *Il vaut mieux pas qu'ils viennent... C'est préférable...*

Office morne, sans grandeur, sans cette profondeur que revêtent parfois les messes des morts. L'homélie de l'abbé Grivel est terne. Pas une seule fois, il fait allusion au drame. Tout juste une brève référence à « la mort d'un ange ». Pas le moindre extrait d'un de ces requiem et de ces Dies irae qui vous arrachent l'âme. Une chorale réduite à cinq ou six demoiselles âgées. C'est le curé qui branche lui-même son électrophone, caché près de l'autel, pour diffuser des chants mièvres. Seule émotion : cette jeune femme, au premier rang, les yeux gonflés par les pleurs, et qui semble endormie dans l'épaule de son mari.

On scrute les visages : est-« il » là ? Chacun s'est fait une tête de circonstance. Ne pas pleurer et avoir l'air détaché pourrait paraître bizarre... Trop montrer de chagrin peut aussi vous faire accuser...

Puis vient le cimetière. Au moment où le prêtre bénit le cercueil de Grégory que les fossoyeurs s'apprêtent à descendre dans la tombe recouverte de dizaines de couronnes de fleurs blanches, un cri de louve blessée retentit, un hurlement qui déchire la campagne :

— *Mon amour, reviens ! Ne t'en vas pas, Grégory ! Reste, mon Titi ! Empêche-les, chéri !*

Alors, Christine s'évanouit. Elle tombe sur la terre fraîchement retournée. Affolement, bousculade, des cris. « Un docteur, vite ! Un médecin ! Une voiture ! ».

Tandis que l'on administre deux piqûres à la jeune femme effondrée à un mètre du corps de son enfant déjà enfoui sous les roses blanches et les lys, deux autres femmes s'écroulent à leur tour : la grand-mère et la tante de Christine.

Et l'assassin, qui est dans toutes les pensées et qu'on devine, anonyme, tapi dans la foule, va-t-il se trahir, va-t-il craquer ? Va-t-il hurler qu'il est coupable ? Les gendarmes en civil (mais en pantalons d'uniforme sous les imperméables...) et deux cents journalistes épient les visages. Mais non, il n'y aura pas d'aveux.

# 4.

# UN TOURBILLON DE FAUSSES PISTES

Hier, on enterrait Grégory. Aujourd'hui, Bruyères est en fête. A l'aube, la petite ville s'est réveillée au son d'une fanfare militaire qui joue des marches américaines. Les rues se sont remplies d'étranges petits hommes au teint jaune et cuivré, pour la plupart âgés, le poitrail bardé de médailles, qui marchent au pas, bannière des États-Unis en tête du défilé. Sur les trottoirs, des centaines de femmes aussi jaunes qu'âgées, regardent, applaudissent et photographient à tout va leurs maris fièrement alignés. Des ordres claquent en anglais.

Un défilé américano-asiatique aux fins fonds des Vosges !... on croit rêver. Renseignements pris auprès des officiels et militaires français qui encadrent le cortège, on apprend que Bruyères a été libéré à la fin de la dernière guerre par l'armée américaine courant 1945. Et ce, par des troupes de choc hawaïennes qui ont subi d'énormes pertes en prenant d'assaut les collines environnantes où étaient solidement retranchés les Allemands. Les deux camps ont eu plusieurs milliers de morts et, depuis, la petite ville a été jumelée... à Honolulu en reconnaissance du sacrifice des « petits hommes jaunes ».

Il paraît que la surprise avait été grande, il y a

trente-neuf ans, quand les Vosgiens, sortant des abris après les bombardements, ont vu débarquer ces Asiatiques d'1 m 55 en battle-dress et casque américain, tout à l'opposé de l'image qu'ils se faisaient du grand Texan blond mâcheur de chewing-gum.

Bien sûr, tous ces vétérans rescapés qui, chaque année, viennent du bout du monde commémorer leurs exploits, ne sont pas au courant du drame que vit la région. Ils pensent même que ces dizaines d'équipes de reporters et de radio-télévision qui les dévisagent, l'air ahuri, sont là pour eux.

Mais c'est pour une toute autre affaire qu'ils sont là... Grégory est mort. Il n'y a d'ailleurs pas de repos dominical pour les gendarmes pressés d'en finir. Une vaste réunion de famille a lieu en début d'après-midi chez Albert Villemin, à Aumontzey, avec Jean-Marie et Christine et pour singuliers invités les officiels de gendarmerie. Les Villemin et les enquêteurs font le point.

Rien ne filtre du psychodrame à huis-clos, mais on devine que les patrons de l'enquête ont dû faire un vaste tour de table pour tenter de comprendre les tenants et les aboutissants de la tribu et de ses amis et ennemis. *« On a tout dit aux gendarmes »*, répète invariablement Monique, la grand-mère. *« Vous pensez bien que si on savait quelque chose, on vous le dirait ! »*.

Derrière les rideaux de la brigade de Bruyères, on aperçoit un grand tableau : l'arbre généalogique avec en regard de chaque nom une croix (alibis vérifiés ou invérifiables).

La piste de la Renault utilisée par le couple pour le rapt se fait plus précise. Plus exacte, la couleur (« vert tendre », presque « vert amande ») mais vague encore la marque exacte : « Une R12 ou un véhicule de ce type »...

Nous profitons de l'accalmie du dimanche pour tenter de voir ce fameux père naturel de Jacky, le demi-frère. Cet homme qui, plus de trente ans après avoir « engrossé » Monique Jacob, se serait peut-être transformé en justicier pour défendre son rejeton qu'il n'avait pas reconnu à sa naissance !

Reste à trouver ce père naturel. Au départ : un nom, une photo et un lieu : la région de Corcieux, à une vingtaine de kilomètres où aurait habité jadis le présumé Corbeau. Depuis deux jours, lors des moments de pause, nous avons tourné dans la région, interrogeant les habitants, les patrons de bistrots, leurs consommateurs. Nous avons couru les mairies, épluché les états-civils, accosté les paysans dans leurs champs. Rien ou si peu : de vagues renseignements qui nous ont promenés aux quatre coins du département.

Le samedi matin, pourtant, alors que nous bavardons avec un agriculteur près de Corcieux en lui expliquant que l'homme que nous voulons rencontrer pourrait être le Corbeau, le pays en a un mouvement de recul :

— *Un Corbeau ? Attendez voir ! Il y a bien eu par ici un Corbeau qui a eu des histoires voilà quelques années... Il téléphonait à droite et à gauche, aux pompiers, aux pompes funèbres, à son usine... Il a fait déplacer des dizaines de fois des ambulances !*

Nous sursautons. L'information est capitale. Ce portrait correspond en tous points aux agissements du Corbeau qui sévit chez les Villemin ! Et si ce maniaque avait repris ses activités en passant au stade supérieur : le meurtre ?... Serait-ce notre homme ?

Trois kilomètres plus loin, nous voilà devant la porte d'une petite ferme du bout du monde. Un peu émus, nous nous approchons. Rêvons-nous ? Le nom de « Villemin » est prononcé plusieurs fois. L'angoisse nous saisit.

Nous sommes déjà en train de reculer lorsque une voix retentit dans notre dos.

— Vous cherchez quelque chose ?

Un homme est là, debout, sur le pas de la porte.

— *Eh bien, c'est-à-dire que... euh... Voilà, nous sommes journalistes et on se renseigne un peu partout sur l'affaire du gamin de Lépanges. Vous savez, le petit Grégory ? Vous ne les avez pas connus, vous, ses parents ? On peut entrer ?*

Dans la cuisine, une femme et trois grands gaillards de vingt-huit à trente-cinq ans, l'air absent. On parle de tout et de rien, du temps, des récoltes. Brusquement, nous demandons le téléphone.

— *Tenez, il est là. Mais il ne marche plus depuis hier. C'est bizarre !*

— *Mais c'est pas vous qui avez eu des histoires avec le téléphone, il y a quelque temps ?*

— *Si, si ! c'est moi !* crie l'aîné des garçons hilare.

Et il raconte par le menu ses blagues sous l'œil admiratif de ses cadets qui, manifestement, rêvent de l'imiter. Ils avouent sans fausse honte avoir eux aussi un peu essayé et tous se marrent.

— *Mais je le fais plus du tout,* reprend le grand. *J'ai été au tribunal et condamné. On m'a sacrément savonné !*

— *Et les Villemin, vous les avez appelés quand la dernière fois ?*

— *Moi, les Villemin ? Quels Villemin ? Y en a plusieurs, mais j'en ai jamais appelés. Les parents du gamin à Lépanges ? Ah, non ! Jamais. Je les connais pas. C'est trop loin !*

C'est dit comme à regret, naïvement, sans crainte, en toute franchise. Il nous faut déchanter. Encore une fausse piste.

Enfin nous possédons un semblant de renseignements sur le père naturel. Il habiterait loin, bien loin dans le Haut-Rhin...

Et ce dimanche matin, nous partons. Routes en

lacets, des virages à satiété, des cols, la haute montagne. Ça sent l'hiver. Partout, on rentre du bois.

Et à 11 h 30, nous arrivons en plein cœur d'une jolie station touristique. Et bientôt, face à « notre » homme qui fend des bûches au fond d'une cour. Nous nous présentons.

— *On vous a interrogé ces jours derniers, n'est-ce pas ?*

— *Oui, les gendarmes sont venus hier. Ils m'ont prié de passer les voir à la brigade. Je n'y ai rien compris. Ils m'ont demandé si je me souvenais de mes bonnes amies quand j'étais jeune... Ils m'ont dit de bien réfléchir, que c'était important. Vous parlez d'une drôle de question ! Je me suis creusé les méninges. J'ai cité la Simone de... la Suzanne de... la Christiane de... J'en ai eu vite fait le tour ! De mon temps, on était sérieux. Ils m'ont dit brusquement : « Et Monique Jacob d'Aumontzey, vous connaissez ?*

L'homme pose sa tronçonneuse et poursuit :

— *J'ai dit : « La Monique ? » Ah oui, bien sûr ! Oui, oui, je l'ai fréquentée quand j'étais au service. Je leur ai demandé pourquoi ils m'interrogeaient sur elle. Ils m'ont dit : enquête de routine. Et puis, ils ont ajouté : « Vous l'avez revue récemment ? » Non, jamais. Pourquoi ? Et Aumontzey, vous y êtes retourné ces dernières années ?*

*Devant ma stupéfaction, ils ont fini par lâcher que tout cela avait un rapport avec l'affaire du gamin tué dans la Vologne. Vous pensez si j'ai gueulé. J'ai dit : Qu'est-ce que je viens faire dans cette histoire ? Vous n'allez pas me mêler à ça ?. Ils se sont excusés et je suis rentré chez moi.*

— *Franchement, vous n'avez pas la moindre idée de la raison pour laquelle ils vous ont convoqué ?*

— *Ah, bougre non ! J'aimerais bien le savoir !*

— *Vous voulez vraiment le savoir ? Ça risque de vous surprendre !*

— *Oh, à mon âge, plus rien ne me surprend ! J'en ai vu d'autres !*

— *Écoutez... Vous avez un enfant, un fils... L'aîné des fils Villemin... Jacky, l'oncle du petit Grégory... C'est votre fils... C'est votre portrait tout craché ! Vous ne le saviez pas ?*

L'homme a du mal à encaisser le coup :

— *Qu'est-ce que vous dites ? Vous vous fichez de moi ?*

— *Non, c'est la vérité. Vous êtes le père naturel de Jacky !*

Il se prend alors la tête dans ses mains, se met à tourner en rond dans sa cour, lève les bras au ciel, la bouche ouverte, le souffle coupé. Et il répète :

— *Ah ! ça alors ! Vous me la coupez ! Ça alors ! Mais pourquoi je ne l'ai pas su à l'époque ?*

Nous lui donnons des détails, lui expliquons par le menu l'affaire, les soupçons formés contre lui, comme contre tant d'autres. Il n'en revient pas, ne comprend pas. Manifestement, il est hors du coup...

Exit la piste du père naturel. Mais ça ne change rien au problème : un suspect disparaît, dix autres s'engouffrent dans le collimateur gendarmesque. Et la semaine qui commence va être de ce point de vue riche en événements, en rebondissements, en extraordinaires coups de théâtre...

Le lundi 22 octobre, les enquêteurs ont fait du bon travail, le matin, en dressant la liste la plus exacte possible des personnes pouvant approcher Grégory sans l'effrayer, puisqu'il est désormais quasi certain qu'il a suivi de confiance son assassin. Dix personnes au total. Et sur les dix, sept ou huit ne peuvent être soupçonnées (alibis en béton).

Il ne leur reste donc plus qu'à creuser sur ces suspects potentiels.

Or, patatras ! Voilà que leur excellent plan de travail est bouleversé. Tandis que des gendarmes courent les épiceries-buvettes de campagne à la recherche d'enveloppes identiques à celle utilisée par le Corbeau, le va-et-vient des fourgonnettes bleues semble s'accélérer, s'affoler comme des fourmis dérangées.

Dès 14 h 30, une mystérieuse jeune femme est entendue à la gendarmerie de Bruyères. Les journalistes s'agglutinent, pressentant l'hallali. Qui peut-elle être ? Jacqueline, la sœur de Jean-Marie, mariée à un certain Bernard Noël. Un couple dont on n'a peu parlé jusqu'ici ? On savait qu'il y avait chez les Villemin cinq garçons : Jacky, Jean-Marie, Michel, Gilbert et Lionel (le benjamin de treize ans), mais on avait oublié la sœur. Serait-ce elle ? Rumeurs, rumeurs toujours.

Le procureur Lecomte, en visite comme par hasard, est pressé de questions, en fin d'après-midi, alors que l'audition dure toujours. Sur le perron de la gendarmerie, menton dressé sous son éternel nœud papillon, très digne, il se lance : « *Cette personne est venue spontanément déposer. Elle est maintenant placée en garde à vue. Elle appartient (hésitation) à la famille, oui, au sens large... euh... au sens romain du terme de " clientèle ", du côté paternel...* »

M. Lecomte qui apprendra très vite à devenir plus prudent et qui, bientôt, se fera très rare, parle de « *témoignage étonnant* ».

Il est déjà tard quand la jeune femme ressort des locaux. Elle cache son visage, elle est en larmes. Personne dans la région ne la reconnaît le lendemain sur les photos qui paraissent dans la presse locale. Personne non plus ne prête attention à l'homme jeune, en pull jacquart, moustachu et courtaud, qui vient la chercher au volant de sa Peugeot. Il fait même le coup de poing avec des photographes qui entourent de trop près sa compagne. La voiture s'éloigne...Nul n'a identifié le couple qui vient de faire une entrée « spectaculaire » dans l'affaire et qui, bientôt, en sera l'une des pièces maîtresses : Marie-Ange et Bernard Laroche. Il faudra encore quelques jours avant que leurs noms soient sur toutes les lèvres. Pour l'instant, ce sont des inconnus.

En tout cas, tout le monde s'étonne qu'on relâche si vite cette femme que le procureur disait en garde à vue et dont l'inculpation était « imminente ». Encore une bévue ? Non. Au moment où elle s'en va, deux couples arrivent à la gendarmerie. Le plus jeune est encadré d'uniformes qui tiennent à la main des bottes, des cordelettes et des cassettes. Un long interrogatoire commence. Tard dans la nuit, le procureur y va de son commentaire. Il juge « très importantes » les révélations du témoin de dernière minute. La jeune femme a expliqué les tenants et aboutissants des querelles de la famille. Sur la foi de ses déclarations, on a fait de nouvelles perquisitions « tant chez des personnes déjà interrogées que vers de nouveaux suspects ».

Les noms des personnes entendues commencent à circuler : il s'agit des deux frères Hollard et de leurs femmes, habitant à Laveline-devant-Bruyères, chez qui on a saisi des cassettes enregistrées, de la cordelette et des bottes vertes ! Daniel et Claude Hollard apparaissent comme des coupables parfaits.

— *Mais pour quelle raison auraient-ils fait cela ?* demandent les sceptiques. *Ils ne fréquentent pas les Villemin ; ce sont des parents éloignés !*

— *Si les gendarmes les présentent comme des suspects et n'ont pas craint de les amener au vu et au su de tout le monde et de la presse en particulier, c'est qu'ils ont « des billes »,* répondent les optimistes.

Attendons.

Le lundi est la journée des coups de théâtre : les

enquêteurs distribuent à la presse un document à diffuser : un portrait-robot. Nous restons interloqués devant l'apparence étrange de ce suspect, aperçu stationnant longuement devant la poste de Lépanges, le 16 à l'heure du rapt.

Établi sur le témoignage d'un employé de la poste et de passants, le portrait représente une sorte de personnage hybride, mi-homme, mi-femme, cheveux noirs bouclés ou crépus, grosses lunettes rondes. Cet homme serait sans doute le complice du meurtrier, chargé de poster la lettre de revendication. Voilà donc les gendarmes recourant aux méthodes utilisées pour les affaires de terrorisme international. *« Comme si le monstre s'apprêtait à passer la frontière... »*, écrit Patricia Burnat dans « Le Matin ».

Il est bien long cet interrogatoire des Hollard. Personne ne remarque dans la nuit l'arrivée d'un grand jeune homme sec et moustachu qui ressort deux heures plus tard. On s'attend à voir surgir des locaux le procureur, un communiqué de victoire en mains : « Ça y est ! Ils ont avoué ! »

Soudain, vers 1 h 30 du matin, ça s'agite dans la gendarmerie. On se précipite. Les officiers sortent — le procureur, lui, a disparu — bavardant entre eux, plaisantant, porte-documents à la main. Et ils s'engouffrent dans leurs voitures de fonction. Nous sommes interloqués. On craint de deviner ce que cela signifie. Le commandant Chaillan, harcelé, finit par lâcher, au moment où son chauffeur démarre :

— *Non, ce ne sont pas eux. Les témoins sont relâchés. On ne se décourage pas ! Nous repartons à zéro !*

Est-ce une blague de mauvais goût ? Mais non ! Voici les deux couples que les gendarmes de la brigade poussent gentiment sur le perron avant de refermer la porte sur eux. Jetés en pâture. Ils sont éblouis par les flashs, épouvantés, timides, petits, fatigués par un interrogatoire sévère. Impossible de leur arracher un mot. Les enquêteurs leur ont intimé l'ordre de ne pas parler au nom du « secret de l'instruction ».

— *Parlez !* hurle dans la nuit Jean Ker de « Paris-Match ». *Parlez ! Si vous vous taisez, c'est que vous vous sentez coupables !*

Les Hollard reviennent de loin ! Comme les Jacquel, comme Jacky et Liliane, comme d'autres ! S'ils n'avaient pas eu un alibi à toute épreuve, si simplement ils étaient restés chez eux, ils « plongeaient ». Six mois après cet interrogatoire qui les a « bouleversés, disent-ils, pour la vie » et les a présentés aux yeux de leurs voisins en suspects — donc en coupables potentiels —, ils ne comprennent toujours pas comment les soupçons ont pu se porter sur eux.

Leurs alibis ont bien sûr été épluchés avec soin. Claude, 40 ans, accompagné de sa femme, était aux champignons avec son père, le 16 au soir. Des dizaines de témoins les ont vus. Daniel, 26 ans, lui, cueillait des pommes avec Chantal. Par chance, ils avaient amené un copain de travail, employé comme eux aux Filatures de la Vologne à Laveline. C'est lui, Daniel Michel, surnommé affectueusement « La belette », ce grand gaillard que les gendarmes ont entendu longuement dans la nuit et qui est venu tout détruire dans le beau scénario. Tout était si bien ficelé... Bien sûr, on l'a un peu considéré comme un complice éventuel qui voudrait couvrir ses compères. Mais lui-même a été vu par d'autres personnes après avoir quitté, vers 17 h 05, les Hollard à Laveline. Il a cassé la croûte avec eux et il a pris du vin à l'épicerie vers 17 h 15. L'épicière confirme. Encore heureux qu'elle ait la mémoire fidèle et qu'on ne la soupçonne pas de complicité...

— *N'empêche,* diront les Hollard, *pour nos gosses, c'est effrayant d'avoir été traité en coupables. Pourquoi nous ? On a la conscience tranquille. On sait bien qu'il faut que les gendarmes fassent leur boulot si on veut arrêter le salaud qui a fait ça, mais tout de même !*

Pauvres gens doublement salis par cette suspicion et par la résurgence de l'infanticide de leur grand tante d'Herpelmont — mère d'Albert Villemin et arrière grand-mère de Grégory. Est-ce cette vieille affaire de gosse tué contre une cuisinière et le suicide du Gaston qui ont laissé supposer aux enquêteurs que cela avait un rapport avec la mort de Grégory ?...

Désormais, les gendarmes s'interrogent : et si la solution était plus simple finalement ? Personne n'a pu dans la famille leur expliquer de façon claire les raisons de la haine du Corbeau. La famille, certes, est tumultueuse, avec des brouilles et des réconciliations soudaines, mais rien que du banal. Et s'il n'y avait pas finalement de mobile de haine précis de la part du Corbeau, sinon une obsession maladive ? Ce qu'ils ont pris jusqu'ici pour un manque de coopération et un secret qu'on cache n'est peut-être que de la pure bonne foi...

Le mardi, les gendarmes décident de réentendre Christine Villemin, la maman. Il y a une semaine, jour pour jour, que Grégory est mort. Il existe un vieux principe chez les policiers que semblent avoir jusqu'ici négligé les gendarmes : le dernier témoin est, sinon le premier suspect, du moins celui qui est à même d'en savoir le plus. Long huis-clos donc en fin d'après-midi de ce 23 octobre au pavillon de Lépanges entre Christine, Jean-Marie et les officiers. Les volets sont fermés comme le soir du rapt. Sur le tas de gravillons, la petite pelle de Grégory est toujours là.

Le huis-clos dure. Deux heures... Trois heures. La nuit recouvre depuis longtemps la Vologne qui coule en bas, et un petit vent sec cingle le plateau. Pourquoi cette longue et minutieuse reconstitution ? Il ne faut pas trois heures pour demander à une mère d'expliquer ce qu'elle a fait, de refaire ses gestes de ménagère : la radio, le pull ôté, la table à repasser installée, le repassage, le coup d'œil dehors, les recherches...

On se souvient de la réflexion d'un grand flic parisien :

— *C'est à chaud qu'il fallait interroger les parents, la famille, en les isolant, sans tenir compte de leur douleur, en leur expliquant que c'était pour découvrir au plus vite l'assassin de leur enfant. Il fallait leur faire vider leur sac, sans qu'ils puissent se concerter ; les piéger dans d'éventuelles contradictions ; les mettre presque en garde à vue !*

La porte du pavillon de Lépanges s'ouvre enfin. Christine et Jean-Marie sont emmenés dans une voiture de gendarmes. Où vont-ils à cette heure ? S'agit-il d'une reconstitution, d'une visite au juge d'instruction ? Pour des aveux ? La voiture a tourné à gauche sur Bruyères, puis a pris la direction de Gérardmer. Quelques minutes plus tard, elle s'arrêtera à Aumontzey devant le pavillon de Monique et Albert Villemin.

— *Nous les avons reconduits dans leur famille pour qu'ils se reposent,* dit un enquêteur pressé de questions dans la nuit. On s'en étonne.

Les doutes commencent réellement à s'installer dans les esprits.

Le procureur Lecomte a une image poétique pour expliquer le lendemain où en est l'affaire :

— *Nous faisons de la tapisserie ; nous faisons des points... Nous avons de nombreux et précieux bouts de laine, mais nous ne disposons malheureusement pas de la trame qui nous permettrait de savoir où on va. Bref, nous ne voyons pas encore la figure...*

Jean-Jacques Lecomte, latiniste distingué, est donc aussi poète à ses heures. Cela lui vaut une réplique pessimiste de Lionel Raux dans « L'Est Républicain » le lendemain : « Cette tapisserie, hélas, semble rappeler chaque jour davantage celle de Pénélope : tout ce qui s'y fait s'y défait inexorablement et l'on reprend au départ »...

Les enquêteurs se plaignent amèrement du manque de collaboration de la famille et de la population.

— *Dire ce que l'on sait en de pareilles circonstances,* confie un des responsables, *c'est seulement rendre service à la Société. Bien sûr, la délation n'est pas un sentiment très noble, mais dans certains cas, elle vaut mieux que la dissimulation d'un crime ! Nous sentons que des tas de gens détiennent des éléments que nous pourrions exploiter et refusent de s'ouvrir à nous.*

Et l'officier lance un S.O.S. à la population :

— *Il y a de nombreuses façons de prendre contact avec nous sans que cela risque de se savoir. Qu'ils téléphonent à la gendarmerie de Bruyères au 50.10.17 ; qu'ils écrivent ! Qu'ils se manifestent !*

Mais aussi désireuse soit-elle de voir arrêté l'assassin de Grégory, la population hésite, comme apeurée. Elle se souvient des Hollard jetés en patûre à l'opinion. D'ailleurs, y-a-t-il réellement quelqu'un qui ait aperçu quelque chose ? En d'autres circonstances, on aurait vu des témoins accourir. On ne se dérobe pas quand on sait qu'on peut êre utile. Et les Vosgiens, c'est connu et reconnu, ont un sens civique aigu. S'ils se taisent, en l'occurrence, c'est sans doute simplement qu'ils n'ont rien vu... Et puis, enfin, les « témoins-suspects » — où commence l'un ? Où finit l'autre ? — sont et se sentent salis par la divulgation de leurs noms. Ils en perdent le sommeil, comme les Hollard et les Jacquel. On les regarde d'un drôle d'air. Les voisins les fuient. Ils sont les premiers à souhaiter l'arrestation du coupable pour être définitivement blanchis. Ils désespèrent qu'il le soit un jour. « Ma vie est brisée », confie Jacky, le demi-frère.

En tout cas, la diffusion du portrait-robot n'a rien donné : à peine quatre ou cinq appels. Idem pour la R12 verte et l'homme aux jumelles. Même les habituels plaisantins, amateurs de canulars douteux, se sont abstenus. C'est rare...

Plus étonnant : personne dans la famille n'a trouvé une quelconque ressemblance avec un membre ou un proche du clan. Bien sûr, il y a bien une vague similitude — en cherchant bien à avec une des épouses Holard... que les enquêteurs réentendent une nouvelle fois ce matin... Tandis qu'à Aumontzey, le jeune Lionel Villemin qu'on n'envoie plus à l'école depuis le drame, s'amuse à dessiner et redessiner le portrait-robot.

Le commandant Chaillan, le patron de la Section de Recherches de Nancy, annonce en ce mercredi l'arrivée de nouveaux renforts de gendarmerie. Il révèle aussi que *« l'enquête, tout en se poursuivant dans toutes les directions, s'oriente à nouveau vers les établissements industriels où travaillent les membres de la famille ».*

Il est vrai, comme dit l'officier dans son langage très strict, que les détails donnés par le Corbeau témoignent d'*« une parfaite connaissance des us et coutumes de la famille Villemin tant sur les lieux de travail qu'à son domicile ».*

En clair, cela signifie qu'on revient à la piste d'une vengeance professionnelle, les investigations du côté de la famille directe, comme « en direction de la périphérie familiale » n'ayant rien donné. Les gendarmes se rendent donc à l'usine Autocoussin à La Chapelle-devant-Bruyères où Jean-Marie est contremaître, interroger le personnel. D'autres équipes se dirigent vers la Manufacture vosgienne de Lépanges où Christine est ouvrière couturière.

Les consignes du juge sont formelles : tout doit se faire dans le plus grand secret. Pas un mot à la presse. Les ordres seront respectés.

Ce n'est que plusieurs jours plus tard qu'on apprendra que les langues se sont déliées à Lépanges. Quatre camarades de Christine ont apporté un intéressant témoignage sur l'itinéraire suivi selon elles, le soir du 16 à la sortie de son travail, par la jeune mère. Un parcours qui ne concorde pas avec ses propres dires...

En fait, Christine aurait fait un détour par la poste vers 16 h 47, en sortant de l'usine, justement dans le créneau-horaire où la lettre a été postée. Un point qui s'avérera capital plus tard, mais pour l'instant, les enquêteurs le mettent, semble-t-il, de côté, le jugeant sans doute secondaire et ne concordant pas avec leur vision du drame...

Le juge Lambert paraît quand même s'intéresser aux déclarations des parents. Christine et Jean-Marie sont longuement entendus à Épinal, mais désormais ce ne sont pas des témoins comme les autres. Le matin, ils se sont constitués partie civile et ont choisi comme défenseur, Me Henri-René Garaud, un célèbre avocat parisien, connu comme conseil de l'association « Légitime Défense ».

C'est lui qui a fait acquitter le garagiste Legras, accusé d'avoir piégé un poste de radio. L'appareil avait explosé à la figure de ses voleurs. Évidemment, les parents de Grégory n'ont qu'une vague connaissance de cet avocat... Peut-être même, n'en ont-ils jamais entendu parler... C'est en fait sur les conseils d'un jeune journaliste de radio qu'ils sont entrés en contact avec Me Garaud. Ce choix sera déterminant. En choisissant un homme connu pour ses opinions jugées souvent « réactionnaires » et « néo-poujadistes », Jean-Marie Villemin politise l'affaire, se range dans un camp, au risque de déplaire à l'autre... Ce qui sera le cas très bientôt quand Laroche, homme de gauche, cégétiste, sera inculpé et qu'une presse et des avocats engagés prendront sa défense... L'affaire Grégory, c'est aussi un combat politique.

— *Je veux savoir ce qu'il y a dans les dossiers,* dit

le jeune père, en expliquant pourquoi il se porte partie civile en ce mercredi 24. *Je suis à bout. Nous demandons que vengeance soit faite.*

Le contremaître a commis un lapsus révélateur, « vengeance » au lieu de « justice », qui le classe aussi définitivement dans un camp, tout comme finiront de le classer les pétitions qu'ils feront circuler, Christine et lui, réclamant la peine de mort pour les tueurs d'enfants...

Ce regard dans le dossier que vont désormais avoir les parents, partie civile, n'échappe pas aux journalistes : « *S'ils sont dans le coup,* dit un confrère, *ou s'ils sont liés par un secret qui les empêche de livrer l'assassin, c'est foutu ! Ils sauront tout des dépositions des témoins, au fur et à mesure, et pourront modifier leurs déclarations et leur comportement en conséquence...* »

Face à une affaire qui semble bien mal engagée, « La liberté de l'Est » — la bible locale que dévorent chaque matin tout ce qu'Épinal compte de notables (juges, élus, préfet et, bien sûr, enquêteurs) se permet de titrer le lendemain : *« L'enquête semble marquer le pas. »* Ce que traduisent plus crûment encore les journaux parisiens : *« Les gendarmes pataugent »* (Le « Parisien-Libéré ») et *« une partie de l'enquête s'effondre »* (« France-Soir »).

C'est que les enquêteurs ne sont même plus sûrs de l'endroit où Grégory a été jeté à l'eau ! Ils ont fait des essais sur la Vologne avec un mannequin du même poids que l'enfant, et voilà qu'il s'avère impossible que, de là où on supposait que le garçonnet avait été noyé, près du passage-à-niveau, il ait pu être sous la passerelle de Docelles à 17 h 30, comme l'affirme une passante.

Du reste, on n'est plus sûr de rien : ni du témoignage de Mme Guyot qui a dû finalement bien apercevoir un sac poubelle, ni du trajet du corps. Impossible qu'il ait pu franchir les divers obstacles qui jalonnent la rivière entre la voie ferrée et Docelles, sans être griffé. Or, le corps de l'enfant ne portait aucune trace...

Voilà donc les gendarmes réduits à promener leur pantin de bois un peu partout le long de la rivière pour faire leurs essais de flottaison. Pitoyable mannequin avec son plastique bleu pour simuler l'anorak de Grégory et que nous verrons, émus, voguer au fil de l'eau des jours durant lors d'innombrables tentatives.

On découvre que, finalement, l'enfant n'a pu être jeté que d'un seul endroit : sur l'autre rive, en plein Docelles, près de la caserne des pompiers, ou un peu plus haut, sur l'affluent de la Vologne, le Barba, un ruisseau prend sa source à la Grande Cascade de Tendon. C'est de cet emplacement seulement que le mannequin finit presque systématiquement sa course contre les rochers de la retenue où on a découvert Grégory. Cette constatation est grave : voilà non seulement remis en cause le lieu de la noyade, mais encore l'heure ! Si le corps a été jeté près de la caserne des pompiers, sur l'espèce de mail qui borde la rivière, impossible que cela ait pu se faire en plein jour. L'assassin n'a pu prendre un tel risque, pensent les enquêteurs. Trop de fenêtres autour, donnant directement sur la Vologne. Quelqu'un aurait obligatoirement vu. D'autant qu'un petit estaminet-buvette, fréquenté des seuls habitués, se trouve juste à côté et que les consommateurs-joueurs de cartes voient tout ce qui se passe dehors. Dialogue surpris entre le brave adjudant Lamirand, le chef de la brigade de Bruyères, et les clients du bistrot :

— *Alors... Vous étiez là et vous n'avez rien vu ?*

— *Ben, non !*

— *Vous regardiez bien dehors de temps en temps ? On voit tout ce qui se passe depuis la fenêtre, hein ?*

— *Oui, on guette les copains qui passent pour se faire payer un verre, quoi ! Rien ne nous échappe. Si on avait vu quelqu'un avec un gosse, on l'aurait peut-être vu, hein, Nénesse ?*

Nénesse hoche la tête.

— *Et puis...* reprend le consommateur.

— *Et puis ?* insiste l'adjudant.

— Ben, il faut dire qu'on sort souvent à tour de rôle pour pisser un coup sous la passerelle, près de la caserne et le transformateur. La bière, vous comprenez... Donc, on voit tout. Or, on n'a rien vu !

Conclusion des gendarmes : le corps ne devait pas être au barrage à 17 h 30 et c'est bien un sac poubelle que Mme Guyot a aperçu ! Ce qui signifie soit que le crime a été commis plus tard, soit que le corps, jeté beaucoup plus en amont, n'est arrivé que peu de temps avant qu'on le découvre à 21 h 30 à Docelles. Le créneau-horaire se trouve donc du même coup très élargi. Tout est à revoir !

Le capitaine Sesmat, le jeune directeur d'enquête, est le premier stupéfait devant cette affaire qui, au lieu de s'orienter dans un sens précis, éclate de jour en jour, part dans cent directions inattendues.

— *Il n'est pas possible,* s'exclame-t-il, *que les faits qui se sont produits le 16 octobre en plein jour et en plusieurs endroits différents n'aient pas eu davantage de témoins.*

Et le capitaine Sesmat, emphatique, presque émouvant dans son désir de découvrir la vérité, en arrive à imaginer que le ou les assassins seront sensibles au sens de l'honneur :

— *Il est possible et même probable que cet acte abominable ait été accompli par plusieurs auteurs ou complices. Je ne comprends pas comment l'un au moins n'ait pas encore éprouvé le besoin de soulager sa conscience et de libérer ce qu'il a en lui !*

Cet S.O.S. démontre que rien ne va plus. Et Patrice

Burnat dans « Le Matin » du lendemain ironise sur l'appel solennel aux complices de se dénoncer : *« Cela simplifierait évidemment considérablement l'enquête. Alors, pourquoi ne pas essayer ? En priant au passage le Dieu des gendarmes en difficulté... »*

Les gendarmes attendent surtout impatiemment les résultats des analyses graphologiques des dictées. D'ores et déjà, l'étude de l'écriture de la lettre adressée à Jean-Marie à Lépanges, a été faite : le Corbeau est bien un droitier qui s'est forcé à écrire de la main gauche ; il est d'un bon niveau culturel (ce qui exclut pas mal de monde...) ; il est même d'une « intelligence supérieure » et il a commis volontairement des fautes d'orthographe (ce qui est moins sûr...). Est-ce des psychologues qui ont travaillé sur le message ? Il se dit que les enquêteurs ont fait appel à eux pour tenter de définir le portrait psychologique du tueur. Ce qui fera plus tard beaucoup sourire les policiers qui préfèrent, eux, travailler sur du concret.

Mais quel serait le mobile de cet homme présenté presque comme un surdoué, sinon comme un surhomme ? Impossible toujours de le savoir. Le procureur en arrive à se demander si le meurtre de Grégory ne serait pas « un acte gratuit ». Et José Benjamin, l'envoyé spécial de « France-Soir » esquisse une intéressante analyse de ce meurtrier : *« Cet homme, ou cette femme, ou les deux à la fois, ont l'esprit si perturbé qu'ils peuvent avoir tué parce qu'un jour on leur a marché sur les pieds. Le plus fou des mobiles. »*

Un portrait-robot chasse l'autre ! Les gendarmes diffusent le vendredi 26 le dessin d'un nouveau suspect au moment même où le propriétaire de l'étrange tête du premier portrait se fait connaître. Il s'est présenté de lui-même à la gendarmerie. C'est un conducteur de travaux publics qui se trouvait bel et bien à Lépanges devant la poste plusieurs fois à l'heure du crime pour les besoins d'un chantier... mais pas le jour du crime... Une semaine exactement auparavant !

Le soir du rapt, il était à Rambervilliers, à vingt kilomètres de là. Les témoins sont formels. M. X l'a échappé belle. Il frémit encore de cette confusion. Imaginons qu'un fou vengeur l'ait identifié... Fragilité des témoignages humains...

Mais voici qu'on s'interroge maintenant sur le nouveau suspect désigné à l'opinion publique. On recherche cette fois un homme à moustache et à favoris. Tout le contraire du premier ! Pas cette espèce d'androgyne au visage trop peu effrayant pour être un assassin... « L'homme aux rouflaquettes », lui, fait méchant, viril. Il a environ 35 ans, de corpulence athlétique, des grosses moustaches. Certains y verront plus tard une ressemblance très, très lointaine avec Bernard Laroche...

C'est sur la base du témoignage du patron de l'Hôtel de la Poste à Docelles, M. Cornillie, que le portrait-robot a été dressé. *« Ça ressemble à un bougnoule »*, s'écrie un des consommateurs de « La Renaissance » à Bruyères, quand en passant nous leur ferons examiner le dessin. Il ne manquait plus que ça ! Le méchant Arabe de service... Le racisme s'en mêle !

*M. Cornillie, dit la Corneille, en guerre contre un Corbeau,* se gondole dans « Libération » Denis Robert qui ne cessera de jouer les iconoclastes et les mauvais esprits, osant souvent mettre en doute l'efficacité des gendarmes.

— *J'étais à mon bar quand cet homme est rentré, le 16,* raconte la Corneille, un aimable hôtelier installé à deux pas de la passerelle où Grégory a été retrouvé. *Une première fois vers 16 h 35. Il a bu une bière, a payé et est sorti cinq minutes plus tard pour revenir à 17 heures. Il a redemandé une bière et s'est assis en travers de cette table qui fait face au comptoir. Il n'a pas cherché à engager la conversation, alors que vous savez, dans le métier, on bavarde toujours ! Il n'a même pas demandé un journal. Il jetait sans cesse des coups d'œil dehors et sur les deux pendules que vous voyez. C'est la première fois qu'il venait chez moi et son anxiété m'a frappé. Manifestement, il n'était pas entré parce qu'il avait soif. Il est reparti définitivement vers 17 h 15.*

C'est-à-dire à l'heure où le ravisseur arrivait théoriquement à Docelles. Est-ce une coïncidence ou cet homme était-il chargé de faire le guet et de réceptionner l'enfant ?... A moins que tout simplement il attendait le car Épinal-Bruyères dont l'arrêt est juste à côté du café ?

Détail : M. Cornillie avait signalé son histoire, au lendemain du rapt aux gendarmes de Docelles, mais ceux-ci avaient omis, dit-on, de transmettre aux enquêteurs à Bruyères !

*« On avait oublié l'homme aux rouflaquettes, écrit Patrice Burnat. Hier, on s'en mordait le képi à la gendarmerie de Bruyères où le commandant Chaillan, visiblement, tombait des nues en apprenant par les radios l'existence de ce suspect à Docelles. Pas de quoi pavoiser... »*

Et c'est le moment que choisit la rumeur pour parler d'un dessaisissement possible des gendarmes au profit du S.R.P.J. de Nancy. Du reste, les enquêteurs semblent avoir renoncé définitivement à faire le point-presse de 17 heures qui ressemblait trop à un communiqué de victoire de la guerre de 14, du style : *« Nous progressons ! »* Et c'est encore Burnat qui rapporte la boutade d'un consommateur de bistrot : *« Ici, ils n'arrêtent jamais rien, sauf les enquêteurs ! »*

On parle aussi d'une seconde autopsie du corps de Grégory. Il se murmure que l'analyse des viscères n'aurait pas été approfondie, l'eau des poumons n'a pas été analysée. Le procureur se serait plaint que la recherche du chlorophorme ou de somnifères n'ait pas été faite. Mais que ne dit-on pas ? Difficile de faire la part du vrai et du faux dans cette vaste partie où l'intox et le secret règnent en maîtres. Une chose est sûre : les nœuds ayant servi à ligoter l'enfant sont bien ceux d'une ouvrière en textile. C'est le même type de lien qu'on effectue en fin de bobine. Mais innombrables sont les employées des filatures dans la région. Et dans la famille, presque toutes les femmes y travaillent, à commencer par Christine, la mère, Paulette Jacquel et consorts !

On murmure aussi que nombre d'habitants du coin, avertis que les enquêteurs recherchent des bottes et des cordelettes, ont préféré les jeter discrètement à la décharge de peur d'être soupçonnés au cas où leurs empreintes et leurs cordes correspondraient...

Malgré les épreuves, les enquêteurs ne désespèrent pas. Ils ont même sûrement progressé quand ils en arrivent, le vendredi 26, à la conclusion qu'il faut renoncer à chercher dans les vieilles querelles et le passé lointain de la famille. Après avoir exhumé les secrets familiaux, on est prié de les oublier. Les gendarmes pensent que la vengeance se rapporte à des événements qui se sont produits « il y a deux, trois ou quatre ans ». « *Nous nous replaçons dans le contexte de cette époque,* dit le capitaine Sesmat. *C'est là que doit résider l'énigme et le secret permettant d'expliquer l'assassinat.* »

Sans doute les enquêteurs sont-ils à ce moment-là, à deux doigts de cerner la vérité. D'autant qu'après avoir épuisé la piste familiale, la piste des proches, puis professionnelle, les voici de nouveau qui retournent à la case départ : la famille...

Est-ce pour cela que le vendredi 26 le colonel Tanguy en personne, le grand chef des gendarmes des Vosges, accompagné du procureur et du juge d'instruction, entendent encore pendant deux heures et demie à la brigade de Bruyères, Jacky, le demi-frère, et Liliane, sa femme ? Déjà, des bruits circulent... Mais ils ressortent libres à 16 h 30.

En ce onzième jour d'enquête, on ne sait plus quoi penser. On dit tout et le contraire. Chacun se persuade que seul un couple ou un groupe de personnes a pu agir en un temps record. Comme le note le reporter de « La Liberté de l'Est », Philippe Jechoux : « *Les deux ou trois personnes qui ont accompagné le meurtrier pour le transport de l'enfant et pour lui permettre de poster la lettre avant 17 h 15 à la perception de Lépanges devaient bien avoir elles aussi une profonde motivation et une soif de vengeance qui rejoignait celle du meurtrier (ou de la meurtrière).* »

*Jusqu'au bout, tout le monde s'entêtera certains jours sur la piste du crime commis par plusieurs assassins avec complices : l'un a posté la lettre ; un autre a guetté avec des jumelles ; un autre a conduit ; un autre peut-être même a lié les poings de Grégory et encore un pour attacher les pieds, et encore un pour jeter le corps... Bientôt, tous les Vosgiens auront participé au crime. Un vaste complot international contre les Villemin !*

*Et voici enfin qu'arrive de Paris, le samedi 27 octobre dans la vallée de la Vologne, Me Garaud. Le procureur Lecomte avait parlé « tapisserie ». L'avocat des parents de Grégory, partie civile depuis deux jours, parle lui aussi « d'ouvrage de dames ». Dans ces Vosges vouées au textile et au filage, on reste dans le tissu :*

— *Je n'ai pas l'habitude de faire dans la dentelle,* dit-il de prime abord. *Je suis ici pour défendre un père et une mère. Je pense qu'un crime comme celui-ci dont l'atrocité émeut toute la France ne doit pas rester impuni. Ma présence n'est pas dictée par un sentiment de vengeance* (allusion sans doute au lapsus de Jean-Marie), mais de justice. Pas un honnête homme ne peut couvrir un tel crime.

Et l'avocat de « Légitime Défense », qui a visité le

pavillon de Lépanges et s'est longuement recueilli dans la petite chambre de Grégory, sort ému de cette rencontre avec Christine et Jean-Marie :

— *Je viens de voir des parents effondrés. La peine que l'on éprouve, ça se voit, cela ne se raconte pas. Perdre un de ses enfants dépasse déjà l'entendement. Mais le perdre dans de telles conditions relève de la tragédie antique. Les parents ont déjà tout dit. A défaut de l'espoir de retrouver leur fils, il ne leur reste que celui que l'on retrouve le coupable. Si on ne le retrouvait pas, ce serait grave pour notre Société toute entière !*

Et Me Garaud d'ajouter en petit comité que si l'enquête ne se conclut pas rapidement, il serait peut-être bon que le juge Lambert la confie aux policiers. Coup dur pour les gendarmes qui travaillent comme des forcenés, mais qui se rendent compte qu'ils piétinent. Ils gardent pourtant le moral :

— *Nous l'aurons tôt ou tard ! Demain, dans dix jours, dans six mois, nous l'aurons !*

# 5.

# LA VALLÉE DES MORTS MYSTÉRIEUSES

Qui a tué Grégory ? La question obsédante reste toujours sans réponse en ce dimanche 28 octobre. Il y aura après-demain deux semaines que Grégory a été noyé dans la Vologne et l'on n'a pas la moindre idée de l'identité de son assassin. On ne sait même pas si celui-ci était seul ou s'il avait des complices. Rien, le néant, malgré la lettre de revendication qu'il a adressé le soir même, et malgré ses innombrables appels de Corbeau malfaisant.

Au fil des jours même, l'affaire qui paraissait limpide au départ (« cherchez le Corbeau, vous trouverez le meurtrier ») n'a cessé de se compliquer. Les pistes foisonnent. Chaque jour en amène une nouvelle. Du jamais vu. Au lieu de se resserrer vers un suspect, l'enquête part tous azimuts et découvre des dizaines de suspect potentiels.

Nous allons nous-mêmes découvrir plusieurs pistes : celle du fou, celle du bûcheron, celle de l'ancien légionnaire dévoyé et celle, surtout, des tueurs de vieilles et de gangsters, sans que l'on sache encore aujourd'hui si l'une ou l'autre est à exclure totalement.

La piste du malade mental, par exemple.

Un paysan qui trait ses vaches, la nuit tombée, dans son étable du côté de Saint-Jean-du-Marché, un village près d'Herpelmont, le pays natal des Villemin. Nous bavardons sous l'ampoule blafarde en pataugeant dans le purin.

— *Vous devriez aller voir ma mère qui habite la ferme là-bas, de ma part. Elle a bien connu la famille. A cette heure, elle ne vous ouvrira pas. Elle a bien trop peur depuis l'histoire !*

Le genre de phrase que nous entendons tous les jours. Les Vosgiens vivent désormais dans la terreur du Corbeau. La nuit venue, il devient dangereux d'approcher des maisons isolées pour demander un renseignement. Un principe si on veut vivre vieux : il faut bien se faire voir dans la lueur des phares de sa voiture ; appeler de loin ; se présenter d'une voix claire et engageante si l'on veut éviter le coup de fusil. Car partout on a sorti la « 22 » ou le « 16 » qui, à l'heure du dîner, est posé près de la table, et la nuit près du lit...

Le lendemain, aux aurores, nous sommes chez la vieille dame. On parle de l'ancien temps ; de la « malheureuse affaire », des aïeux des Villemin. Pas aisé de s'y retrouver dans toutes ces parentés compliquées... La fermière est obligée de s'y reprendre à trois fois pour nous expliquer que la grand-tante de X était elle-même l'arrière-grand-mère de Y et la cousine germaine de Z.

— *Ce crime ne tient pas debout,* avançons-nous. *On croirait le geste d'un fou...*

La vieille dame assise à la grande table de noyer nous regarde dans les yeux, étonnée... Elle finit par lâcher :

— *C'est que... il y en a bien un de fou dans la famille... Il est à l'asile. Il est étrange, bizarre... Il fait des séjours à l'hôpital psychiatrique, et il revient de temps en temps. Il a travaillé dans les usines du coin, notamment, je crois, à Laveline ou à la Chapelle-devant-Bruyères. Il vit avec sa mère dans une vieille ferme et une sœur un peu simplette qui va aussi à l'hôpital...*

Sa maison est blottie dans un creux. Invisible depuis la petite route qui serpente à travers les prés en pente. Elle est acculée contre les bois. Un petit chemin de terre y mène, guère utilisé, envahi par l'herbe. Un bout du monde plutôt effrayant. C'est là qu'Albert, le grand-père de Grégory, a été recueilli quand sa mère est allée en prison. Brusquement, à six ou sept cents mètres de la maison, alors que nous venons de traverser un bois de sapins sombre et impressionnant, l'étonnement : nous débouchons sur un immense paysage. Des montagnes en face ; en bas une grande vallée couverte de villages. En regardant mieux, nous reconnaissons la Vologne, et, juste en face, Lépanges. Nous apercevons le cimetière où Grégory a été enterré. Nous sommes, en fait, au-dessus de la Neuveville-devant-Lépanges et de Prey. Avec des jumelles, nous vérifions si, de cet endroit isolé, le Corbeau a pu surveiller le pavillon de Jean-Marie.

Stupeur, devant nous, le pavillon là-haut sur le plateau d'en face, se détache, comme si nous y étions ! Nous voyons nettement le tas de gravillons, le garage, la ferme des Méline derrière. Les volets sont fermés, mais d'ici, « en temps normal », nous aurions très bien pu voir Jean-Marie en train de faire de la maçonnerie et noter les moindres allées et venues.

Le lendemain, entre deux temps de pause, nous sommes à nouveau sur les lieux avec deux confrères alléchés par notre « découverte ». Il faut chercher dans le sous-bois, en bordure des champs, s'il n'y a pas de trace de guet. Où quelqu'un se serait assis pendant des heures pour observer. Chercher des branches cassées, l'herbe aplatie et jaunie, des restes de cigarettes et de boîtes de conserve ou de papiers...

On fouille la lisière du bois et nous trouvons cinquante points où, entièrement dissimulés sous la végétation, on voit encore mieux que du bord de la route. Est-ce l'effet de notre imagination ? Nous découvrons plusieurs caches où quelqu'un a pu rester des heures face au paysage...

A la jumelle, tapis dans les bois, nous sommes maintenant à cent mètres de la maison du « fou ». Nous l'examinons aux jumelles. Elle respire la pauvreté. Même pas une route goudronnée pour accéder. C'est l'humble chaumière des paysans du siècle dernier, tout droit sortie d'un vieux manuel scolaire. Nos fantasmes reviennent : ici, la misère noire ; en face, de l'autre côté de la vallée, à moins d'un kilomètre à vol d'oiseau, Jean-Marie, son magnifique pavillon neuf, blanc... Provoquant ; deux voitures, une jolie femme, un gosse mignon une paye de contremaître...

Ici, on a élevé son père sorti de rien, quasi orphelin, fils d'infanticide et de suicidé... Et comme remerciements : rien. Et nous voilà — imaginant la mère montant le coup involontairement à ses enfants, se plaignant amèrement devant un fils mentalement fragile... Et la haine qui grossit, déborde ; le geste de folie... Puisqu'il s'agit sans doute d'un acte de démence...

Voir d'abord à l'hôpital de... Il nous faut plusieurs heures de route. Un établissement coquet, qui n'a manifestement plus rien à voir avec les asiles d'antan. Un groupe de gamins s'amuse à vélo dans une allée. Des enfants d'employés. On est contraint de mentir un peu du genre : « *Nous venons voir un cousin... On est un peu perdu... C'est la première fois qu'on vient. Ça a l'air grand ici ? Et une avalanche de questions. Il y a combien de malades ? Vous n'avez pas peur ? Ils sont pas dangereux ? Ils n'ont pas le droit de sortir ?...*

*Réponses spontanées à toutes nos questions. « Non, non, pas dangereux »... « Si, certains ont le droit de sortir »... « Ils vont en ville »...*

*Nous donnons à tout hasard le nom du prétendu cousin, appelons-le « Robert ». Des fois qu'ils le connaîtraient et l'auraient vu sortir... Les gosses s'esclaffent. « Ah, c'est votre cousin, Robert ? »* Ils le connaissent. Et ils rient, gênés.

Nous leur expliquons qu'ils peuvent tout nous confier, qu'en fait « Robert » est un cousin très éloigné, et même pas un parent, quoi. Que, finalement, il n'est rien pour nous. Les gosses sont soulagés. *« Ah, bon ! On se disait... Il est passé tout à l'heure juste avant votre arrivée ; vous auriez pu le croiser. Il court après nos vélos, il est pas méchant, mais il fait mal quand il serre la main... On n'en a pas peur, mais un p'tit peu quand même... ».*

Un autre garçon de douze ans fronce les sourcils :

— *Il dit qu'il va en ville, mais on sait bien que non... Il prend le train ou le car. Il va à Épinal !*

— *Qu'est-ce qu'il va faire là-bas ?*

— *On n'en sait rien. Je crois qu'il reprend le train ou le car pour aller chez lui dans sa famille. Il rentre ensuite le soir pour le dîner. Des fois, il y a des gens qui viennent le chercher en voiture.*

— *Tu sais la marque ?*

— *Une R12 ou R16 verte, je crois... Non, grise.*

— *Non, t'es maboule ! C'est une R18 !*

Les gosses se chamaillent sur la couleur de la Renault. La marque, elle, est sûre.

Quelques instants plus tard, nous engageons la conversation avec un employé qui sort de l'hôpital. Nous nous présentons, décidés à jouer franc jeu.

— *Ah, des journalistes ! Qu'est-ce que vous faites par ici ?*

— *On est sur l'affaire Grégory, vous savez le gosse*

*noyé dans une rivière... On a besoin de quelques renseignements...*

— *Et vous venez ici ? Je devine pourquoi !*

Et l'employé s'explique, devant nos visages étonnés :

— *Vous savez, quand il y a eu le crime, on a tout de suite pensé à un de nos pensionnaires ! Chaque fois qu'il y a une affaire de viol ou de meurtre, on pense bien sûr à eux ! C'est pareil dans tous les hôpitaux psychiatriques. On se dit : Tiens ! ça pourrait être lui ou lui... Et on regarde parfois leur emploi du temps à tous...*

Nous racontons à ce sympathique employé notre histoire. Il n'est pas surpris. La piste lui paraît intéressante. Il nous féliciterait presque pour notre perspicacité. C'est pour lui dans l'ordre du possible. Il nous avoue que les nouvelles thérapies psychiatriques qui permettent aux malades de sortir comportent parfois des risques. « *Mais les bavures sont rarissimes, insignifiantes par rapport au mieux-être des malades, et le travail est tellement facilité pour le personnel soignant. Un malade est beaucoup moins énervé, en fin de journée ou la nuit, après une ballade au grand air que s'il était resté enfermé. D'ailleurs, seuls les pensionnaires qui souffrent de légers handicaps ont le droit de sortir.*

— *Est-ce que vous le diriez à la police si vous découvriez qu'un des malades a commis un méfait pendant sa sortie ?*

— *Moi, oui, je crois, car je trouve qu'il y a parfois des abus et que nous prenons de trop gros risques. De toute façon, c'est anormal que ce soit les infirmiers qui doivent décider seuls si tel ou tel malade est apte à sortir. S'il arrive quelque chose, ce sont eux qui risquent d'être tenus pour responsables, alors qu'ils n'ont pas les compétences requises, et non les médecins. C'est une lourde responsabilité.*

— *Vous, vous le diriez... Mais les autres employés ?...*

— *Je ne sais pas... Certains oui... D'autres, je crois que non. Beaucoup se tairaient pour ne pas voir remis en cause l'acquis des nouvelles thérapeutiques. Il faut les comprendre ! Dès qu'un fou commet un crime, les journaux se déchaînent. Je voudrais les y voir à surveiller des malades mentaux toute la journée, enfermés dans des cages ! Mais ça ne m'empêche pas de dire que je ne suis pas toujours d'accord avec tous mes collègues !*

— *Certains iraient-ils un jour jusqu'à « arranger » un peu les horaires de rentrée d'un malade sur les registres pour le couvrir ?* .

— *Ben, ça se pourrait que oui... Je le crains...* .

A la gare de... et à la station du bus, on nous confirme assez clairement qu'on voit très régulièrement un homme qui correspond au signalement que nous leur donnons. A Épinal, les employés de la gare n'ont rien remarqué. Trop de monde passe. Les chauffeurs de cars qui font la ligne Épinal-Bruyères par Docelles hésitent à se prononcer. A la petite gare de Docelles, le personnel est circonspect : ni oui, ni non. Pourtant l'un des employés croit bien avoir vu récemment encore cette personne que nous décrivons.

La nuit tombe. Il nous faut retourner à Bruyères.

Un de nos compagnons de visite à l'hôpital se charge le lendemain de rendre visite à la ferme. Il en reviendra sans trop quoi penser. Il a vu une brave femme courageuse, gentille, aimable, seule avec sa fille sur son lopin de terre. Une maison sans confort. Dure la vie, par ici C'est bien triste ce qui arrive à Albert d'Aumontzey et à sa famille... Oui, son fils est à l'hôpital psychiatrique, il ne sort jamais, dit-elle. Il n'en a pas le droit. On ne l'a plus vu depuis septembre. On va lui rendre visite de temps en temps avec une de ses sœurs mariées dans le coin.

La mère ne sait donc pas que son fils sort ! Elle ne ment pas. Sa conversation reflétait la franchise...

Le lendemain, après une heure de recherches en ville où on nous l'a signalé, nous tombons sur lui. Du moins, si la description approximative qu'on nous en a donnée est bonne. Difficile de vérifier l'identité *(« Vous êtes bien Robert X, Monsieur ? »)* sans risquer de tout compromettre. Il est arrêté avec un camarade devant un cinéma qui projette un film de science-fiction et un navet quelconque. Nous nous approchons et fixons les affiches. Nous engageons la conversation : *« Ça a l'air pas mal... Vous l'avez vu ? »*.

Le copain est bavard. La voix est nasillarde et difficile à comprendre. Non, non, ils n'ont pas vu le film, mais ils iront. « Ça a l'air chouette ». Oui, ils vont souvent au cinéma l'après-midi. Oui, ils sont pensionnaires à l'hôpital. Sa famille l'y a placé depuis deux ou trois ans. Il faisait trop de crises. Il ne leur en veut pas. Souvent aussi ils se balladent l'après-midi.

L'autre — celui qui nous intéresse — se tait. Manifestement, il se méfie. On croirait qu'il flaire quelque chose de pas net. Le regard en dessous, il nous dévisage de biais. Il est comme aux aguets. Soupçonnerait-il quelque chose ? Pourquoi ? A moins qu'il ne s'étonne tout simplement de cette bizarre rencontre.

L'autre, en revanche, raconte sa vie. C'est bien, l'hôpital. « Ils sont gentils. Non, non, on rentre pas tard le soir. Faut être là à l'heure de la soupe. A 19 heures ». Et si vous êtes en retard ? *« Oh la la ! On se fait enguirlander, oh oui alors ! qu'est-ce qu'on prend ! »*.

— *Ça vous arrive à tous les deux de rentrer après le dîner ?*

— *Des fois, oui. On préfère pas !*

Et il rit, rit...

Nous n'en saurons pas plus. Il nous faut rentrer rapidement à Épinal. Et nous laissons là ces deux gentils copains qui continuent à tuer le temps en traînant les rues.

La piste de l'ancien légionnaire.

M. Cornillie, l'hôtelier de Docelles, est devenu célèbre avec son portrait robot de l'homme aux rouflaquettes aperçu chez lui le mardi 16 à l'heure du rapt. Le patron de l'hôtel de la Poste n'est pas un plaisantin. Des clients, il en voit passer des dizaines tous les jours, comme tous les patrons de bistros. A l'heure du déjeuner, il y a bien facilement cinquante clients dans la salle à manger. M. Cornillie n'est pas du genre à se pousser du coude et à vouloir se mettre en avant. Il n'a rien à gagner à jeter la suspicion sur un de ses consommateurs. Ça ne peut lui attirer que des ennuis. Ce qui n'a pas manqué. Comme d'autres témoins bien intentionnés de l'affaire, il regrettera plus d'une fois d'avoir parlé. On a un peu ironisé sur le témoignage de « la Corneille » (son surnom) dans la chasse au Corbeau. Ses copains l'ont un peu charrié. Gentiment.

Or, M. Cornillie, s'il s'est décidé à se confier aux gendarmes, c'est que l'homme qu'il a vu dans son café lui a vraiment paru étrange. Le cafetier, comme tous les patrons de café, a l'œil. On leur prête souvent une réputation d'excellents indics et auxiliaires de police...

Le comportement de ce quidam lui avait paru si bizarre qu'il en avait gardé fidèlement les traits en mémoire. On a peut-être eu tort de prendre à la légère son témoignage...

Le nom de l'hôtelier a donc paru dans les journaux. Des personnes qui avaient des choses à dire aux enquêteurs, mais n'osaient le faire directement, l'ont choisi comme intermédiaire, sachant qu'il répercuterait.

Et parmi ces témoignages, deux sont importants. Ils n'ont pas été sérieusement creusés et exploités par les enquêteurs.

Le premier : une lettre dactylographiée. Postée en

Saône-et-Loire, pas loin de Mâcon. En tout, dix lignes en style télégraphique. Bien écrites, sans fautes de grammaire. Pas du tout, à priori, l'œuvre d'un maniaque.

Voici, en substance, ce texte reproduit à partir de notes prises à l'époque :

« OBLIGE ÉCRIRE ANONYMEMENT TENU PAR SECRET PROFESSIONNEL ET PAR PEUR AUSSI...

SIGNALE CRIME POUVANT AVOIR ÉTÉ COMMIS PAR HOMME CONNU POLICE POUR MŒURS EXTRÊMEMENT CRUELLES. PAYÉ PAR FEMME GROSSE ET AISÉE LYON-MARSEILLE (ou crime commandité par femme...). SI PAS ARRÊTÉ, S'APPRÈTE A RECOMMENCER. JE N'EN SAIS PAS PLUS. A VÉRIFIER. SINCÈRES VŒUX DE RÉUSSITE ! »

L'autre témoignage reçu par M. Cornillie, est l'appel téléphonique d'une femme qui, manifestement, ne plaisantait pas :

— *J'ai lu votre nom dans la presse et j'ai cherché votre numéro... Je me permets de vous appeler du Midi pour vous signaler un fait qui peut être intéressant. Voilà : un homme qui serait un cousin assez proche des Villemin est gardien d'une grande propriété sur la Côte d'Azur appartenant au P.-D.G. d'une célèbre société, les produits « X »... C'est un ancien légionnaire qui serait parfois violent ou du moins bizarre. Il paraît qu'il a passé fin septembre plusieurs semaines à Lépanges et dans les environs, et qu'il aurait prolongé là-bas son séjour courant octobre. Ça n'a sans doute aucun rapport avec l'affaire, mais il vaudrait mieux vérifier. Je n'ose appeler directement les gendarmes... J'ai peur des ennuis. Bonne chance !*

Voilà donc la piste du fameux légionnaire chère à ceux qui voient derrière presque toutes les affaires scabreuses l'ombre des hommes qui sentent bon le sable chaud...

La piste des gangsters.

— *Ils ont peut-être fait un mauvais coup... Un hold-up... Une vieille parente poussée dans l'escalier ou une vieille torturée pour lui faire avouer son magot... Ça expliquerait leur silence...*

Cette hypothèse, nous l'avions échafaudée en revenant de voir le père naturel de Jacky. Que pourrait être le terrible secret qui pèserait sur les Villemin, au point de leur faire partager une terrible loi du silence... Une hypothèse comme une autre. N'empêche : deux jours après cette visite, alors que nous cherchons du côté d'Herpelmont à percer le passé de ce qu'on appelle le « clan », une information fait « tilt ». Dans une petite épicerie-buvette de campagne, une voix lâche :

— *Ben, c'est comme le crime de l'an passé... l'affaire de la vieille torturée à mort... Je sais pas comment ça s'est terminé. Il faudrait que vous alliez à Laveline-du-Houx, à trois kilomètres d'ici.*

La confidence n'est pas perdue pour tout le monde... Nous allons, en effet, découvrir au fil des jours une étonnante et inquiétante série de meurtres commis dans la région et pour l'immense majorité jamais élucidés. Une enquête qui, certains soirs, nous donnera des frissons, vu l'atrocité de certains de ces crimes. A croire que cette minuscule région des environs de Bruyères et d'Herpelmont est étrangement criminogène...

A Laveline-du-Houx, un village de montagne près du mont Spiémont, en plein cœur du triangle formé par Bruyères, Docelles et Gérardmer (que nous appellerons bientôt le « Triangle de la mort »), tout le monde se souvient du crime commis le 14 juillet 1983. Mais on répugne d'abord à en parler devant l'étranger. On sent comme une peur, une angoisse à évoquer ces faits, comme si l'on redoutait l'ombre du Corbeau.

La sorcellerie n'est pas loin, et certains avoueront même qu'ils verraient bien ce monstre dans la peau d'un rebouteux jeteur de sorts... Nous serons frappés par le comportement de tous les paysans du « Triangle de la mort » qui, sans se concerter bien sûr, sans se connaître, auront la même attitude méfiante pour aborder le sujet, les mêmes peurs, les mêmes mots, les mêmes analyses et les mêmes conclusions. Avec une maîtresse-phrase entendue cent fois : *« Surtout ne dites pas que c'est moi qui vous ai dit ça ! »*

Une fois la confiance instaurée, les langues se délient, un verre de vin à la main, autour de la table de ferme. Et ce qu'on y apprend ne manque pas d'intérêt.

A Laveline-du-Houx, la nuit de la Fête nationale, des hommes ont pénétré chez une femme âgée dans sa petite masure au lieu-dit « Herrigoutte ». Marie-Juliette Demangeon, 63 ans, dormait. Elle a été torturée sauvagement. Les voyous — on les appelait des « chauffeurs » au siècle dernier — lui ont brûlé la plante des pieds, pour qu'elle dise où elle cachait son trésor, dont les gens du coin connaissaient l'existence. La vieille a tenu bon. Elle n'a pas avoué sa cachette : sa cuisinière de fonte. Ses agresseurs l'ont achevée et sont repartis avec quelques babioles. On l'a découverte le lendemain dans une mare de sang.

— *Les assassins, trois jeunes loubards, ont été arrêtés quelque temps plus tard,* explique un agriculteur. *Il y en avait aussi un autre d'Herpelmont, un bûcheron, qui aurait indiqué le coup et laissé les jeunes agir chez la Marie-Juliette pendant qu'il faisait le guet. Il paraît qu'il nie, mais les gendarmes sont certains qu'il est dans le coup. Les voisins l'ont vu des dizaines de fois rôder par là-bas, quand il montait à l'auberge de Rouge-*

*Château, un bistro perdu dans les bois. Il passait sa vie dans ces forêts plutôt lugubres...*

Et le paysan nous assène :

— *Vous savez, vous devriez vous renseigner : il paraît que les trois voyous arrêtés sont des cousins des Villemin d'Aumontzey. Deux sont mineurs. On a bien sûr, nous ici, fait le rapprochement avec l'affaire du gamin : on se dit que les autres étaient peut-être aussi dans le coup ou qu'ils ont fait d'autres choses du même genre sans qu'on sache... C'est peut-être ça leur secret...*

Des cousins des Villemin ! Plus qu'intéressant ! Et les gens du coin qui ont fait eux aussi le rapprochement avec l'affaire de Lépanges !

Les tuyaux sont bons. Renseignements pris à bonne source, tout s'avère exact. Inculpés d'homicide, les « chauffeurs » s'apprêtent à être jugés.

Dans un bistro, le patron nous confie :

— *Ils sont pas curieux, les gendarmes ! Il n'y a pas que le crime de Laveline ! Et le crime de Fays ? On les a jamais arrêtés, les assassins !*

— *Fays ? Quel crime ?*

— *C'est tout à côté de Lépanges... Une vieille dame torturée avec son fils, un vieux garçon, il y a quelques années... Morts tous les deux...*

Nous voici à Fays, un village en cul-de-sac juste au-dessus de Lépanges. Pour y arriver, on prend soit une petite route sur la droite, à Laval, en venant de Bruyères, soit au milieu de Lépanges même, une route qui grimpe. En revenant de Fays, alors que nous sommes arrivés par la première route, nous prendrons la deuxième route par erreur. Surprise : à deux minutes de Fays, nous tombons juste à côté du pavillon de Jean-Marie et Christine, distant d'à peine un kilomètre et demi !

C'est à Fays, il y a sept ou huit ans, qu'a été assassinée Antoinette Balland, 65 ans, et son fils Roger, un handicapé de 38 ans.

— *On les a découverts deux jours après,* raconte un voisin qui a commencé par se terrer en nous voyant arriver, mais qui, mis en confiance, finit par bavarder : *« C'est le laitier, venu chercher les bidons, qui a entendu des râles à travers les volets fermés. On a appelé la famille à Laval et on a fini par crocheter le volet. La vieille maman agonisait dans une mare de sang... Ils l'avaient torturée, presque écorchée, pour lui faire dire où elle cachait ses économies... Elle délirait, devenue folle. Elle a mis deux mois à mourir de ses blessures, sans avoir retrouvé sa tête. Le fils, lui, était au premier, en travers de son lit à moitié par terre sur le plancher, sacrément mutilé lui aussi ! Il avait agonisé longtemps... Ils les avaient massacrés avant d'emporter un joli butin, dit-on...*

— *Qui " ils " ? On les a arrêtés ?*

— *Non. Les enquêteurs ont pensé à des bohémiens, des manouches. Mais nous ici, on sait bien qu'il n'y a plus de bohémiens par chez nous depuis vingt ou trente ans. Ils passent plus avec leurs chaises rempaillées et leurs paniers. Non, c'est pas ça... »*

— *C'est qui pour vous, alors ?*

L'homme regarde sa femme, hésite comme apeuré. Il finit par murmurer :

— *Ils venaient des « boués » derrière, sinon on les aurait entendu arriver...*

— *C'est quoi les boués ?*

— *Des bois... Les bois de sapins derrière. Il y a plein de chemin où personne ne passe ; des routes forestières qu'on ne prend jamais. C'est plutôt effrayant comme endroit... Il y a que des bûcherons pour y aller et pour les connaître...*

Et l'agriculteur ajoute :

— *On a, bien sûr, tous ici fait le rapprochement*

*avec l'affaire du gamin... Leur secret... Une vengeance... C'est tout de même bizarre ces deux crimes si proches... Les gendarmes devraient fouiller un peu par là...*

Sans se connaître, voilà déjà deux ou trois habitants de la région qui tiennent le même raisonnement. Ils pensent tous à la même chose et se taisent... Les hommes venus des « boués », nous n'avons pas fini d'en entendre parler. On nous en parlera dix fois au moins.

Et ce n'est pas la seule affaire qui a eu lieu dans ce village de Fays. Un autre paysan nous apprend qu'en 1980, il y a eu un gros casse ici, digne du milieu. Il montre les coupures de presse de l'époque. Gros titres. Un énorme coffre-fort volé par des professionnels chez M. Poirot, un commerçant de Bruyères. Le butin est de taille : 200 000 F ! Le coffre éventré a été retrouvé dans les bois d'Herpelmont, ceux-là même où le vieux Gaston Villemin s'est suicidé à son retour de captivité...

— *Les types qui ont fait le coup ont été arrêtés,* ajoute le voisin. *Ils sont du coin... Ils en ont pris pour deux ans, mais il paraît que toute la bande n'est pas tombée... Les enquêteurs avaient des soupçons sur des drôles d'individus, toute une bande qui sévit autour de Bruyères, mais ils n'ont rien pu prouver. Pourquoi les gendarmes ne fouillent-ils pas par là ? Les gens disent que les Villemin devaient peut-être les connaître...*

Le lendemain, alors que nous évoquons avec un habitant de Bruyères ces crimes, il nous dit :

— *C'est comme à Mortagne, à sept ou huit kilomètres d'ici, le poète assassiné l'an passé par des véritables sauvages. Là encore, on n'a rien trouvé !*

Mortagne... un village légèrement au nord-est de Bruyères. Le hameau a l'air désert, comme mort, perdu dans les bois, en bordure de l'immense forêt de Mortagne, sombre comme un coupe-gorge... Le drame de l'an passé bouleverse encore les quelques habitants. Une femme pleure en l'évoquant. C'est là, dans sa maison de campagne, qu'en septembre 1983, dans la nuit, Pierre Petitnicolas, un professeur de français à Épinal, écrivain et poète local connu, a été torturé, en même temps que sa femme, par des « chauffeurs ».

— *Les assassins se sont acharnés sur lui avec une violence inouïe,* racontent les journaux de l'époque. *Roué de coups, lardé de coups de couteau, écorché, à moitié égorgé, il a agonisé toute la nuit, tandis que sa femme, atrocement mutilée, elle aussi, laissée pour morte, est une véritable miraculée. Marquée à jamais, elle a du être internée longtemps... Les tueurs ont emporté 50 000 F, des bijoux et des bibelots.*

— *Les enquêteurs ont mis le crime sur le dos des bohémiens,* dit une voisine. *Mais il y a longtemps qu'ils ne passent plus. Non... Pour nous, ils venaient des « boués » et ils sont repartis par le même chemin... Les gendarmes devraient peut-être ressortir le dossier. Ça a peut-être un rapport avec le malheureux gamin...*

Décidément...

Le lendemain, la liste que nous croyons close s'allonge encore : cette fois, c'est à côté de Lépanges même qu'on nous signale un horrible crime commis il y a sept ans. Deycimont, c'est ce village entre Lépanges et Docelles où, justement, on pense que le Corbeau-assassin a dû déboucher, en sortant de la petite route, qui rejoint directement le pavillon de Jean-Marie par les collines et les champs. C'est juste à la croisée des chemins qu'Ernestine Pelgrand, 80 ans, a été assassinée.

— *Regardez, c'est ici que ça a eu lieu,* nous dit un paysan qui rentre ses bêtes. *Ils ont rasé depuis sa maison qui tombait en ruine. Il ne reste plus rien de l'Ernestine. Une bonne voisine... Pauvre vieille ! Les tueurs se sont acharnés sur elle. Ils l'ont battue à mort pour lui voler ses maigres économies... Et les gendarmes ont mis ça sur le dos de gitans, d'une bande de manouches, mais ils n'ont pas cherché plus loin ! Des manou-*

*ches, il n'en passe plus depuis longtemps ! Les seuls campements qu'on connaisse dans la région, c'est vers Épinal ! S'ils font des coups, c'est là-bas, pas ici. On les aurait vus ! Tout se voit... Non, non, c'est des gens de par ici qui ont fait le coup...*

Nous entendrons presque textuellement la même explication le lendemain à Faucompierre, un village très proche de Lépanges, pas loin de Laveline-du-Houx, de Docelles et d'Herpelmont. Là encore on a tué. Encore une vieille femme... Elle aussi torturée. A cette différence que l'affaire remonte aux années cinquante, mais elle est encore toute fraîche dans la mémoire des habitants qui se souviennent bien de Mme Hélène Ferry, née Villemin, 60 ans, lointaine parente de la famille de Grégory, une brave femme aimée de tous dans le village de Faucompierre. Les tueurs ont massacré, à coups de gourdin, cette veuve qui vivait près de la mairie et tenait un petit café de campagne. Ils ont fouillé la maison et emporté ses biens. Là encore, les enquêteurs ont d'abord accusé les bohémiens, avant — plus grave — d'arrêter un coupable tout trouvé, idéal, sous la main. Un pauvre bougre, un semi-clochard, qui vivait avec un compagnon d'infortune dans une masure sur la route de Docelles à Tendon, à deux kilomètres de là. Malgré ses dénégations, il a fait quinze ou vingt ans de réclusion et en est mort.

— *On est certains, tous ici, qu'il était innocent, le pauvre homme,* dit un fermier. *On a honte de cette erreur judiciaire, et on en parle encore entre nous. Mais à l'époque, on n'a osé rien faire... Les gendarmes étaient si sûrs d'eux ! Ça les arrangeait ! On n'a rien retrouvé chez lui, pas la moindre piécette, ni enterrée ailleurs. Il venait de temps en temps, il ne s'en est pas caché, au café de Mme Ferry, mais c'était un brave homme incapable de faire du mal, poli, souriant. Il a juré qu'il était innocent pendant l'instruction et aux Assises. Il n'y avait aucune preuve, paraît-il, contre lui. Il en a pris quand même pour vingt ans... Il avait le tort d'habiter pas loin et d'être un miséreux... Non, pour nous, les tueurs venaient des « boués ».*

A Tendon, tout proche, c'est une histoire de hold-up que nous allons découvrir : le minuscule bureau de poste du village a été attaqué deux fois en deux ou trois ans par des gangsters masqués. Étonnant tout de même que des malfrats viennent s'en prendre à une poste aussi minuscule et éloignée de tout...

— *Ils sont du coin, c'est sûr,* disent les habitants.

Toujours à Tendon, on a aussi d'étranges histoires de cadavres à raconter... Des morts suspectes que l'affaire de Lépanges a fait ressurgir des mémoires : un homme de l'endroit retrouvé mort sur la route, « écrasé » aurait conclu l'enquête. « Roué de coups », dit la rumeur. Un autre habitant retrouvé dans son lit, comme battu à mort. « Mort naturelle », a dit l'enquête. « Pas sûr », dit la population. Idem pour un troisième qui a eu aussi une fin tragique : on l'a trouvé mort près des pompes à essence, en face de la poste... Il n'en faut pas plus aux gens de Tendon et des environs pour penser au Corbeau et à ses complices...

Et ce n'est pas fini. On semble marcher sur les cadaves dans cette région, avec des assassins bien rarement retrouvés. Pas élucidé, le meurtre de la jeune Évelyne Rivat, retrouvée assassinée, il y a sept ans, dans les bois de Cheniménil, juste à côté de Docelles, le village où a été noyé Grégory. L'affaire, là aussi, avait fait grand bruit à l'époque. Évelyne, dix-sept ans, étudiante à Belfort, a été aperçue la dernière fois au buffet de la gare. Elle n'a pas pris son train qui devait la ramener chez ses parents à Méménil.

On pense qu'elle a rencontré là son assassin. Sans doute un garçon de la région Docelles-Bruyères qu'elle connaissait. Évelyne avait du reste fréquenté longtemps le lycée de Bruyères, un an avant Christine Villemin et tant d'autres personnes mêlées au drame de la Vologne. Des agents de l'E.D.F. ont retrouvé son corps trois semaines après dans les bois au-dessus de Docelles, à deux cents mètres de la Vologne...

— *On n'a jamais arrêté l'assassin, et les policiers sont venus ces jours derniers m'annoncer qu'ils referment le dossier,* nous dit en larmes Mme Rivat, dans son petit café de Méménil. Elle reste inconsolable et désespérée par l'assassinat de sa fille cadette. Elle aussi a fait aussitôt le rapprochement avec l'affaire Grégory. *Ma fille aînée m'a téléphoné pour me dire : « Maman, tu ne crois pas que ça un rapport ? Les gendarmes vont peut-être venir et reprendre l'enquête, tu ne crois pas ? » Les gendarmes ne sont pas venus. Pourquoi ?... C'est peut-être le même tueur...*

A quelques kilomètres de là, une autre mère passe ses jours et ses nuits à pleurer aussi sa fille. Retrouvée noyée, l'an passé, dans la Vologne Une balle dans la tête. A Laval-devant-Bruyères, à trois kilomètres de Lépanges, juste au-dessous de l'embranchement qui rejoint Fays où ont été assassinés Mme Balland et son fils Roger et où a été dérobé le coffre-fort retrouvé dans les bois d'Herpelmont.

Officiellement, Ginette Aguenauer, une jeune et jolie femme de trente-cinq ans, mariée, mère de deux beaux enfants, s'est jeté à l'eau, l'an passé, après s'être tiré une balle dans la tête. Or, le pistolet, malgré les recherches intenses entreprises le long de la Vologne et dans l'eau, n'a pas été trouvé. L'herbe a pourtant été fauchée, sur plus de cinq cents mètres. Ce n'est que trois semaines plus tard que le pistolet, bien en vue, a été retrové par un promeneur, trois cents mètres plus bas ! Ce qui signifierait, soit que les recherches ont été bâclées, soit que le corps a remonté le courant... A moins que quelqu'un n'ait apporté ultérieurement l'arme ou l'ait jetée plus bas en aval après usage... On imagine mal une femme se tirer une balle dans la tête et courir se noyer trois cents mètres plus haut !...

— *Les enquêteurs ont trouvé plus pratique de conclure au suicide de ma fille,* nous dit Mme V..., la mère de Ginette. *Je suis sûre, je sais, que ma fille a été assassinée... Je connais son assassin... Je le croise parfois et j'ai peur qu'il devine ; qu'il devine que je sais et qu'il vienne un soir me tuer...*

Quand nous lui demandons ce nom, elle refuse.

— *J'ai trop peur,* murmure-t-elle.

Nous insistons :

— *Nous pensons savoir qui c'est... C'est X..., n'est-ce pas ?*

Elle nous regarde d'un air affolé, se lève, les yeux écarquillés par la peur, bouscule sa chaise, les mains contre sa bouche : « Qui vous l'a dit ? sanglote-t-elle. Comment vous l'avez deviné ? Comment vous le savez ? Vous me faites peur... »

Elle n'est pas loin de croire que c'est X... qui nous envoie pour la tuer. « Comment le savez-vous ? », murmure encore la vieille dame, qui vit jour et nuit dans la terreur.

Tout simplement, ce nom qui revenait dans trop d'affaires et que nombre de gens avaient nommé devant nous — parmi d'autres tout aussi inquiétants, tout aussi suspects et tout aussi libres — nous avait paru correspondre à l'idée que nous nous faisions de l'homme.

Mme V... n'est pas la seule à penser que sa fille a été assassinée. Des bruits courent à Bruyères sur l'identité d'un suspect déjà compromis dans d'autres affaires. D'autres évoquent un étrange amant qu'aurait eu la jeune femme qui, brusquement, elle si économe, s'était mise à tout dépenser et à faire des dettes... Là encore, certains font des rapprochements avec l'autre crime de la Vologne, celui de Grégory.

Plusieurs mois plus tard, nous avons posé la question à Christine Villemin.

— *Vous connaissez X... ?*

Christine nous a regardés :

— *X... ? Oui... C'est...*

Ont suivi des détails (concernant une tierce personne proche de la jeune femme). Mais des faits sans aucun rapport — à priori — avec l'affaire de Grégory.

Décidément, jusqu'au bout, dans l'affaire de Lépanges, tout paraît étrange, incroyable, mais tout est possible. Les pistes les plus folles frôlent par instant la réalité, sans pouvoir dire si ce n'est toujours que purement fortuit. Ainsi Christine connaissait X... ! Quelle coïncidence !

— *Les gendarmes ont-ils fait le rapprochement entre le crime qui a eu lieu chez nous et l'affaire de Lépanges ?*, nous ont demandé cent fois les habitants de la contrée.

En tout cas, face au nombre d'affaires non élucidées, certains ont douté parfois de la compétene des enquêteurs. De ce point de vue là, certaines gendarmeries locales n'ont pas toujours eu très bonne presse dans le cœur des autochtones. On parle d'anciennes histoires louches. Des paysans sont intarissables sur l'étrange comportement passé ou l'inefficacité de certains représentants de l'ordre et de mises à la retraite d'office...

— *Et puis, vous savez, beaucoup de gendarmes qui ont enquêté sur le drame qui a eu lieu jadis chez nous, ont, depuis longtemps, été mutés ailleurs ou sont à la retraite. Les jeunes qui ont pris la relève ne sont pas au courant et ne font pas le rapprochement,* disent partout les anciens voisins ou proches de ces victimes de meurtres restés mystérieux.

Décidément, cette enquête sur les mystères de la Vologne ne nous aura épargné aucune hypothèse... Nous avons tenu à évoquer ces diverses pistes — aussi fantaisistes soient-elles — à titre purement informatif, pour replacer le lecteur dans l'ambiance qui était celle de cette deuxième quinzaine d'octobre dans les Vosges. Une ambiance de haine, de méfiance et de soupçons. N'est-ce pas les enquêteurs qui disaient : *« Tout le monde est suspect ! »*

# 6.

# JEAN MARIE : « NON PAS BERNARD ! JE NE PEUX PAS Y CROIRE ! »

Qu'est-ce qui ressemble plus à un moustachu qu'un autre moustachu ? Le premier portrait-robot (cheveux frisés, lunettes) n'avait rien donné. Hormis une lointaine ressemblance avec... la femme d'un des frères Hollard. Le deuxième (l'homme aux rouflaquettes et à moustaches), diffusé vendredi 26 octobre, a plus de succès. Une douzaine de personnes ont pris contact avec la gendarmerie de Bruyères. Ils ont reconnu l'homme. Comme ici, dans ce coin de France profonde, on croise à tout bout de champ des moustachus qui ressemblent au suspect de l'hôtelier de Docelles, il y a de gros doutes sur la fiabilité des témoignages.

D'ailleurs, tous les porteurs de bacchantes se sentent un peu suspects. Et ce n'est pas vraiment le moment de changer de look et de les raser !... Vous passeriez immédiatement pour quelqu'un de louche. Comme ce quidam des environs d'Épinal. Son coiffeur a tout juste pris le temps de poser ses ciseaux et sa tondeuse pour courir chez les gendarmes.

— *C'est étrange, mon adjudant,* a dit un autre Figaro, *j'ai un client qui est entré se faire raser les pattes !*

L'homme retrouvé en avait simplement assez de ses

rouflaquettes. Mais la maréchaussée est contrainte de vérifier toutes ces informations et se disperse à courir après les « suspects » qui modifient leur système pileux.

La journée du samedi 27 et du dimanche 28 octobre sont calmes. Les enquêteurs, fatigués par près de deux semaines de traque, ont mis la pédale douce Certains ont même sacrifié au sacro-saint week-end. Le ballet des fourgonnettes bleues s'est nettement ralenti. Grégory est mort et enterré : la découverte de son assassin peut bien attendre deux jour de plus.

Le « Parisien Libéré » profite de l'accalmie pour faire le point sur l'enquête. Quelques réflexions aussi, sur le crime : *« Il semble que cet acte ne puisse être celui d'un homme " supérieurement intelligent ", comme l'ont vu trop vite les enquêteurs. Ce crime ressemble plutôt à celui d'un malade mental servi par les circonstances et la chance. La preuve est l'inconscience avec laquelle Grégory a été " mis dans la Vologne " (selon l'expression du Corbeau) en plein jour et peut-être même en plein village de Docelles, au risque d'être vu par des dizaines de personnes. De même, seul un déséquilibré paranoïaque souffrant d'un complexe d'infériorité exacerbé et obsessionnel a pu envisager un tel scénario ».*

Et l'article poursuit : *« Cette mise en scène qui, à première vue, paraît hautement calculée, n'est peut-être finalement qu'abracadabrante. Jamais un individu normal même pour assouvir la plus noire des vengeances, n'aurait agi ainsi, à plus forte raison sur la personne d'un bambin innocent... »*

Faute de coupable sous la main, il ne reste plus qu'à attendre les résultats des premières expertises graphologiques. Les études ont surtout porté sur le « M » de « Monsieur », inscrit sur l'enveloppe postée à Lépanges le 16, et les deux « L » de « Villemin », très caractéristiques. Après tous les proches de Grégory, priés par les gendarmes de remplir des pages d'écriture, la dictée s'est étendue aux cousins éloignés et aux voisins.

On dit que les résultats « confirmeront, affirme José Benjamin de " France-Soir ", la piste la plus intéressante que suivent les enquêteurs depuis le début, et cela pourrait déboucher sur une inculpation. Ou bien une porte sera définitivement fermée et il faudra chercher ailleurs ».

A la relecture des journaux de l'époque, six mois plus tard, on remarque que les gendarmes et le juge avaient donc un suspect précis en vue « depuis le début », un « témoin » qu'ils pensaient être coupable malgré son alibi. Qui était-ce ? Déjà Laroche ? Jacky ? Roger Jacquel ? Les Hollard ? D'autres ? Sur quels motifs précis reposaient ces soupçons ? Il fallait que ceux-ci soient graves pour qu'on doute de son alibi. Et six mois après, on se pose la question : a-t-on négligé cette piste avec l'arrestation de Laroche ? Connaîtra-t-on un jour la réponse à cette question, comme à tant d'autres étrangetés de ce dossier décidément hors du commun ?

D'autant qu'en ce dimanche 28, l'on reparle, avec insistance, de la 4L verte aperçue sur les lieux du crime, avec un couple à l'intérieur. La piste se préciserait. On s'oriente donc à nouveau sur Jacky et Liliane, à qui les Jacquel avaient prêté leur voiture... Or, comme le fait remarquer très justement Philippe Jechoux, dans la « Liberté de l'Est », « Dans une famille de soixante-dix membres (sans parler de ses nombreux proches), il est normal qu'il puisse exister une voiture de ce type ». D'ailleurs, impossible de savoir encore à ce jour qui, hormis Christine, la maman de Grégory (la première à orienter les enquêteurs sur cette piste) a vu réellement cette voiture. S'il s'agit du témoignage d'un habitant de Docelles résidant près de l'endroit où l'on a supposé initialement que Grégory avait été jeté à l'eau, il a toujours été sujet à caution.

La rumeur remet aussi en cause l'autopsie : Grégory n'a peut-être pas finalement suivi de plein gré son assassin. Son visage reposé et l'absence de rictus n'étaient peut-être pas dus au fait qu'il n'a pas eu peur, mais à l'absorption d'un somnifère. Titi a-t-il été endormi ? Toujours est-il que les gendarmes, lors de visites au domicile des proches, demandent maintenant à voir les armoires à pharmacie et saisissent tranquillisants et... laxatifs !

Et voilà qu'en ce lundi 29 deux journaux (« Le Figaro » et « L'Est Républicain ») sortent un scoop : les photocopies des trois premières lettres du Corbeau que les enquêteurs gardaient précieusement secrètes. Lucien Miard et Lionel Raux ont fait du bon boulot. On devine vite d'où vient la fuite. Inutile de chercher bien loin. Jean-Marie et Christine se sont portés partie civile. Comme on le prévoyait, les conséquences n'ont pas tardé : en tant qu'avocat des parents, Me Garaud, le défenseur de « Légitime Défense », a accès au dossier. Il s'est fait un plaisir de tuyauter nos deux confrères. Grosse colère des autres.

Ces lettres, c'est le premier cadeau d'un défenseur dans l'affaire. Bientôt, au fil des mois, les avocats (partie civile et défense) vont s'avérer une mine de renseignements. Au grand regret des enquêteurs. C'est par les défenseurs que sera distillée savamment l'information. Confidences (orientées) à l'un ; exclusivité à l'autre ; organisation de séances photos. Tout cela sur fond de bruissements de billets de banque. Non pas pour les avocats. Pour les heureux photographes, revendeurs à prix d'or de leurs plaques.

Les Vosgiens frémissent d'horreur en découvrant à la une de « L'Est » l'écriture du Corbeau : « A vous de choisir. La vie ou la mort ». Voici ci-joints des extraits de ces messages.

La première lettre, postée le 27 avril 1983 à Bruyères est adressée à « M. et Mme Albert Villemin, route de Frandéménil, Aumontzey ». Elle est très brève et écrite en grosses majuscules d'imprimerie : « Je vous ferai votre peau à la famille Villemin ».

La seconde, plus longue, est également rédigée en lettres bâtons, mais nettement plus petites : « Si vous voulez que je m'arrête, je vous propose une solution : vous ne devez plus féquenter le chef. Vous devez le considérer lui aussi comme un bâtard, le mettre entièrement de côté par vous et ses frères et sœurs. Si vous ne le faites pas, j'exécuterai les menaces que j'ai faites au chef pour lui et sa petite famille. Jacky et sa petite famille a été mis assez de côté. Autour du chef d'être considéré comme un bâtard. Il se consolera avec son argent. A vous de choisir : la vie ou la mort ».

La troisième lettre du Corbeau est beaucoup plus longue. Pour une raison inconnue — le manque de temps peut-être — elle n'est pas rédigée en caractères bâtons, mais d'une écriture manuscrite courante, encore que manifestement déguisée (peut-être écrite de la main gauche) qui lui confère une allure d'écriture d'un semi-analphabète. Ce message comporte certains passages triviaux. Il a donc été expurgé de ces termes les plus violents, en même temps qu'il a été corrigé, pour en faciliter la lecture de ses innombrables fautes d'orthographe. Il reste ainsi aussi surprenant :

— *Je vois que rien n'a changé chez vous. Il n'y en a toujours que pour les mêmes et le chef vient toujours. Vous pouvez montrer les autres lettres et celle-ci à Jacky, car j'arrête. Il est toujours mis de côté. Cela ne sert à rien que je le défende. Il n'y a que votre (...) de fille et son vieux qui ont le droit de salir vos assiettes le dimanche. Il n'y en a que pour le gendre. Il compte plus que vos fils, surtout pour toi, la vieille. C'est ton « Nonoche » et il se permet tout à Aumontzey (...) Il n'est pas une journée sans descendre chez vous et il faut toujours qu'il mette son grain de sel partout quand il devrait fermer sa grande gueule, mais pas d'effet (...) Je ne veux pas lui faire de bobo au balaise de maman, ni à sa pimbêche de gonzesse, ni à son mioche. Jacky ne serait pas mieux estimé pour ça et il sera toujours considéré comme un bâtard, le pauvre mec. Et toi le vieux, tu as pris un coup de vieux, tu m'as l'air bien malade. Eh oui, le vieux, j'arrête et tu ne sauras jamais qui t'a (...) pendant deux ans. Je me suis vengé car je vois que tu rumines maintenant, tu ne te pendras peut-être pas, mais je m'en fous car ma vengeance est faite. Je te hais au point d'aller cracher sur ta tombe le jour où tu crèveras. Jacky n'est peut-être pas plus estimé, mais je m'en fous, je me suis vengé. Ceci est ma dernière lettre et vous n'aurez plus aucune nouvelle de moi. Vous vous demanderez qui j'étais, mais vous ne me trouverez jamais (...).*

Qui a pu écrire ces étranges lettres ? Une chose frappe d'abord : leur côté enfantin, un peu bébête. En temps normal, elles feraient sourire. Mais le 16 octobre, un enfant a été jeté vivant à l'eau. Et un quatrième message du même genre a été posté le soir même du 16 octobre. Mais était-ce le même auteur ? Qui peut en être sûr à 100 % ? Ne peut-on envisager que l'assassin se soit inspiré de l'écriture du précédent Corbeau à partir — pourquoi pas ! — de photocopies mises à sa disposition involontairement par les Villemin d'Aumontzey ? Et ce quatrième message est d'autant plus effrayant qu'il reprend presque point par point certains termes utilisés plus d'un an et demi auparavant : « J'espère que tu mourras de chagrin, le chef. Ce n'est pas ton fric qui te redonnera ton fils », dit l'horrible lettre. Or, dans la deuxième lettre reçue par Albert Villemin en 1983, on lit : « Il se consolera avec son argent ». Puis, « voilà ma vengeance » (lettre du 16 octobre) ; « Je me suis vengé » (mi-83).

Comment expliquer une telle similitude ? Une obsession ? Une haine qui s'alimente toujours des mêmes mots ressassés, rabâchés inlassablement ? A moins que le Corbeau ait gardé par devers lui un double de ses précédents messages. A moins aussi que le Corbeau-assassin — s'il est autre que l'auteur des autres lettres — du 16 octobre ait les photocopies de celles-ci...

A l'époque, les Villemin ont gardé et communiqué ces lettres aux gendarmes de Corcieux, dont dépend Aumontzey. Ils les prenaient donc au sérieux...

Si l'on en étudie leur contenu, elles ont un côté juvénile. Elles font penser à un adolescent qui voudrait jouer les justiciers :

— *J'exécuterai mes menaces (...) Jacky et sa petite famille a été* (sic) *mis assez de côté (...) A vous de choisir : la vie ou la mort (...). Il (Jacky) est toujours mis de côté ; cela ne sert à rien que je le défende (...) Je ne veux pas lui faire de bobo au balaise à maman (...) Vous ne saurez jamais qui j'étais, etc, etc.*

Une chose est sûre : il s'agit d'un proche, ou de quelqu'un de suffisamment proche pour être informé de faits précis touchant aux Villemin : l'allusion à Jacky et à sa naissance (« le bâtard »), au « chef » (Jean-Marie), à Jacqueline et à son mari Bernard Noël (accusés de venir trop souvent à Aumontzey). Ce Noël semble être d'ailleurs la bête noire du Corbeau :

— *C'est ton « Nonoche » et il se permet tout à Aumontzey (...). Il n'est pas une journée sans descendre chez vous et il faut toujours qu'il mettre son grain de sel partout.*

Allusion précise enfin à Albert et à sa santé :

— *Tu as pris un coup de vieux ; tu m'as l'air bien malade ; je vois que tu rumines maintenant ;*

Allusion à Gilbert (probablement) enfin :

— *Que le tout fou d'à côté arrête de frimer.* Étrange d'ailleurs cette expression « le fou d'à côté »... Certes, Gilbert et Michel habitent à côté de leurs parents, mais la tournure de la phrase laisse entendre aussi une sorte de proximité (tout du moins visuelle et très « proche ») de son auteur. L'allusion aux personnes qui ont le *« droit de salir vos assiettes »* pourrait faire référence à une dispute qui a eu lieu un jour, à l'heure de la vaisselle, à propos d'assiettes sales...

Les fautes d'orthographes sont étranges : certaines ont l'air volontaire (mais est-ce bien le cas ?) ; beaucoup d'autres, non. Les fautes de grammaire sont innombrables et involontaires. Le tout paradoxalement piqueté d'expressions on ne peut mieux choisies, telles que : *« Il n'y a que votre fille et son vieux qui ont le droit de salir vos assiettes le dimanche » ; « je te hais au point d'aller cracher sur ta tombe »* ou *« ceci est ma dernière lettre. Vous vous demanderez qui j'étais, mais vous ne me trouverez jamais ! »*

Le plus frappant, ce sont les expressions triviales et ordurières mêlées à ce charabia enfantin agrémenté de réminiscences livresques ou scolaires. Un langage argotique assez vif et « branché » qui confirme la thèse de la jeunesse de son auteur. Un épistolier qui joue — par lettre et anonymat interposés — les rouleurs de mécanique, les fiers à bras : *« Je ne veux pas lui faire de bobo au balaise* (Bernard Noël) *de maman* (Monique Jacob), *ni à sa pimbêche de gonzesse, à son mioche »*. Notons au passage cette étrange allusion à un enfant. Le Corbeau fera du « bobo » un an plus tard, mais à un autre « mioche » : Grégory. Toujours à propos du rouleur d'épaules, l'allusion au « fou d'à côté » : *« qu'il arrête de frimer, car il prend un coup de poing dans la gueule et il se sauve »*.

A priori, on voit mal un homme actif écrire de telles sornettes. Un homme dans la force de l'âge, préoccupé par son travail et ses soucis ménagers, n'a pas de temps à perdre à jouer les Corbeaux. Idem, à priori, pour une femme active, sauf bien sûr si elle ressent une frustration forcenée et permanente. Les expressions, telles que : *« salir vos assiettes »* ou sa *« pimbêche de gonzesse »* ont quelque chose de féminin, ou d'adolescente jalouse (ou d'adolescent timide)...

Alors, qui a pu écrire ces messages ? On affirme que les gendarmes ont fait appel à des psychologues pour tenter de cerner la personnalité du Corbeau-assassin et ses motivations. Si c'est vraiment le cas, il semble impensable que des psy n'aient pu, sinon mettre un nom, du moins indiquer les grandes lignes de son caractère : sexe, âge, mentalité, niveau scolaire, type de complexes (schyzophrénie, paranoïa, persécution...).

Bien d'autres choses sont sans doute « lisibles » entre les lignes pour des professionnels de la psychiatrie. De tels messages devraient parler. Or, il n'en est rien ! Six mois après, on ne sait toujours pas qui et pourquoi quelqu'un (à moins qu'il y ait plusieurs auteurs...) a écrit ces lettres ! Quant à connaître l'assassin.

En ce lundi 29 octobre, après la publication d'une partie des lettres, il ne reste plus qu'à diffuser les voix des Corbeaux à la radio et sur les télé. Me Garaud, décidément très ouvert aux médias, est pour. Des centaines d'enregistrements effectués par la famille sont entre les mains des enquêteurs. Jacky, le demi-frère, et Liliane ont remis des dizaines de cassettes. Et nous qui brûlons d'envie d'entendre et de connaître ces voix, en sommes frustrés !... Ces idiots ont tout donné. Ils n'ont même pas gardé un petit échantillon, une seule copie !

Le commandant Chaillan et autres gradés n'arrêtent pas de venir à Granges, le soir, pour passer et repasser sans cesse les enregistrements devant le couple prié d'essayer de mettre des noms sur les voix. Quand les officiers sortent, ils se contentent de dire : *« Nous avons progressé* ». Et Liliane de répéter deux minutes plus tard sur le pas de la porte : *« On a bien travaillé » ;* et Jacky, gauloise au bec, d'ajouter : *« On se creuse les méninges pour les aider ».*

Un soir, on avait l'impression d'entendre pleurer derrière les volets. Nous nous en inquiétons auprès de Liliane :

— *Vous pleuriez tout à l'heure ? Pourquoi ?*

— *Mais non, c'est sur la cassette ! Les gendarmes nous avaient dit de tenir le plus longtemps possible le Corbeau au téléphone pour mieux le localiser. C'était horrible tout ce qu'ils nous disait ! Des insanités. Des ordures... Des choses sexuelles... Et il fallait supporter ces flots d'injures pendant des fois une demi-heure ! Et je pleurais, je sanglotais, sans qu'il arrête pour autant ! Une fois, pourtant, je lui ai dit : « Pourquoi t'acharnes-tu sur nous ? Qu'est-ce qu'on t'a fait ?... Il y a eu un long silence, et il a raccroché... Ma question l'a démonté.*

Cette collaboration de Jacky et de sa femme avec les enquêteurs pour tenter d'identifier les voix, est la bienvenue pour le jeune couple. Malgré leurs alibis, la rumeur est toujours là qui s'acharne. Mais eux aussi ont été les victimes du Corbeau ! disent leurs défenseurs. D'accord, mais ils peuvent être de mêche. Le Corbeau, dans ses lettres, ne cesse de les défendre : « *Jacky et sa petite famille a été (sic) assez mis de côté* » ou : « *J'arrête... Il* (Jacky) *est toujours mis de côté* » ou encore : « *Jacky ne serait pas mieux aimé pour ça et il sera toujours considéré comme un bâtard le pauvre mec* ».

C'est quand même bizarre ce besoin de vouloir défendre le demi-frère, disent les mauvaises langues.

L'on souligne même que si ce justicier est un adolescent en pré ou pleine crise de puberté, après tout, il y en a deux proches de Jacky. D'abord son fils Éric, onze ou douze ans. Mais il paraît quand même bien un peu jeunot pour vouloir défendre son malheureux papa face aux méchants qui refusent de l'inviter à leur table. Cependant, insistent les éternels soupçonneux, il est bien placé pour connaître tous les démêlés.

Il en est de même d'ailleurs du jeune frère de Liliane, âgé de quatorze ans et qui vit chez ses parents, Roger et Paulette Jacquel à un kilomètre de là. Lui aussi peut être au courant de beaucoup de choses par sa sœur et l'on a déjà vu des adolescents un peu secrets et renfermés rêver de vouloir jouer les redresseurs de torts. A cet âge on se sent l'âme d'un héros pur et l'on a honte de voir un proche traité en « bâtard ». Et puis il y a aussi Lionel, le jeune frère de Jean-Marie, encore mieux placé à Aumontzey que quiconque pour savoir tout sans qu'on y prenne garde. A-t-on pensé à lui ? disent les fouineurs à la recherche d'un adolescent boutonneux qui correspondrait au profil du Corbeau. Après tout, l'assassin a très bien pu s'inspirer jusqu'à en reproduire certaines tournures, des lettres « gentiment » menaçantes du Corbeau pour détourner les soupçons et faire accuser quelqu'un d'autre !

— *Le Corbeau me fait mal en voulant me faire du bien,* explique Jacky, assis sur son pas de porte (le rendez-vous préféré des journalistes en mal d'infos). « *Il me désignait à la colère de mon frère Jean-Marie qui a toujours été persuadé que c'était moi qui envoyait les lettres ou que je les faisais envoyer* ».

Pour l'heure, en ce lundi 29 octobre, on parle de diffuser les voix. « *On l'a fait lors de l'affaire Matencio, l'historien des prétendues " Brigades rouges de Grenoble, et ça a marché "*, explique l'avocat de la partie civile. Les gendarmes aussi seraient pour :" Nous serions tout à fait d'accord pour cela, mais ce n'est pas nous qui décidons ", affirme en grimpant dans sa voiture le capitaine Sesmat avec qui nous avons échangé des mots aigre-doux. Il ne pardonne pas à notre journal d'avoir critiqué assez sévèrement les enquêteurs, d'avoir contesté le sérieux de l'autopsie et surtout titré il y a déjà plusieurs jours : « Les gendarmes pataugent ! ».

Pourquoi donc s'obstiner dans le plus grand mystère sur des points de détails non préjudiciables à l'enquête, au nom de l'éternel et intouchable « secret de l'instruction » ? Un usage suranné qui oblige les professionnels chargés de recueillir l'information pour leurs lecteurs, à répercuter certains bruits, voire quelques ragots ou confidences sans pouvoir en vérifier au mieux le fondement. L'affaire Grégory sera aussi le révélateur détonnant de ce travers du droit français dont souffre depuis longtemps notre pays.

Alors, pourquoi ne pas diffuser les voix ? Pour une fois, en ce lundi 29 octobre, le capitaine Sesmat serait d'accord.

Le parquet et le juge Lambert font une remarque judicieuse. Ils y sont opposés, car, disent-ils, cela risque de submerger le travail des enquêteurs. Cela a déjà été le cas avec la diffusion des portraits-robots. Il a fallu vérifier trente ou quarante pistes. Pour rien. Le petit juge et le procureur sont donc devenus prudents : *« Nous n'utiliserons cette dernière arme qu'en tout dernier ressort ».* C'est-à-dire au cas où l'enquête menacerait de sombrer définitivement « dans une impasse ». L'impasse est venue, nul ne peut en disconvenir. Or, les voix des corbeaux n'en sont pas diffusées pour autant. Pourquoi ?...

Lundi soir, 29, coup de théâtre. Une dépêche A.F.P. annonce à travers la France l'identification d'un couple considéré comme coupable de l'enlèvement et du meurtre. Stupéfaction : nous qui sommes sur place ne sommes au courant de rien ! Ce sont nos rédactions et les radios qui nous apprennent la nouvelle. Éric Darcourt, le confrère qui a balancé l'information à l'Agence France Presse, est introuvable. D'où tient-il ce scoop ?

Affolement au palais de justice d'Épinal. De tous côtés, on dément : *« Parfaitement infondé »* (le procureur) ; *« totalement aberrant »* (le juge Lambert) ; *« Faux et abusif »* (gendarmes). Manifestement, les enquêteurs sont fâchés. Du coup, ordre est donné au plus haut niveau de rompre tout contact avec les journalistes. Black out total désormais. Ce n'était déjà pas la franche collaboration. Ce sera désormais la méfiance réciproque. Avec parfois des coups de pied en douce.

Pourtant l'A.F.P. — agence dont le sérieux est reconnu — n'a pas l'habitude d'envoyer des âneries sur ses télescripteurs. Éric Darcourt, retrouvé, se fait enguirlander par toute la corporation. Les autres reporters ont mal digéré de se faire traîner dans la boue au téléphone par leurs journaux respectifs.

Le confrère retrouvé se défend mollement. Il a un sourire agaçant. Sûr qu'il n'a pas dû donner l'information à la légère... Il doit donc y avoir du vrai. Si les enquêteurs gueulent si fort contre l'information, c'est qu'elle est « prématurée » et qu'elle arrive mal...

D'autant que d'autres bruits courent : les enquêteurs seraient persuadés que l'auteur des lettres anonymes est une femme. L'écriture de la femme d'un couple suspecté présenterait, d'après les premiers résultats des expertises graphologiques, de très nombreuses ressemblances avec les missives du Corbeau. Les gendarmes sont allés à Nancy, dit-on, rencontrer les deux experts graphologues : *l'une d'elles est formelle,* deux femmes seraient revenus dire les enquêteurs au juge, en oubliant, paraît-il de signaler que l'autre dame est beaucoup plus évasive, voire très prudente.

La femme suspectée se serait notamment trahie par sa façon de faire les « M » (de « Monsieur ») et les « L » (de « Villemin » sur l'enveloppe de la lettre de Lépanges. Elle serait d'Aumontzey, la patrie d'Albert et Monique, les grands-parents de Grégory ! Une femme ? Sans doute la même qui a lié les poignets de l'enfant assassiné. C'est donc son mari qui serait, lui, l'auteur des appels ! Un homme, une femme... Le fameux couple dont on relève les empreintes de talons au bord de la Vologne et que des témoins (qui ?) auraient vu dans une Renault. La piste du « couple diabolique » commence à faire fantasmer la presse de cœur. Le lecteur est toujours avide des histoires où sexe et argent se mêlent au sadisme et à la folie... Super l'affaire Grégory !

Mais les enquêteurs qui ont toute fraîche en mémoire la pantomime Hollard, veulent cette fois n'agir qu'à coup sûr. Un laboratoire allemand va se charger d'analyser scientifiquement les messages. Notamment la lettre postée le soir du rapt et son enveloppe. Elles vont être étudiées à fond par les procédés les plus sophistiqués. Les professeurs allemands vont disséquer, dit-on avec admiration, la pression de la main sur le papier, la texture du papier et, entre mille autres choses tout aussi passionnantes, feront la chasse aux poussières microscopiques qui auraient pu s'y déposer dessus. Ils devraient même dire à qui appartient la signature qui apparaît en creux, comme en filigrane, sur la lettre du rapt. Le message a été écrit sur une feuille détachée d'un bloc et le corbeau a eu l'idée stupide de signer sur la feuille précédente.

Le Corbeau a pu signer un chèque en s'appuyant sur son carnet, à moins qu'il ne s'agisse d'une sorte de bloc de bons de commandes, comme peuvent en avoir certaines professions pour passer des ordres dûment signés. A priori, il devrait être aisé de retrouver qui, dans la famille et ses proches, a à sa disposition de tels carnets, qui les utilise (manutentionnaires, livreurs, employés des réserves et des stocks, facturier...). Or on ne trouvera pas, semble-t-il ! A moins qu'on nous l'ait caché... Comme on nous cachera ce fameux message dont la divulgation n'était pas préjudiciable à la bonne marche de l'enquête. Autre hypothèse sur la présence d'une signature en creux sur le bloc : le Corbeau encore plus machiavélique que jamais a pu dérober le carnet de quelqu'un pour contrefaire sa signature et le laisser accuser à sa place...

Ce ne sont pas les seules analyses demandées par les enquêteurs. Le Pr Ceccaldi, lui, à Paris, est chargé de se pencher sur la salive qui a servi à coller le timbre et l'enveloppe du message du 16. Cette fois, on connaîtra le groupe sanguin du coupable. Le Corbeau doit se sentir mal dans ses plumes. Il est cerné. Les savants ne vont pas nous donner son nom et son adresse, mais presque.

Le procureur Lecomte ne se fait pas d'illusion pour autant :

— *Il est certain que nous n'aurons vraisemblablement pas d'aveu dans cette affaire. Pour nous, il s'agit d'accumuler les preuves pour pouvoir démasquer les coupables...*

Et pour cela, on met le paquet. Toute la population d'Aumontzey a été prié de se soumettre à l'épreuve de la dictée. Par groupes de dix (sauf les enfants...), les habitants sont convoqués à la mairie pour remplir, en tirant la langue, leur page d'écriture sous la dictée des enquêteurs transformés en maîtres d'école. Serait-ce la fameuse « dictée du gendarme » cher à un humoriste du début du siècle ? ironisent les journalistes.

On prévoit de faire faire la même chose avec les habitants de Lépanges... La France entière va-t-elle passer à la dictée ? « Tous suspects », avait dit le procureur.

Me Garaud, l'avocat de Jean-Marie et Christine, met les pieds dans le plat. Manifestement, lui aussi commence à désespérer. Il ne croit sans doute pas à ces histoires de salive et de poussières microscopiques...

— *Si on ne trouve pas l'assassin dans une zone*

*rurale avec aussi peu de gens autour, c'est que notre police est mal faite. Je ne veux mettre personne en cause, mais l'uniforme légal des gendarmes dans un tel milieu, cela peut avoir des avantages, mais aussi des inconvénients. Si l'enquête n'évolue pas, je compte bien susciter l'intervention et la coopération des policiers en civil...*

Pauvres gendarmes ! Et l'avocat des Villemin enfonce le couteau dans la plaie. Il annonce qu'il va demander au parquet de faire intervenir sur place, à Bruyères, des fonctionnaires du S.R.P.J. de Nancy qui auraient pour mission d'orienter les investigations judiciaires... Me Garaud, on le sait, aura gain de cause beaucoup plus tard en février. Après l'incroyable intermède Laroche, les policiers entreront dans l'enquête sans qu'on sache si le défenseur de Jean-Marie et Christine Villemin doit se féliciter aujourd'hui de cette intrusion pour ses clients.

Dès ce mercredi 31 octobre, le journal local, la « Liberté de l'Est », met son grain de sel dans la bagarre et relance la guerre des polices : « *Puisque Me Garaud met en avant la police judiciaire, qu'il nous soit permis* (les Vosgiens n'ont pas la mémoire courte) *d'émettre quelques réticences. Dans l'enquête sur les trois meurtres d'Épinal, il y a un an, les policiers nancéiens n'ont pas fait mieux que leurs homologues spinaliens.* » Et toc !

A Aumontzey, ça a bougé en tout cas la veille. Les enquêteurs ont longuement entendu la grand-mère de Grégory, Monique Jacob-Villemin. A propos d'une phrase du Corbeau enregistrée sur une cassette. « *La Monique ne dira rien ; je l'ai coincée ! Elle ne peut rien dire...* ». Autre version de la bande : « *Je peux me venger ; je sais bien que cette... (terme ordurier) Monique ne pourra pas parler et que je risque rien* ».

En tout cas, ce qui est sûr, c'est que la mémé

d'Aumontzey a pâli et sursauté, dit-on, en entendant la cassette. Les enquêteurs aimeraient bien connaître la signification de cette phrase. Monique, elle, jure ne pas comprendre, ne pas se souvenir... Les enquêteurs lui font entendre et réentendre la bande en lui demandant de réfléchir. Idéale, l'anecdote pour relancer la thèse du terrible secret partagé par les Villemin. Il n'en faut pas plus pour voir resurgir les rumeurs sur la « loi du silence » qui régnerait dans la famille. Que voulait dire le Corbeau en parlant de Monique ?

On croit connaître en tout cas les raisons qui l'ont poussé à arrêter d'appeler, le 17 mai 1983, les Villemin d'Aumontzey. Le premier appel datait de janvier 80, le dernier à la mi-83 disait : « *Albert, vas te pendre !* ». Or, explique le procureur Lecomte qui a réponse à tout, à ce moment-là, l'enquête sur les appels anonymes faite par les gendarmes de Corcieux était sur le point d'aboutir.

Une quarantaine de membres de la famille avaient (déjà !) à l'époque été interrogés. On avait annoncé une prochaine mise sur table d'écoute des diverses victimes du Corbeau. Il s'agissait en fait d'un coup de bluff non pas pour arrêter l'auteur des appels, mais pour que celui-ci arrête d'appeler ! La crainte a dû être payante. Le Corbeau s'est envolé et a cessé de croasser. A la grande colère de l'éternel Me Garaud qui dit : « Si on avait vraiment fait, à l'époque, l'effort d'arrêter l'auteur des appels et des lettres anonymes avant qu'il y ait un drame, Grégory serait toujours en vie... ». Et vlan pour les gendarmes de Corcieux ! A leur décharge, ceux-ci ont eu le mérite de faire enregistrer les appels par les proches. Des cassettes que Jacky, Liliane et les autres ont passé des soirées entières (les malheureux !) à remplir en dialoguant avec l'horrible corbeau. Pour le garder le plus longtemps possible au bout du fil, persuadés (eux aussi !) d'être sur table d'écoute et de faciliter ainsi la localisation des appels par la gendarmerie.

La piste du couple d'Autmonzey se précise ! les enquêteurs ont convoqué un certain nombre d'habitants de la commune pour une nouvelle dictée, comme pour confirmer ces soupçons. On sait que, parmi eux, se trouvent les suspects. Cela aurait été un peu gros de ne s'adresser qu'à eux seuls. Les enquêteurs veulent faire semblant (ou sont persuadés !) d'être objectifs, alors que leur certitude est déjà faite. Mais qui sont ces suspects ? On parle d'une inculpation possible avant la fin de la semaine. Les « tuyaux » à la presse savamment distillés ressemblent déjà — comme plus tard le S.R.P.J. s'y emploiera pour tenter d'établir la « culpabilité » de Christine Villemin, à une vaste partie d'intox.

On prépare l'opinion.

Quand on se jettera sur les coupables, elle ne sera pas étonnée et ne criera pas au scandale, puisqu'on l'a habituée à cette idée. De même pour la mère de Grégory : qui raisonnablement, demain, si les policiers lui passent les menottes, oserait élever la voix contre « une monstrueuse erreur judiciaire », puisqu'on a habitué la France à l'idée qu'elle puisse être coupable ?...

— *Les gendarmes ne sont pas loin de débusquer, dans ce petit univers clos, un couple de Corbeaux, mais ces derniers ont-ils quelque chose à voir avec les meurtriers de Grégory ?*, demande intelligemment José Benjamin dans « France-Soir ».

Le coup de théâtre éclate dans la soirée de ce mercredi 1er novembre. Ça y est ! Cette fois on les tient, les odieux Corbeaux, probablement les assassins du petit Grégory ! La nouvelle est tombée en fin d'après-midi. « *Ça y est ! Ils ont arrêté un couple !* », a dit une voix.

Enfin, c'est fini ! On les tient les salauds ! On va savoir enfin qui sont ces monstres qui nous ont fait marner depuis deux semaines ! On va pouvoir, dans deux ou trois jours, rentrer et passer à autre chose ; partir ailleurs en reportage. Nous avons hâte de voir leurs têtes, de savoir comment ils sont faits. Ça doit être particulier, des monstres pareils. Les avons-nous déjà croisés dans notre enquête ? On leur a peut-être parlé, qui sait ? Non. Ils devaient sans doute se terrer comme des rats, et les gendarmes les ont tirés de leur cachette, couverts de poussière et maigres comme des clous.

Les gendarmes qui nous ont piégés. En début d'après-midi, le capitaine Sesmat est sorti tout sourire de la gendarmerie de Bruyères, et s'est placé bien en vue en haut des marches. La quinzaine de journalistes qui attendaient là, dans leurs voitures ou assis sur la pelouse, n'en revenaient pas. Ils se sont précipités. *« Je vous file un tuyau »*, a dit en substance dans sa langue plus administrative et plus châtiée le jeune officier de sa voix fluette. *« Des enquêteurs de la S.R. partent avec des équipes de plongeurs à Docelles. Ça peut peut-être vous intéresser... plutôt que de rester là à vous ennuyer... ».*

Les « merci du renseignement, mon capitaine ! », ont plu de tous côtés. Et tout le monde est parti à toute allure pour Docelles. Là-bas, sur la Vologne, des hommes qui font joujou avec le mannequin, qui le trimballent à droite à gauche, le lancent dans l'eau, le récupèrent, le relancent un peu plus loin, tandis qu'un autre chronomètre et prend des notes. Ça n'a pas l'air très très sérieux. Étrange... Deux hommes-grenouilles pataugent dans le courant et plongent de temps en temps dans la vase pour chercher un éventuel objet qu'aurait pu jeter le Corbeau après avoir noyé Grégory... Les journalistes qui regardent flegmatiquement sous le beau soleil sont tout de même frappés par le manque de conviction des acteurs. *« Et soudain, un doute s'empare d'eux ; et si cette promenade à Docelles n'était qu'une manœuvre de diversion ? Pour se débarrasser de la presse ? »*, racontent le lendemain matin, penauds, mais avec humour, nos confrères du « Républicain Lorrain »,

Gérard Fénéon et Jean-Claude Hauck qui avouent s'être laissé piéger. C'était bien une manœuvre de diversion. Car, pendant ce temps, les gendarmes ont envahi Aumontzey en planquant plus ou moins leurs fourgonnettes reconnaissables. Les journalistes qui filent sur la route n'ont rien vu ou trop tard. Les enquêteurs perquisitionnent. Ils sont arrivés en force en fin de matinée devant un pavillon neuf perché sur la colline, dominant le village, adossé aux bois. Un peu comme celui de Jean-Marie. Les volets étaient clos. Ils ont crié : *« Ouvrez, au nom de la loi, ouvrez ! »*. Un homme en tricot de peau et en pantoufles, les yeux bouffis par le sommeil, mal réveillé, est sorti sur le pas de la porte. Un certain Laroche. Oui, un certain Bernard Laroche, 29 ans, qui travaille à l'usine Ancel à Granges et qui dormait après sa nuit à l'usine.

Les gendarmes ont envahi la maison et ont commencé à entendre l'homme. Ou plutôt à le réentendre pour la énième fois. Car on apprendra qu'en fait, sans que nous le sachions, il est, avec sa femme, une certaine Marie-Ange, dans le collimateur des enquêteurs depuis plusieurs jours. Une semaine et demie exactement. La perquisition commence dans la grande maison, ainsi que chez une tante Louisette qui habite un peu plus bas, une vieille ferme délabrée, où ce Laroche va souvent passer ses journées.

C'est un cousin germain de Jean-Marie. Leurs mères sont sœurs. Il est le neveu de Monique Jacob, la femme d'Albert Villemin. La piste du proche parent était donc bonne ! Ce Laroche a été identifié, paraît-il, comme l'auteur probable de deux messages anonymes, au moins. Plus grave, c'est son écriture aussi, dit-on, qui est sur la lettre du rapt. Le « nouveau témoin n° 1 », disent prudemment le lendemain matin la plupart des journaux, après avoir été échaudés par l'épisode Hollard... Laroche était très lié avec le père de Grégory. Des copains d'enfance. Jean-Marie l'a même aidé il y a peu à faire son garage. Laroche avait été soumis comme des dizaines d'autres à la dictée et c'est pour lui et sa femme qu'on a obligé un groupe d'habitants d'Aumontzey à refaire leur page d'écriture. Son épouse, Marie-Ange, apparaît elle aussi impliquée dans l'affaire, mais diront les journaux le lendemain (décidément bien prudents), *« on ignore encore quel a été son rôle »*. C'est elle qui aurait été l'inspiratrice de la sinistre correspondance et sans doute aussi du meurtre. « Inspiratrice », ça ne veut pas dire grand-chose, mais ça ne mange pas de pain ! On verra après. Si les gendarmes l'arrêtent aussi, c'est qu'ils ont des biscuits ! D'autres confrères affirment même que c'est elle qui a été démasquée par son écriture et lui serait le Corbeau du téléphone. A moins que ce ne soit le contraire. On ne sait trop donc qui a fait quoi, ni ce que l'on reproche au couple exactement, mais ce qui est sûr, c'est que c'est ex-ces-si-ve-ment grave. On dit même qu'elle ne travaillait pas le jour du rapt à son usine de métaux à Gérardmer. Accablant, quoi !

C'est elle, apprend-on enfin, la mystérieuse femme blonde qui avait été placée en garde à vue il y a neuf jours, après être venue « spontanément » déposer. Son témoignage, jugé « détonant » (dixit le procureur), avait entraîné l'épique interpellation des Hollard sauvés du gong par les pommes et les champignons. C'est Marie-Ange qui était sortie de la gendarmerie en se dissimulant le visage (ce qui fait que personne ne l'avait reconnue à l'époque) et en criant aux journalistes qui la pressaient de questions : *« Laissez-moi ! Laissez-moi ! »* avant de s'engouffrer dans une 305 Peugeot gris vert métallisée. Une voiture conduite justement par son mari, Bernard Laroche, qui avait boxé un photographe. Nous ressortons les photos de cette soirée d'octobre, et nous sommes frappés par l'allure débonnaire de Laroche qui, au volant, attend Marie-Ange : grosses moustaches, pull jacquart, il a l'allure placide d'un gros toutou pas du tout inquiet. Il cachait bien son jeu, le quasi-assassin de Grégory, en osant venir se pointer à Bruyères devant la presse...

Mais la déposition spontanée de la Marie-Ange avait mis la puce à l'oreille des enquêteurs, pas gênés du tout de tourner casaque après n'avoir pas pu confondre les Hollard. C'est ainsi que le couple diabolique s'était retrouvé involontairement en bonne place sur la liste des suspects...

Bien plus tard, Marie-Ange, en larmes, inconsolable après la mort de son mari, expliquera que c'est elle, sans le vouloir, qui a condamné en quelque sorte à mort Bernard, en allant déposer spontanément chez les gendarmes, en croyant de son devoir de dire tout ce qu'elle savait sur la vie des Villemin. « *En croyant bien faire, j'ai attiré les soupçons sur nous...* ».

Pour l'heure, elle et son mari apparaissent comme des coupables parfaits. Outre les gendarmes, le juge Lambert a eu, dit-on, l'œil attiré par Laroche. En interrogeant une nouvelle fois (avec compréhension et beaucoup de compassion) la malheureuse Christine Villemin, en la suppliant gentiment d'essayer de se remémorer tout ce qui dans son existence pouvait les orienter sur une piste, un enquêteur a demandé à la jeune mère : « *Faites un effort, madame, malgré votre douleur ! Est-ce que vous n'avez pas souvenance d'une histoire d'homme... Vous voyez ce que je veux dire. Un homme qui, que, euh, qui vous aurait fait la cour et que vous auriez éconduit...* ».

— *Non,* a répondu la jeune maman en réfléchissant. Et puis elle a lâché en hésitant : « *...Il y a bien... Non ça remonte trop loin... Oui, un type, un cousin, qui une fois... Mais ça ne doit pas avoir de rapport...* ».

— *Qui ? Dites-nous toujours ! On verra ensuite !* ont répondu les enquêteurs appâtés, ferrés.

— *Oh, une vieille histoire... Un cousin de Jean-Marie, le Bernard Laroche d'Aumontzey. Ben, un jour, dans une fête, il y a six ou sept ans, il m'a fait des avances... Du pied sous la table... J'ai fait celle qui ne comprenait pas... Mais j'étais choquée...*

— *Qui est ce Laroche ?*

— *Un cousin germain, le meilleur ami de Michel, le fils de mon beau-père. Quand il était jeune, il sortait beaucoup avec Jean-Marie et Jacky... Mais cette histoire n'a pas de rapport, je pense...*

Les enquêteurs sont bigrement intéressés. Dieu merci, Christine, la sage qui repousse horrifiée les avances, a une bonne mémoire, et aussi un merveilleux don d'observation qui ferait d'elle une excellente enquêtrice : n'est-ce pas elle qui avait déjà vu la R4 verte (semblable à celle de Roger Jacquel) stationnée dans les rues de Lépanges quand, affolée, elle descendait rechercher Grégory chez la nourrice. Elle qui avait donc mis les gendarmes sur la piste Jacquel, parlera aussi plus tard du diabète de Mme Bolle à propos d'une seringue et d'une ampoule d'insuline...

Et voilà qu'en plus, Marie-Ange, la femme de Laroche, est venue déposer. Troublant... Les enquêteurs ont donc demandé aux graphologues d'apporter un soin particulier aux pages d'écritures du couple Laroche et de voir s'il n'y aurait pas par hasard quelques similitudes avec le message posté à Lépanges. Cela facilite grandement le travail des experts, quand on leur demande de plancher « avec attention » sur une écriture qu'on vous désigne. Cela influence aussi parfois. Mais dans l'affaire Grégory, ce n'est sans doute pas le cas, et affirmer le contraire serait pure médisance...

Toujours est-il qu'en ce mercredi 31 octobre, « M. et Mme Laroche » comme dit prudemment la presse régionale, ont bien des soucis. Laroche est conduit à Épinal pour y être longuement entendu ; sa femme est interrogée de son côté. Ils sont placés en garde à vue.

La dépêche de l'A.F.P. de l'autre jour annonçant l'identification d'un couple était sans doute prématurée, mais bien informée. Mais voilà que l''agence remet ça, en plus fort ! En plus sensationnel ! Une longue dépêche annonce, à 16 h 57, ce mercredi, à travers la France entière, que *« l'homme de vingt-six ans qui a été interpellé à son domicile d'Aumontzey et placé en garde à vue à Épinal, a été inculpé d'assassinat par le juge Lambert, apprend-on de source judiciaire »*. Suivent sur la dépêche le nom de l'homme et son curriculum vitae.

L'agence sera contrainte, à 19 h 26, de sortir d'urgence un démenti sur son propre câble : *« Veuillez annuler nos envois n°... annonçant l'inculpation de M... qui n'a pas été prononcée (...) »*.

La nouvelle était prématurée. Pour l'instant, en ce mercredi soir 31 octobre, le couple continue d'être entendu séparément. La nuit tombe, et les journaux sont obligés de boucler sans savoir si les Laroche — de toutes évidence quasi coupables à voir l'attitude des enquêteurs — seront inculpés avant l'aube. Mais la presse du matin ne peut s'empêcher de trouver qu'il manque quand même pas mal d'éléments quant au scénario du crime. L'interrogatoire du couple n'en sera que plus intéressant. Sûr qu'ils vont tout dire ; avouer le parcours qu'ils ont pris ; la manière dont ils se sont répartis les tâches ; l'endroit où ils ont jeté le corps. Ce sera bien pratique, car pour l'instant, sur tous ces points, c'est le trou noir.

— *Non, ce n'est pas possible ! Pas Bernard ! Je ne peux pas y croire ! C'est le dernier auquel j'aurais pensé ! Pas possible ! C'est mon copain d'enfance ! Il était assez réservé, mais nous nous entendions bien... Il venait souvent chez nous avant...*

Jean-Marie est bouleversé en apprenant la nouvelle

de l'arrestation. Christine, elle, ne dit rien et paraît effondrée. Le père de Grégory ne peut croire à autant de méchanceté, de monstruosité. Lui, l'impétueux, le fougueux qui avait pris sa carabine le soir du meurtre de son fils — sans attendre la conclusion — pour faire la peau à Jacques et qui, plus tard, bien plus tard, se transformera en assassin, devient brusquement ce soir-là prudent au possible :

— *Il faut attendre... Les enquêteurs se sont déjà trompés... Moi-même le premier jour, je me suis trompé. Non, non... Soyez prudents ! Pas de nom ! Il faut des preuves formelles... L'enquête a déjà trop fait d'erreurs... Je n'y croirai que quand j'aurai ces preuves !*

Jacky, le demi-frère, n'y croit pas non plus :

— *Bernard ? Avoir fait ça ? Aberrant ! Pourquoi il nous en aurait voulu ?...*

Et pourtant, les enquêteurs doivent avoir des billes tout de même ! Mais pourquoi cette vengeance ? Les journalistes s'interrogent. Tous sont partis à Épinal devant les grilles de l'immense caserne de la gendarmerie. Les photographes et les cameramen sont grimpés sur les capots des voitures en stationnement pour ne pas louper la sortie des deux monstres, menottes aux poings. Car, hein, ne jouons pas sur les mots : c'est évident que ceux sont eux les assassins, s'ils sont les Corbeaux. Et le couple a osé assister à l'enterrement de Grégory ! On les voit sur les photos. Marie-Ange pleure dans la foule des proches, un mouchoir contre son nez ; Laroche, lui, jouait les recueillis... De bons comédiens ! Chaillan avait raison en pensant que le Corbeau viendrait aux obsèques ! Et ils n'ont pas craqué devant le petit cercueil ! Ils ont même osé, la veille au soir de l'enterrement, proposer aux parents de Grégory de veiller le corps de l'enfant avec eux au pavillon de Lépanges...

Les médias tentent donc de comprendre ce qui a

poussé ce couple à agir. La haine. La jalousie ! Mais oui, bien sûr ! Voilà le moteur ! On est frappé par la similitude de deux destins, entre Laroche et Villemin. Même âge ; anciens copains. Tous deux, un pavillon construit à l'orée du bois dominant le village. Mais Laroche a toujours un temps de retard. Il rame derrière Jean-Marie, son modèle, son critère de réussite. Il « suce la roue », comme disent les cyclistes. Tous deux mariés, mais l'un (Villemin) avec une jolie femme rigolote, pleine de vie et instruite (les profs voulaient la pousser jusqu'au bachot) ; l'autre plutôt revêche, moins belle, moins coquette, moins dans le vent (les traits moins fins, de grosses lunettes de myope). Même si plus tard, à l'heure du drame, on découvrira une Marie-Ange émouvante, attachante, intelligente et sensible.

Tous deux sont pères. Un garçon : deux gosses conçus à quelques jours d'intervalle. Comme si l'on copiait tout. Mais Grégory, quatre ans et demi, était un adorable garnement éveillé ; le fils Laroche, dit-on, né à dix ou quinze jours de différence, serait un peu moins bien réussi, pour tout dire plutôt handicapé. Hydrocéphalite. Drain dans le cerveau pour éponger le liquide... Un petit malade. On verra plus tard comment Marie-Ange, toutes griffes dehors, fera fi de toutes ces malveillances et défendra son enfant avec tout l'amour et la ferveur d'une mère. Pour l'instant, son gosse passe pour un « débile ». Voilà donc, dit la rumeur, la raison de leur haine. Mais oui ! Ils en veulent à Jean-Marie d'avoir un magnifique produit fini, marrant, bagarreur, et tout...

Et puis, il y a la différence des situations et de statut social. Jean-Marie, le « chef », est contremaître, une vraie gueule de patron, intransigeant, dur au boulot à l'usine. Laroche n'est qu'ouvrier spécialisé. « Mais non, il vient d'être nommé contremaître lui aussi chez Ancel, fait une voix. Il y a un mois et demi. Ça aurait dû lui faire plaisir et l'apaiser dans sa haine de Jean-Marie. » Ah bon, t'es sûr ? disent les confrères que ce détail n'arrange pas. On trouve donc autre chose : Laroche a de « gros problèmes financiers » et tirerait le diable par la queue, alors que chez l'autre, là-haut à Lépanges (deux voitures, magnifique pavillon, canapé à deux briques, jolie femme, beau gamin et vacances en Italie), c'est la quasi-opulence.

Et puis Laroche, le timide, n'a pas de succès auprès des femmes. Non seulement Christine l'a repoussé, mais Liliane aussi...

Il est question aussi, d'après notre confrère Denis Robert de « Libération », d'une sombre histoire de chantage exercée par des membres de la famille Villemin sur Marcel Laroche, le père de Bernard. Le chantage porterait « sur une grosse histoire de vol... voire de meurtre ». Bernard Laroche, à la mort de son père, aurait mis la main sur des pièces compromettantes. Et notre confrère ajoute ce détail intéressant : l'hospitalisation et le départ de la ferme familiale du père de Bernard, en novembre 1981, correspondraient au début du harcèlement du Corbeau sur les Villemin...

C'est aussi Jean Ker, de « Paris-Match », qui nous confiera cette anecdote : en visite chez la tante Louisette à Aumontzey, deux jours avant l'interpellation du neveu de celle-ci, le fouineur numéro un de la presse française tombe, sans le connaître, sur Laroche qui faisait sa sieste et sort de la chambre à côté. La conversation tourne sur l'affaire et les Villemin. Laroche répond quelque chose comme : « Oh, les Villemin ! Ils ont pas toujours été parfaits... Y aurait des choses à dire... »

Et Laroche lui a raconté une sombre histoire qui laisserait entendre que les Villemin étaient prêts à « se débarrasser » de la Louisette et de sa fille handicapée mentale en les faisant hospitaliser. « Si on n'avait pas été là, elles étaient bonnes pour l'asile... Alors... Hein !... »

On en répète beaucoup de ces petites phrases. Comme celle de Marie-Ange qui n'arrange pas son cas quand elle dit aux enquêteurs qui l'interrogent : « C'est vrai que je les aime pas beaucoup... » en parlant de Christine et Jean-Marie. Cela aussi pèse dans la balance.

Et il y a aussi dans les mobiles possibles de la vengeance, la naissance de Laroche. Sa mère est morte en couches. En le mettant au monde. Ça traumatise d'apprendre ça à huit ou dix ans. On se sent un peu responsable. On culpabilise. Surtout quand le père a dû vous élever seul à la ferme, trimballé qu'on était chez les cousins Villemin. On a beau avoir été considéré presque comme leur fils (« Bernard, c'est comme mon gamin », dit Monique), on n'est toujours qu'une sorte de pièce rapportée. Et c'est de tout cela que parlent les journalistes devant la gendarmerie d'Épinal.

Pendant que les confrères attendent la sortie des monstres, qui sera couverte par toutes les agences, autant filer ailleurs. Retourner à Aumontzey par exemple, à la chasse aux renseignements. Nous croisons au passage à Laveline-devant-Bruyères les Hollard, les suspects d'il y a dix jours. Ils ne sont pas au courant de l'arrestation du couple.

*« Quoi ? Laroche et la Marie-Ange ! Ah, les salauds ! C'est eux ?... C'est elle qui nous a vendus l'autre jour aux gendarmes ! On l'avait pas reconnue sur les photos ! Elle a voulu détourner les soupçons sur nous ! Mais pourquoi ? Qu'est-ce qu'on lui a fait ?... »*

Et pendant que les Hollard courent ameuter le voisinage pour annoncer la bonne nouvelle qui les lave de tout soupçon (ils ne dorment plus de la calomnie déversée sur eux), nous allons rendre visite aux beaux-parents de Laroche. C'est la seule famille du contremaître d'Aumontzey. On vient de nous apprendre leur adresse. Une famille Bolle : Lucien et Jeannine Bolle, avec une ribambelle d'enfants ; huit, dix, douze ou plus, on ne sait trop. Marie-Ange est l'une de leurs nombreuses filles. Justement, ils habitent à Laveline un pavillon rue du

Maroc, une petite ruelle en impasse au milieu des champs de patates.

Une grande maison jaune-gris, avec une véranda, un jardin avec des cages sur le côté et un petit pré devant.

— *Faites attention !* nous prévient quelques secondes plus tôt un voisin en nous indiquant le bon pavillon. *Ils sont pas toujours commodes ! Des braves gens, mais parfois violents et bagarreurs. Ah lala, les Bolle, si on voulait parler !...*

Une jeune fille nous ouvre. Nous nous présentons en pénétrant dans la cuisine. Quatre ou cinq personnes. Dans un coin, devant la table, une jeune fille donne à manger à la cuiller à un gamin installé sur ses genoux. On croirait qu'elle joue à la dînette avec un poupon. L'accueil est indescriptible. Des cris. Des hurlements. Mme Jeanine Bolle, le visage fatigué par sa marmaille et des années de labeur, hurle d'une voix criarde, en même temps que son mari, un gentil petit bonhomme tout sec qui respire la bonté. Les gosses essaient de les calmer. La honte, le malheur se sont abattus sur cette famille... Triste à pleurer. « C'est une honte ! Ce n'est pas eux ! Non, non ! crie Mme Bolle. *C'est impossible, vous m'entendez, im-pos-si-ble ! Ma fille, mon gendre ! C'est horrible ! Ils sont innocents !* »

Lucien Bolle nous prend à témoin :

— *Vous voyez le crucifix qu'il y a là ?*, il fait mine de monter le décrocher. *Je jure sur la tête du Christ que ce n'est pas eux ! Je le jure sur Dieu : ils sont innocents !*

Ils nous racontent (toujours en hurlant et en gesticulant) la vie de Marie-Ange et Bernard, un jeune couple d'une gentillesse exquise, serviable, bonne fille, bon gendre, toutes les qualités, toujours prêts à rendre service, à donner un coup de main. Comment ils se sont connus ; aimés. Marie-Ange, oui, une de leurs filles préférées.

Bûcheuse, sérieuse. Bernard, bosseur comme pas un, le cœur sur la main. Oui, un pavillon à Aumontzey (et ils racontent par le menu toute l'histoire de la construction). Oui, elle travaille à Gérardmer, chez « Profilage », lui chez « Ancel ». Estimés des camarades de travail. Heureux. Sans histoire. Bernard élevé par son père, etc.

— *Mais pourquoi, pourquoi ?* continue de hurler la mère effondrée, tandis que le père Bolle, fait le tour de la table les yeux au ciel en répétant : *Sur le Christ, ce n'est pas eux !*

— *Depuis quand les gendarmes les soupçonnaient ?* Ils n'en savent rien. Les enquêteurs leur ont fait faire les dictées. Ils sont venus les voir toute la semaine. Ils les harcelaient sans cesse. Ils ont fouillé le pavillon, à La Fosse ; ils sont venus ici chercher des disques soidisant et des bandes.

— *Ah, bon ? Quel disque ?*

— *Une chanson des Charlots, « Chef, encore un petit coup ! ». On ne sait pas pourquoi.* (En fait, c'est ce disque que le Corbeau diffusait parfois dans ses appels au « chef » Jean-Marie.)

— *Et que vous disait Marie-Ange de cet acharnement des gendarmes ?*

— *Elle nous répétait de pas nous faire de souci : « C'est tout le monde pareil à Aumontzey, maman. » Elle disait que les gendarmes étaient chez tous les gens...*

— *Ce n'est pas tout à fait vrai... Ça ne vous a pas mis la puce à l'oreille ?*

— *Non !* Aussi étonnante que soit leur naïveté, ils sont sincères. Et de reprendre leurs gémissements.

Une parenthèse ici : les Bolle ont dit ce soir-là :
— Que Marie-Ange couchait chez eux depuis le drame du 16 octobre, « parce qu'elle a peur là-haut ». Il semble également que Bernard Laroche couchait souvent,

sinon habitait chez la tante Louisette dans sa petite masure. Ce comportement, s'il est réel, nous a toujours paru étrange. Il semblait coïncider avec la déclaration de Jean-Marie Villemin : « Je connais l'assassin, je le tuerai ! »

Pourquoi donc, si ce fait était prouvé, les Laroche avaient-ils peur, s'ils étaient innocents ? Peur du Corbeau ou des menaces de Jean-Marie ? Quand nous leur demanderons un jour de février si cette désertion de leur maison est réelle, ils répondront : « C'est faux ! On a toujours continué à habiter là-haut ! »

Jeannine Bolle soudain pâlit dans sa cuisine, s'appuie à la table.

— *Elle fait sa crise ! Vite, appelle l'infirmière !* lance Lucien. Il explique : *Elle a du diabète. Ah ! bon sang ! Elle risque de faire un coma ! Avec cette histoire, ils vont la faire mourir !*

Quelques instant plus tard, une très jolie infirmière est là. Piqûres d'insuline à Jeannine qui se remet peu à peu. L'infirmière, décidément ravissante, s'en repart, les yeux levés vers le ciel, l'air de dire : « Ah, si je pouvais parler... » A l'époque, on ne prend pas garde au malaise de la maman. Ce n'est qu'en avril qu'il prendra tout son sens, en entendant Christine Villemin évoquer la découverte, deux jours après le crime, d'une seringue et d'une ampoule d'insuline sur les bords de la Vologne à Docelles. Un médicament qui aurait pu servir à endormir Grégory. *« Je ne vois qu'une personne qui a du diabète dans la famille, c'est Mme Bolle ! »,* fait remarquer la jeune mère. A-t-elle voulu dire que tous les diabétiques ont à leur disposition des ampoules d'insuline et qu'ils font eux-mêmes leurs piqûres, quand ce ne sont pas leurs proches ? Christine sous-entend-elle par là que Laroche aurait pu avoir à sa disposition le médicament ? Ceux qui penchent encore pour une éventuelle culpabilité de Laroche n'écartent pas cette hypothèse.

Pour l'heure, chez les Bolle, c'est l'effondrement. Nous demandons :

— *Qu'est-ce qu'il faisait, Bernard, le soir du rapt ? Vous le savez ? Il a un alibi ?*

Re-hurlements. Soudain une petite voix grave s'élève au fond de la cuisine. La gamine, une petite rouquine couverte de taches de rousseur et au nez en trompette, qui nourrit un bambin à la cuiller parle :

— *Bernard était chez tante Louisette à Aumontzey, le mardi. Je l'ai vu en descendant du car !*

La famille hoche la tête. Hein, vous voyez ! Vous entendez la petite ?

— *Qu'est-ce que tu racontes ? Qu'est-ce que c'est que cette histoire de car ? Quel car ?*

— *Oui, c'est vrai !* répond la petite voix butée avec un fort accent vosgien. *Je l'ai vu en descendant du car de ramassage. Il mangeait des raviolis en faisant sauter Sébastien sur ses genoux. Sébastien, c'est lui* (elle montre le mioche aujourd'hui sur ses genoux à elle). *Je l'ai vu Bernard. Il regardait la télé. J'arrive tous les soirs du collège à 5 h 20.*

— *Quoi ?... Tu es formelle ? Comment t'appelles-tu ? Tu as vu ton beau-frère à l'heure du crime ?...*

— *Muriel ! Oui, je le jure !*

Les Bolle interviennent :

— *Hein, vous entendez ? La petite n'est pas menteuse !*

— *Mais comment peux-tu te souvenir de ça ? Ça remonte à quinze jours ! Tu peux confondre !*

— *Je m'en rappelle très bien,* reprend la petite voix de plus en plus butée. *Si vous m'croyez pas, vous avez qu'à demander à mes professeurs.*

— *Mais ce n'est pas eux qui diront si c'est bien ce jour-là que tu as vu ton beau-frère chez Louisette !*

— *Vous avez qu'à regarder mes cahiers ! J'étais au collège ce jour-là !*

— *Ce n'est pas ça qui prouvera que tu étais dans le car et que tu as vu Bernard en arrivant !*

— *Puisque je vous dis que c'est vrai, c'est vrai !*

— *Les gendarmes t'ont entendue ?*

— *Non, personne.*

Nous sommes interloqués, stupéfaits. Les gendarmes n'auraient pas entendu ce témoin capital qui remet tout en cause... Étrange ! Incroyable ! A moins qu'ils ne connaissent déjà ce témoignage et qu'ils ont passé outre, sous prétexte qu'il émane d'une gamine et d'une proche parente... Ça paraît gros. Et la tante Louisette, l'ont-ils entendue ? Ils négligeraient donc aussi son témoignage...

Nous apprenons encore que la gamine loge chez son beau-frère à Aumontzey depuis juin pour garder le petit Sébastien pendant que les parents travaillent. Avant elle, c'était sa sœur, Isabelle, qui, paraît-il, gardait l'enfant.

Nous apprendrons encore que Marie-Ange vient d'être licenciée le jour même de l'usine Profilage à Gérardmer. Tiens, tiens... On nous montre la lettre de licenciement, en pleurant et en gémissant en même temps que les photos du temps du bonheur. Il est question de renvoi pour cause d'absences répétées sans justification. Le préavis commence ce jour et se termine à la fin du mois.

— *Elle a voulu prendre deux jours pour aller à l'enterrement de Grégory,* sanglote en hurlant sa mère. *Ils ont refusé et ils la foutent à la porte ! Le malheur s'abat sur nous. Mais qu'est-ce qu'on a fait au Bon Dieu ?*

Cette lettre de l'entreprise étonne au plus haut point... Et si les patrons de Marie-Ange avaient décidé de profiter de ce motif oiseux (absences répétées) — facilement contestable devant les prud'hommes — pour se débarrasser discrètement d'une employée. Une « brebis galeuse » que les gendarmes ont dû venir entendre plusieurs fois et qui pourrait être mêlée à l'horrible crime de la Vologne ? Les employeurs interrogés répondront : pure coïncidence. Mais la simultanéité des deux affaires (arrestation, licenciement) n'en demeure pas moins étrange... *« Oui, oui, foutue à la porte, reprend la vieille mère, pour avoir voulu aller à l'enterrement du petit Grégory ! »*

C'est le moment que choisit le bambin pâlichon prénommé Sébastien, à l'allure un peu maladive, pour se mêler à la conversation.

— *Grégory, c'est mon copain ! Grégory, c'est mon copain ! Gentil ! Papa a une voiture. Peugeot...*

Quand nous raconterons ensuite aux confrères cette entrevue, il s'en trouvera au plus fort des « accusations » portées contre Laroche par sa jeune belle-sœur, pour ironiser : « Vous l'avez échappé belle... Et si le gamin avait dit : " Papa, Peugeot, Papa a jeté Grégory dans l'eau, plouf, ça a fait... " Vous ne ressortiez peut-être pas vivant ! »

Nous quittons cette famille bouleversée, en tapotant la joue de la jeune fille : *« Tu te rends compte de l'importance de ce que tu as dit ? C'est comment déjà ton prénom ? Ah oui ! Muriel ! Tu comprends, Muriel ? Tu sais que tu innocentes ton beau-frère ? Ton témoignage est capital ! Il faut que les gendarmes t'entendent d'urgence ! »*

Et nous courons téléphoner au journal à la première cabine venue le « papier » annonçant qu'une certaine Murielle *(sic)*, une « adorable petite rouquine » *(resic)* est formelle : *« un témoignage capital qui a peut-être été négligé. Muriel respire la franchise. Si elle ment, c'est la plus fieffée menteuse qu'il nous ait été donné de rencontrer. Mais si son témoignage est vérifié, il innocente Bernard Laroche en ce qui concerne sa participation au rapt. On voit mal cet homme être à la fois à Aumontzey à 17 h 25 et à Lépanges, distant de plus de douze kilomètres, cinq minutes avant...*

Quant à Marie-Ange, elle était à cette heure-là à son travail à Gérardmer et est rentrée chez elle par le car à Aumontzey, à 21 h 30...

« Une chose est toutefois frappante, poursuit l'article : Marie-Ange et Bernard Laroche semblent avoir caché à leur entourage l'acharnement des gendarmes contre eux depuis six jours. Ils ont voulu, semble-t-il, minimiser pour ne pas inquiéter leurs proches (...) »

Cette « dissimulation » restera pour nous toujours étrange.

Une chose cloche pourtant dans l'interpellation du couple qui continue à être entendu tard dans la soirée : les Laroche peuvent, certes, faire des suspects très présentables, tout-à-fait « plausibles », mais leurs mobiles restent quand même très flous. Or, déjà, les petites confidences de ceux qui les connaissent étonnent :

— *Laroche ? Un bûcheur !* dit le voisin. *Je ne veux pas croire que c'est lui le Corbeau. Il bosse du matin au soir. Quand il n'est pas à l'usine, il est sur son tracteur dans les bois qu'il loue. Il fait des bûches pour ceux qui lui en commandent. Ou alors, il répare son pavillon ! Sa bétonnière n'arrête pas de tourner ! Lui, avoir fait le coup ? Lui, jouer les Corbeaux ? Mais quand aurait-il trouvé le temps, lui qui est toujours au boulot ?...*

Chez tous ceux qui fréquentent le contremaître, c'est la stupeur et l'incrédulité. Les propos les plus élogieux viennent de ses camarades de travail chez Ancel : « Un bon copain. Toujours prêt à rendre service. Posé, calme, jamais un mot plus haut que l'autre. Pas bavard et un peu timide, mais sans plus. Et un sacré bon ouvrier ! »

Laroche, qui a un C.A.P. d'ajusteur, de régleur et de dessinateur industriel, spécialisé dans le montage hautement compliqué des moteurs des machines à tisser, passe même pour l'un des meilleurs techniciens de l'usine...

Ces témoignages de « bonne conduite » surprennent bien un peu, mais sans plus. Si Lambert, le juge, a laissé embarquer le couple pour une garde à vue officielle, c'est qu'il est sûr de lui. Pas le genre, Lambert, à commettre des erreurs judiciaires, surtout après l'affaire Hollard !

Signe que la nuit va être longue et difficile pour les Laroche : les gendarmes de la caserne d'Épinal qui interrogent le couple se sont fait livrer des caisses de sandwiches et de bières.

La nuit est maintenant bien avancée. Il est près de deux heures et demie, et rien ne semble se dessiner à l'horizon. Les lumières brillent dans les bureaux où le couple est entendu sans relâche. Des enquêteurs sortent et rentrent, le visage hermétique. Une indiscrétion au passage : *« ils nient toujours ; ils nient tout en bloc »*. Coriaces, ces Laroche...

Mais le doute commence aussi à s'infiltrer. La petite phrase de Jean-Marie, lui pourtant si prompt, le premier jour, à se jeter sur le premier suspect venu, revient lancinante : *« Bernard ? Je ne comprends pas. Ça paraît incroyable. Il ne faut rien dire avant d'être sûr. Ne donnez pas de nom... Ça va peut-être faire comme pour les Hollard... »*

Jeudi 1er novembre, jour de la Toussaint. Il y a foule ce matin dans la petite église de Lépanges. Voilà près de quinze jours que Grégory est enterré juste à côté. Le père Grivel officie dans le recueillement général. Chacun essaie d'oublier qu'à quelques quinze kilomètres de là, on interroge toujours les Laroche, ces cousins qui avaient osé venir aux obsèques. Dans la foule en prières, Christine et Jean-Marie. Christine est tout en noire. Dans sa longue cape de deuil, elle a quelque chose de mystérieux et de pathétique. Entouré de leurs proches, le jeune couple se recueille longuement, à l'issue de la messe, devant la petite tombe qui disparaît sous les fleurs, les couronnes et les plaques de marbre : *« Ici repose un ange » ; « A notre neveu bien aimé... »* Les couronnes d'œillets et de lys blancs ne sont même pas encore défraîchies. Leurs calicots dorés tremblent dans le vent : *« A Grégory ; les enfants des écoles » ; « A notre petit camarade de classe » ; « Le personnel et la direction d'Autocoussin » ; « Le personnel et la direction de la M.C.V... »* Des mains anonymes ont rajouté d'innombrables bouquets. Des petits garçons arrivent avec de nouvelles fleurs...

Pendant ce temps, c'est chez les Bolle, à Laveline-devant-Bruyères que l'on court le renseignement. Les Bolle sont les mieux placés pour expliquer pourquoi on soupçonne leur fille et leur gendre d'être les Corbeaux. Et puis il y a aussi l'étrange témoignage de la petite belle-sœur qui innocenterait Laroche. L'affirmation de Muriel a déjà fait le tour de la vallée. Et les gendarmes auraient omis d'entendre ce témoin capital ? Incroyable !

Mais le comportement des Bolle a bien changé depuis la veille au soir. La colère, la haine ont grossi dans la nuit. Une partie de la famille a rappliqué. Les grands frères ou les gendres montent la garde... Les voilà brusquement transformés en cerbères devant le pavillon. Personne n'approche. Des pierres volent dans les journalistes. Des coups contre les carrosseries... *« Les gendarmes nous ont dit de ne pas vous laisser venir ! Qu'on avait le droit de vous chasser ! »*, hurlent trois ou quatre gaillards de vingt ans, en jeans. Sans doute de braves garçons chaleureux en temps normal, mais brusquement devenus fous de rage et de douleur. *« Ils ont dit qu'on avait le droit de vous taper dessus ! Foutez le camp ! »*

Paradoxalement, ce ne sont pas aux enquêteurs qui les ont interrogés, au vu et au su de tout le monde, que les « suspects » en veulent, mais aux médias devenus d'excellents boucs-émissaires. Ce matin, les Bolle sont tombés dans le panneau. Les appareils photos et les magnétophones échappent de peu à la casse. Au fil des heures, la tension a monté. Le clan est déchaîné. Mais ce n'est qu'un début. L'un des jeunes est allé décrocher un fusil. Et pas un seul gendarme en surveillance autour du pavillon, alors que l'on sait depuis ce matin que ces incidents risquent de se terminer en drame.

Pourtant la joie qui va revenir chez les Bolle en ce jeudi 1er novembre. Eux si accablés le matin, apprennent en début d'après-midi que Marie-Ange et Bernard vont leur être rendus. La nouvelle est tombée brutalement vers 14 heures : Laroche et sa femme vont être libérés ! Devant la gendarmerie d'Épinal, la rumeur courait depuis midi. *« Ils ont tout nié en bloc. Les enquêteurs n'ont pu les coincer sur aucun point... Ils vont sans doute être obligés de les relâcher. »*

Et à 15 heures, plusieurs véhicules de gendarmes ont simulé une sortie précipitée. Démarrage également sur les chapeaux de roues des véhicules de presse, pour rattraper le cortège. C'est un leurre. Il paraît même qu'un enfant d'un gendarme a joué le rôle d'appât, dissimulé sous une couverture.

En fait, c'est dans une berline que, discrètement, quelques instants plus tard, Marie-Ange Laroche quitte la caserne, après être sortie par une porte dérobée. Direction : Aumontzey. Deux heures plus tard, même scénario pour la sortie de Bernard Laroche. Les enquêteurs ont escamoté leurs « témoins no 1 ». Pourquoi cette mise en scène grandguignolesque ?

Toujours est-il que du côté des responsables de l'enquête, c'est l'abattement. Ils étaient sûrs de tenir les Corbeaux. Ils avaient préparé depuis près d'une semaine, par des fuites et des confidences, l'opinion publique et l'entourage des Laroche et des Villemin à ces arrestations. « A tout prix, éviter un nouveau fiasco... On a trop fait rire avec les portraits robots et les Hollard. On n'a plus le droit de se tromper », ont dû dire les grands patrons. Les enquêteurs ont préparé avec soin leur coup : expertises graphologiques, pré-auditions pendant plusieurs jours de l'environnement Laroche ; fouille minutieuse du passé du couple... Et à l'heure H, mercredi 31 octobre, interpellation spectaculaire des deux suspects ; annonce claironnante de leur mise en garde à vue ; perquisitions minutieuses au pavillon d'Aumontzey, chez les Bolle et chez tante Louisette. On a saisi les magnétophones et les bandes. Toute la nuit, des confrontations ont eu lieu. On est allé réveiller les témoins pour les mettre en face du couple entendu séparément, puis ensemble.

Bernard et Marie-Ange ont tout rejeté. Le contremaître ne s'est jamais, dit-on, départi de son calme. Placide, répondant non à toutes les accusations. Marie-Ange s'est défendue avec acharnement. Une vraie bagarreuse. Violente parfois.

Dans la matinée, il a bien fallu dire au juge et au parquet que l'affaire ne se présentait pas aussi bien que prévu. Que les suspects niaient toujours. Le juge a pris la décision d'arrêter les frais. « Ne gaspillons pas notre capital de garde à vue. Nous pourrions la prolonger de vingt-quatre heures ; mais s'ils n'ont pas craqué pendant ces premières vingt-quatre heures, ils risquent de ne plus lâcher le morceau maintenant... Attendons des jours meilleurs... »

On a donc relâché (« relaxé » dira, sans le vouloir, paraît-il, un enquêteur...) le couple. Faute de preuves. On avait tout fondé sur des aveux. Ça n'a pas marché.

Dans « l'Est Républicain » du lendemain, Lionel Raux se réjouit de cette sage mesure : « De toute façon, les présomptions n'étaient pas suffisantes pour porter des accusations réellement précises et fondées. Nous vivons heureusement dans un pays où il faut des preuves, et des preuves solides, pour envoyer quelqu'un en prison... »

Mais on sent comme un malaise dans l'attitude des enquêteurs. A voir leurs regards, on devine qu'ils n'ont pas lâché de gaieté de cœur leur proie. On avait vu leur acharnement à vérifier les alibis des Hollard qu'on voulait à tout prix coincer. Inutile de dire que cette fois, c'est pire. C'est vraiment contraints et forcés qu'ils laissent partir leurs suspects. D'ailleurs, aucune voix officielle ne s'élève pour annoncer : « M. et Mme Laroche ont été entendus comme témoins et sont lavés de tout soupçon. Ils ont pu faire valoir des alibis irréfutables qui les disculpent totalement. Ils sont innocents. Prière de les considérer comme hors du coup... »

Au contraire, le juge Lambert déclare que les deux témoins libérés restent « plus que jamais dans le champ de l'enquête ». Et un officier de gendarmerie affirme : « On avance ; on ne repart pas à zéro ! ». En clair, le sieur et la femme Laroche sont relâchés en attendant qu'on puisse de nouveau les reprendre en main, quand on aura des éléments qui nous manquent. Et cette fois, pas de droit à l'erreur ; la loi n'autorise qu'une seule garde à vue de vingt-quatre heures et un seul renouvellement de même durée pour un même témoin sur une affaire...

Des durs à cuire, ces Laroche... Marie-Ange a pu prouver qu'elle était à son travail à Gérardmer à l'heure du rapt. Il lui était impossible de s'absenter sans être remarquée. Elle a nié avoir écrit des messages anonymes et téléphoné. Idem pour Laroche qui a haussé les épaules quand on lui a dit et redit que son écriture ressemblait à celle du Corbeau. Certes, son alibi est peu sûr : purement familial. Il était chez sa tante Louisette, dit-il, à l'heure du crime et celle-ci est son seul témoin avec sa jeune belle-sœur et son gamin. On devine déjà que les gendarmes vont se pencher d'un peu plus près sur les déclarations de la Muriel qui a juré, croix de bois, croix de fer... qu'elle l'a vu le 16 au soir... La gamine a peut-être bien menti pour couvrir le Bernard qu'elle adore. On sait ce que sait : c'est courant des adolescentes un peu amoureuses platoniques de leurs beaux-frères... Elle finira peut-être bien par craquer, elle, au moins.

Peut-être un enquêteur fait-il alors remarquer, qu'avant d'interpeller les Laroche à grand renfort de publicité, on aurait dû commencer par se pencher sérieusement sur ses alibis... En tentant, par exemple, de faire revenir la gamine sur ses affirmations.

Il va sans dire que la presse n'est pas tendre après le nouveau fiasco du juge et de ses auxiliaires : « Les gendarmes semblent perdus dans le brouillard qui recouvre la région et l'on reparle de plus en plus de l'arrivée du S.R.P.J. sur l'enquête... », écrit le « Parisien ».

« Hier soir, le vent n'était pas à l'optimisme dans la vallée de la Vologne », renchérit « L'Est Républicain ».

Ces comparaisons météorologiques sont voulues : le froid est arrivé dans les Vosges en ce jour de Toussaint. On sent l'hiver tout proche...

Laroche, en ce vendredi 2 novembre, parle, au lendemain de sa garde à vue. Il a récupéré. On découvre cet homme au regard de gros chien battu, un peu pataud, avec ses grosses mains de bûcheron, l'air emprunté, plus fait pour le travail que pour la conversation : « *Oui, j'ai un alibi ; j'étais chez la tante Louisette ; ma belle-sœur m'a vu... Je mangeais une boîte de raviolis... L'interrogatoire a été long, mais pas trop dur... Je n'avais rien à me reprocher... Oui, les experts disent que c'est moi le Corbeau, mais je n'ai rien à voir là-dedans. Je n'ai jamais écrit de lettres anonymes, ni téléphoné... Je n'ai jamais été jaloux de Jean-Marie. Les Villemin sont de bons voisins.* »

Marie-Ange, plus réservée, semble davantage sur la défensive ; un brin agressive : « *On n'y est pour rien là-*

*dedans. Je ne vois pas pourquoi on aurait été jaloux des Villemin et de Jean-Marie ».*

Bernard semble fataliste, décidé à subir les événements, quels qu'ils soient. Sans doute une habitude paysanne de courber la tête, de supporter les coups du sort sans rechigner, sans broncher. Des siècles de servage à la terre et de soumission à l'usine...

Il ajoute un peu plus tard : *« Je sais que les gendarmes ne me croient pas. Ils pensent que c'est moi le Corbeau. »* C'est dit sur un ton lent, posé, comme si cela concernait un autre. Presque de l'indifférence. Qui fera croire même à une sorte de dédoublement de la personnalité. « Cela expliquerait, disent certains, son attitude, si c'est lui l'assassin. » Une sorte de Dr Jekyll et Mr Hyde. Blanc le jour, Corbeau-assassin la nuit.

Ce même jour de Toussaint, Jean-Marie parle aussi. Pour dire que les Villemin ne sont pas un « clan ». Il a été outré par la façon dont la télévision, dans un reportage sur l'affaire, a présenté sa famille, parlé de « sombres histoires ». *« On me montre comme un gangster. Il n'y a pas de secrets chez nous ; ce n'est pas la mafia. Tout ce qu'on a raconté sur nous est faux. S'il y avait un clan et un secret, on n'aurait pas eu besoin de faire appel aux gendarmes... Tout serait déjà réglé. » Et il ajoute : « On a ressorti le prix de ma maison ; on a dit que je l'avais payé 700 000 F, alors qu'elle vaut 300 000 F. Et je ne l'ai pas payée d'un seul coup ! Toute la famille m'a aidé à la bâtir et je règle un emprunt. On m'a reproché des vacances ! Nous sommes allés une fois en Italie, et uniquement parce que c'est moins cher qu'en France. Et pas plus de quinze jours ! On a raconté que nous sortions sans arrêt, Christine et Moi. Nos seules sorties, c'est dans la famille. On ne va jamais au restaurant, au café ou au cinéma). On est allé une seule fois en cinq ans voir un film à Épinal. C'était, du reste le samedi qui a*

La Vologne... C'est dans cette rivière de montagne que Grégory a été jeté vivant.
Étrange et omniprésente Vologne que l'on retrouve sans cesse dans la vallée maudite.

L'image insoutenable : ce petit visage recouvert d'un bonnet enfoncé jusqu'au cou qui émerge de l'eau dans la nuit (en haut à gauche), c'est Grégory... On vient

de découvrir son corps à la retenue de Docelles. Il est 21 h 30 ce mardi 16 octobre.
L'enfant a été enlevé 4 h 30 plus tôt.

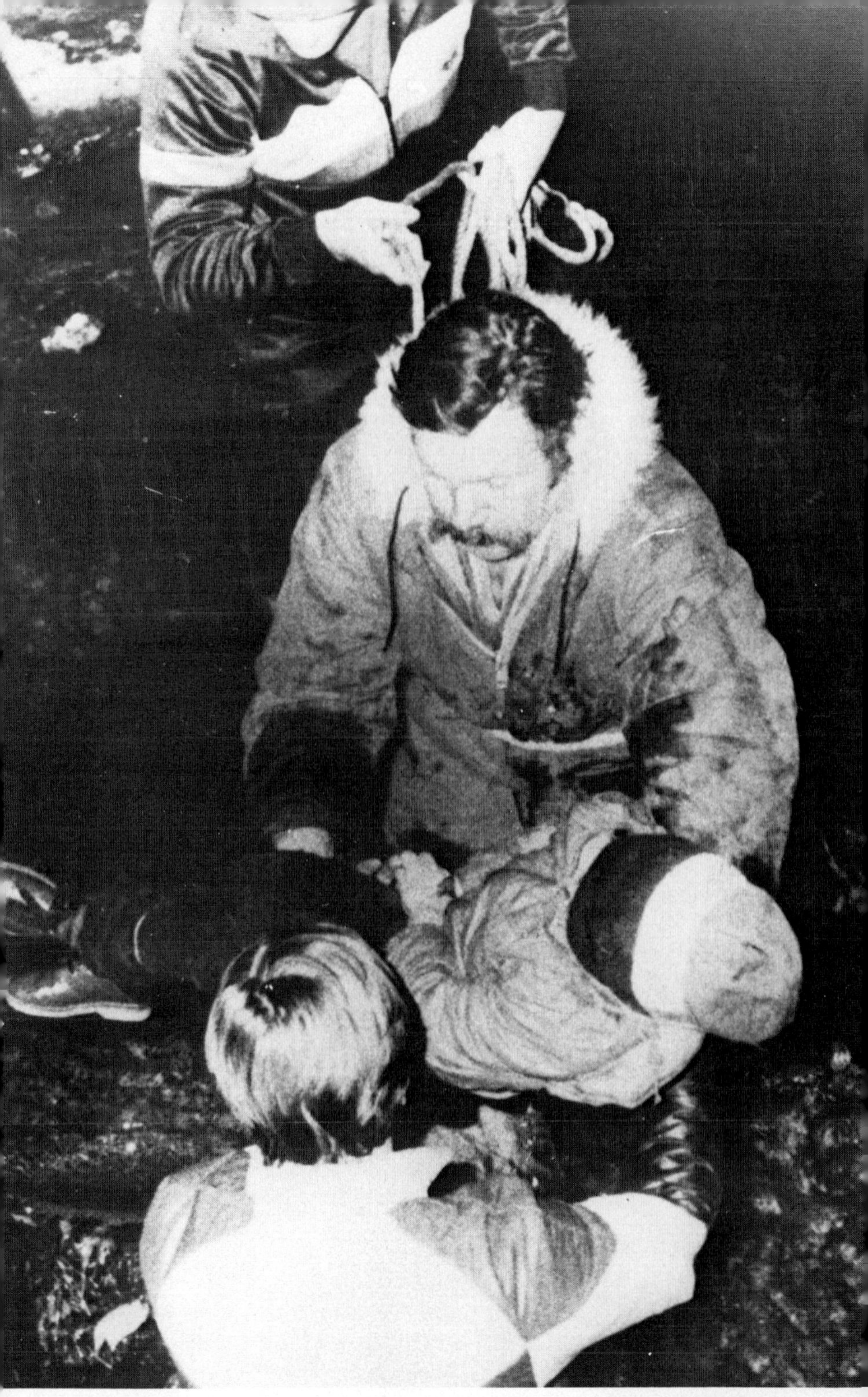

Cette photo a bouleversé la France entière et a fait le tour du monde. Le petit corps de Grégory vient d'être repêché dans la Vologne. L'enfant qui semble dormir a les pieds et les poings ligotés. Son meurtrier lui a enfoncé son bonnet pour ne pas voir ses yeux quand il l'a noyé. Au cou de l'enfant, une corde... "C'est sans doute un crime de femme", dira le médecin légiste lors de l'autopsie.

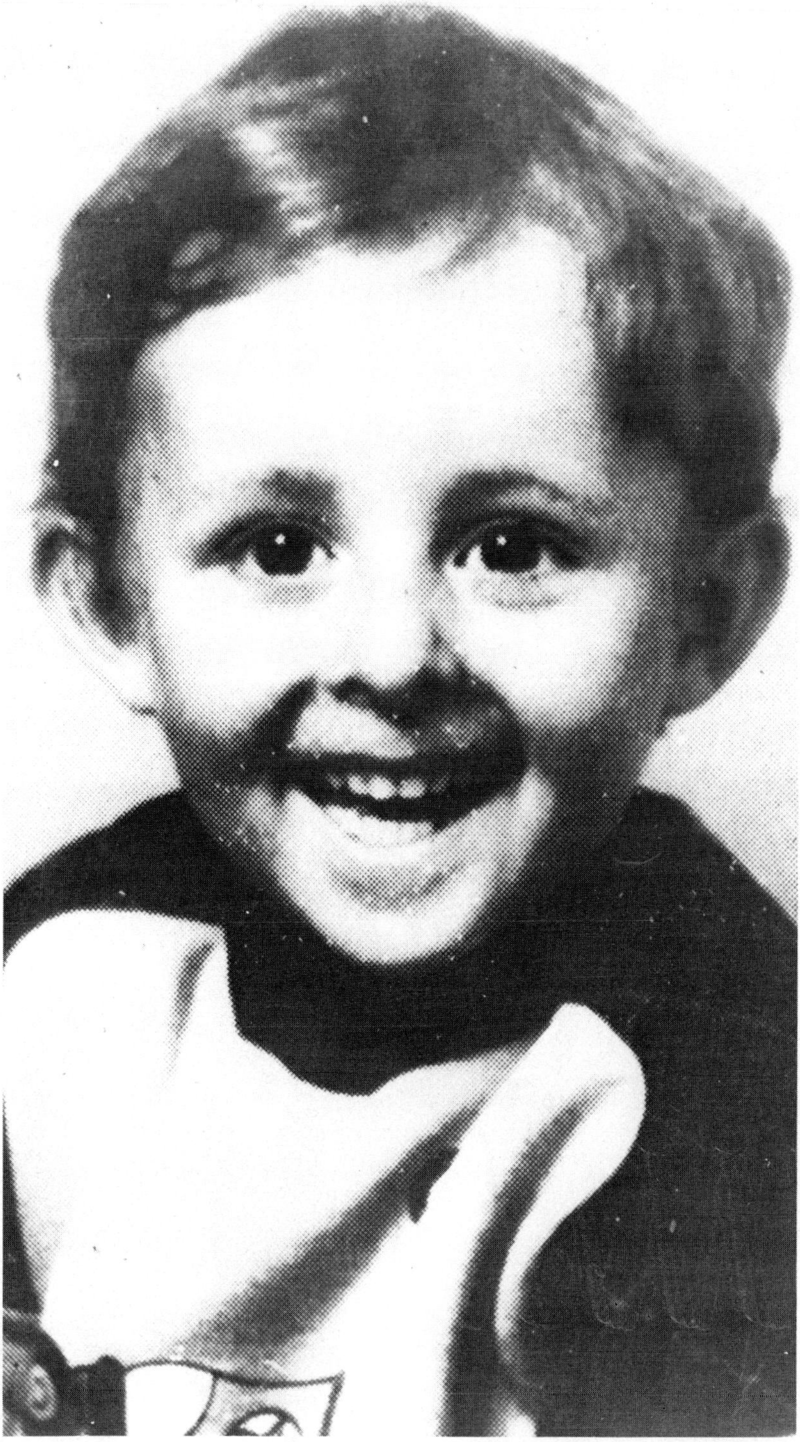

Grégory souriant à la vie... Vif, intelligent, très éveillé pour son âge, il était déjà un petit "chef" comme son père Jean-Marie. C'est cet enfant rieur que le corbeau n'a pas hésité à noyer comme un chaton.

"Ici, repose un ange". Couverte depuis six mois de fleurs blanches, la petite tombe de Grégory au cimetière de Lépanges.

On est venu de loin, le 20 octobre, pour assister à l'enterrement de l'enfant martyr. Dans la foule qui pleure, Marie-Ange et Bernard Laroche.

Devant le cercueil de Grégory, une femme effondrée dans les bras de son mari : Christine Villemin soutenue par Jean-Marie. “Ne pars pas, mon amour. Ne nous quitte pas”, crie la jeune mère avant de s’évanouir.

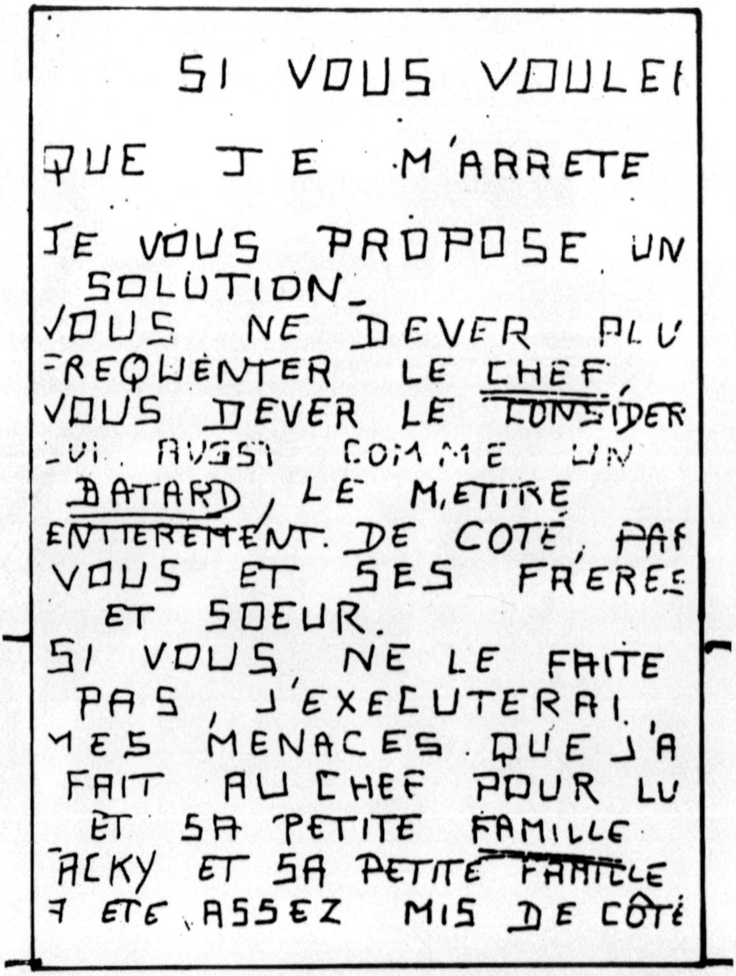

SI VOUS VOULEZ
QUE JE M'ARRETE
JE VOUS PROPOSE UN
SOLUTION_
VOUS NE DEVER PLU
FREQUENTER LE CHEF
VOUS DEVER LE CONSIDER
LUI AUSSI COMME UN
BATARD, LE METTRE
ENTIEREMENT DE COTE, PAR
VOUS ET SES FRERES
ET SOEUR.
SI VOUS NE LE FAITE
PAS, J'EXECUTERAI
MES MENACES QUE J'A
FAIT AU CHEF POUR LU
ET SA PETITE FAMILLE
JACKY ET SA PETITE FAMILLE
A ETE ASSEZ MIS DE COTE

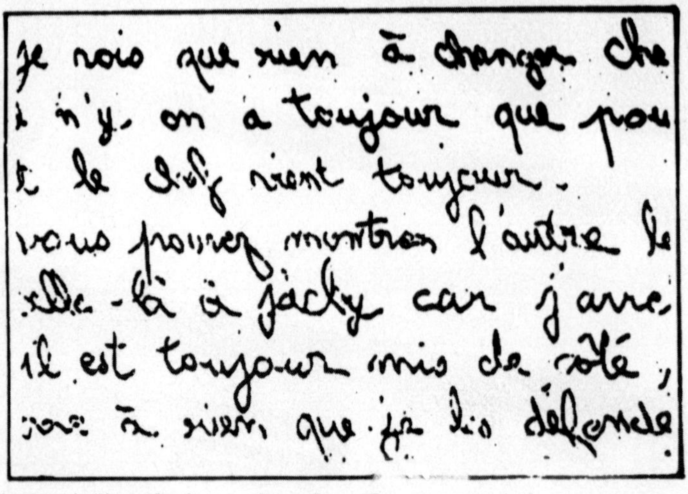

je vois que rien à changer che
i n'y. on a toujour que pou
t le chef vient toujour.
vous pouvez montrer l'autre le
elle-là à jacky car j'avre
il est toujour mis de coté,
... à rien que je lis défende

**Un extrait d'une des lettres du corbeau. Des messages haineux, menaçants que la famille n'osait prendre au sérieux : "Vous vous demanderez qui j'étais et vous ne trouverez jamais", écrivait le monstre dans une de ses dernières lettres. Sa prophétie se réalisera-t-elle ?**

La petite poste de Lépanges où certaines camarades de Christine Villemin croient avoir aperçu la jeune femme vers 17 h 00 le 16 octobre, à l'heure où la lettre du corbeau a été jetée dans la boîte.

C'est dans cette boîte à lettres de la poste de Lépanges que le corbeau a glissé le 16 octobre, vers 17 h 00, avant d'enlever et de tuer Grégory, la lettre revendiquant son crime. "J'espère que tu mourras de chagrin, le chef !", dit le message.

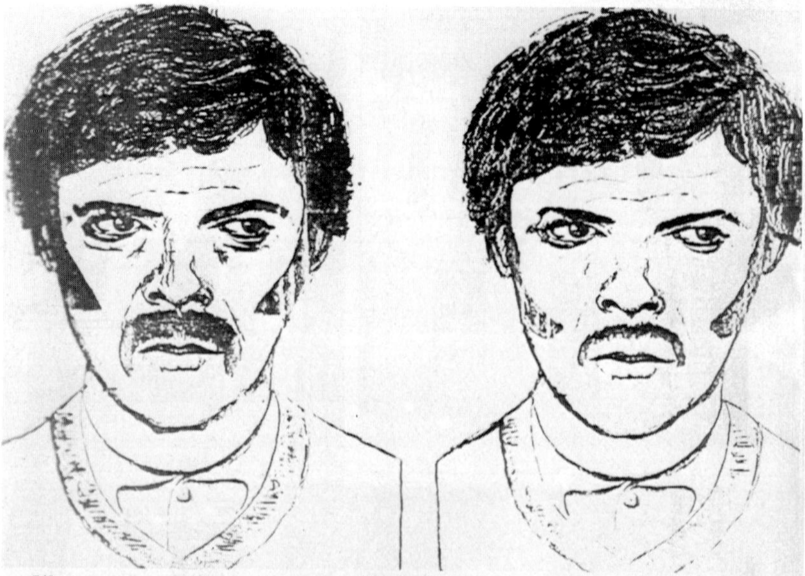

L'homme aux rouflaquettes recherché par toutes les gendarmeries de France. C'est sur le témoignage d'un hôtelier de Docelles que ce portrait robot a été dressé. L'hôtelier a aperçu cet homme à l'heure où Grégory était jeté à l'eau. Beaucoup lui ont trouvé un air de ressemblance avec Bernard Laroche...

Ce sont ces gendarmes, l'adjudant Lamirand et ses hommes de la brigade de recherche de Bruyères qui ont conduit une grande partie de l'enquête. Une affaire sans doute bien trop complexe pour des hommes de terrain.

L'homme-clé de l'affaire : le juge d'instruction Jean-Michel Lambert, 33 ans, confronté à l'une des plus difficiles enquêtes de ces cinquante dernières années.

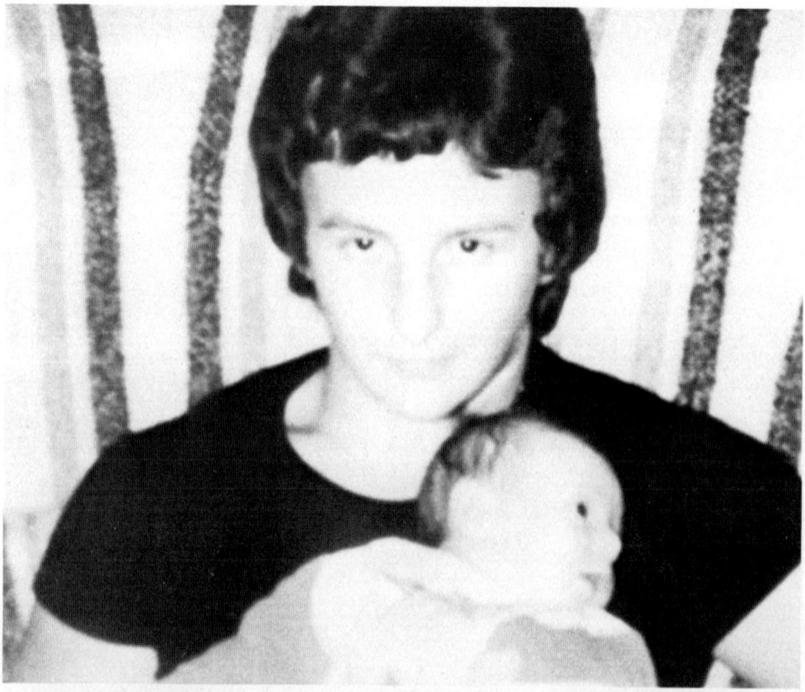

Le temps du bonheur... Grégory dans les bras de son père. L'enfant était la fierté de Jean-Marie. Le jeune contremaître se conduisait en véritable papa-gâteau.

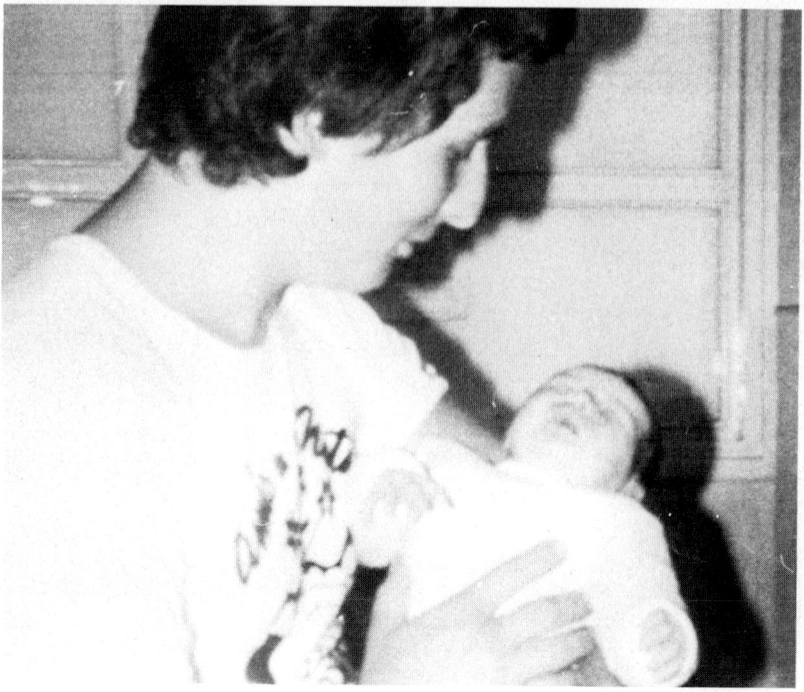

Christine et Grégory. Qui pouvait deviner quand cette image des jours heureux a été prise que quelques mois plus tard...

Ce petit bonhomme qui bombe le torse au milieu de ses copains de la maternelle de Lépanges, c'est Grégory, le petit caïd, "bagarreur comme pas un".

Christine Jacquot, la nourrice de Grégory, est la dernière avec Christine Villemin, à avoir vu vivant l'enfant le 16 octobre. Un témoignage capital.

Image bouleversante. Christine, à la fenêtre du pavillon de Lépanges, surveille Grégory. C'est là que, moins de deux ans plus tard, devant cette même fenêtre, l'enfant sera enlevé...

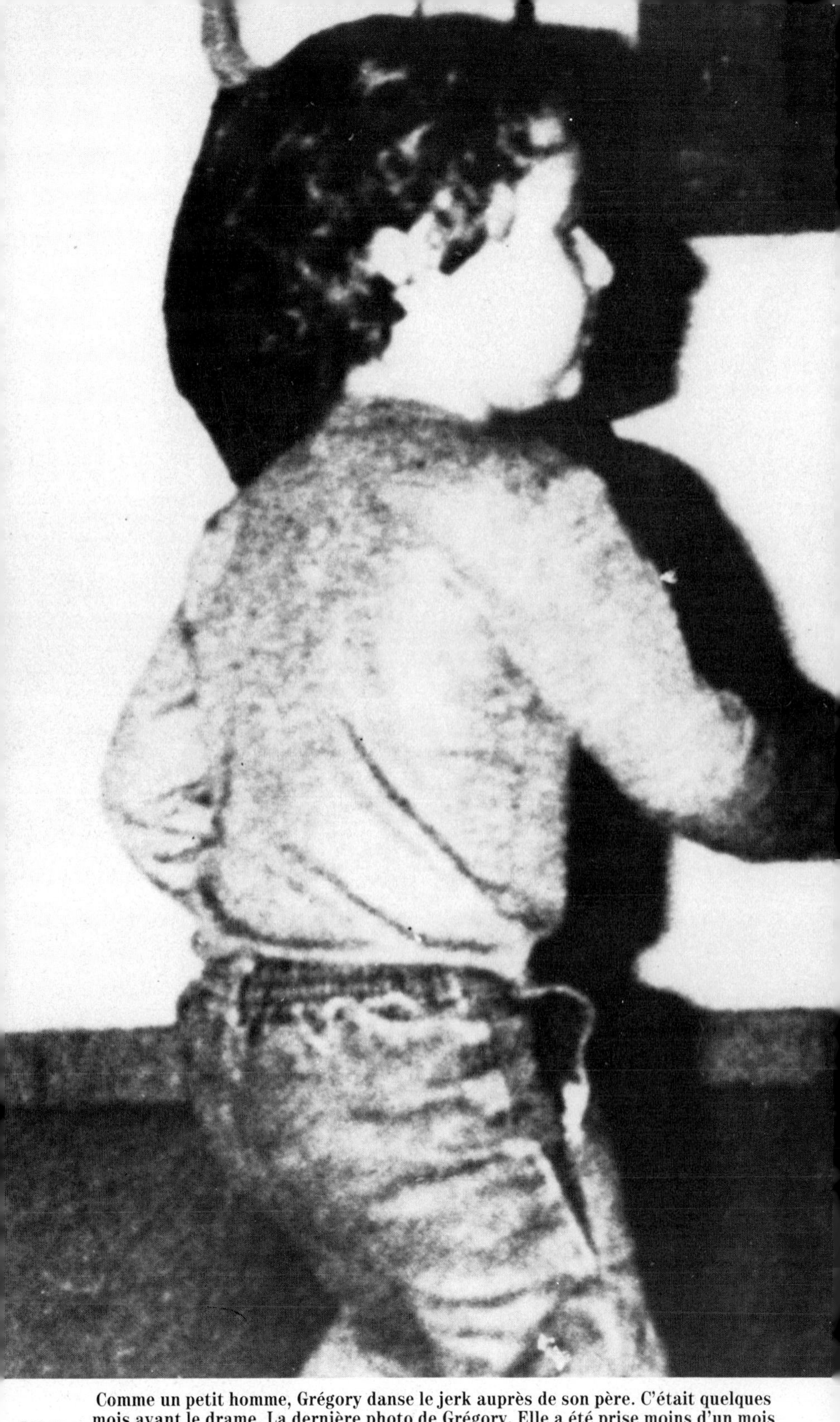

XVI

Comme un petit homme, Grégory danse le jerk auprès de son père. C'était quelques mois avant le drame. La dernière photo de Grégory. Elle a été prise moins d'un mois avant sa mort atroce.

*précédé l'enlèvement du gosse. Vous parlez d'une vie de riches !* »

C'est vrai que la rumeur n'a pas été tendre pour les Villemin. Et le grand-père Albert pleure devant tant de méchanceté déversée. Pourtant l'opinion n'est-elle pas en droit de se poser des questions devant un assassinat hors du commun qui la révulse et que personne ne peut expliquer ? Normal aussi que toutes les « vieilles histoires » et les mystérieuses affaires non élucidées de la région aient ressurgie à défaut d'une piste plus précise.

Le jeune père parle aussi du temps du bonheur avec Grégory, de ses promenades à moto dans les bois avec lui :

— *Quand on tombait, il me disait : « on dira rien à maman, hein ? ». Et voilà que tout est détruit. On ne finira pas la maison. C'était pour lui... Avec l'argent qu'on avait mis de côté pour la terminer, on va acheter un beau caveau pour Grégory....*

Et le jeune père ravale ses larmes.

Est-ce qu'il va revoir son ami Laroche, maintenant que celui-ci est libéré ? « *Non, non... On sait que ce n'est pas lui, mais on sait qu'on ne le reverra pas. Il y aurait toujours ça entre nous... On n'a pas le cœur à les revoir... Eux non plus sans doute...* »

Le week-end s'ouvre. Les enquêteurs semblent marquer un temps d'arrêt. On dit que le petit juge veut partir se reposer ces deux jours en Tourraine chez ses parents. Épuisé par l'affaire. Pour réfléchir aussi. Mais d'autres enquêteurs épluchent le dossier. Les gendarmes ont entendu Muriel au sujet de ce fameux alibi de Laroche. Et voilà qu'en ce samedi, on affirme que la jeune fille aurait menti ! Elle n'a pas pu le voir en descendant du car à 17 h 25 le 16 octobre... Elle n'était justement pas dans l'autocar de ramassage scolaire ce jour-là ! Le chauffeur du car et deux au moins de ses camarades ne l'ont pas vue. Tous sont formels. Pas de chance pour Laroche... Très mauvais pour lui. Marie-Ange, elle, semble définitivement lavée de tout soupçon.

Mais une question commence à se répandre : si Muriel n'était pas dans le car, comment est-elle rentrée ? Et le « Parisien » pose la question : *« Était-elle avec son beau-frère ? »* (sous-entendu : qu'ont-ils fait tous les deux).

Même flou pour l'alibi de Laroche avant 17 heures. Nul ne semble l'avoir aperçu sur son tracteur du côté de Granges, comme il l'a prétendu. Il a affirmé qu'il a manqué avoir un accident à un passage à niveau près de chez lui à Aumontzey, mais personne ne confirme ce témoignage. Bizarre tout de même... On ne sait donc pas ce qu'a fait le contremaître depuis l'instant où il a quitté, à 16 h 30, son copain MichelVillemin pour aller à un rendez-vous fixé, dit-il à 17 heures, avec un camarade qui n'y est pas venu... Étrange tout de même que ce soit ce même Michel Villemin avec lequel il aurait passé une partie de l'après-midi à feuilleter le catalogue de La Redoute et à rêver sur des achats mirobolants, qui ait reçu l'appel du Corbeau. Moins d'une heure plus tard... Certains y voient une sorte de « connivence » entre les deux hommes, sinon une complicité. D'ailleurs qui peut affirmer que Michel a bien reçu l'appel à 17 h 26 ? Il peut après tout l'avoir inventé pour forger un alibi à quelqu'un, disent les sceptiques. D'autant que la rapidité avec laquelle lui et sa famille ont cru au rapt et averti les gendarmes surprend. Pourquoi tant de précipitation ? Après tout, ne pouvait-il s'agir d'un canular ? Et l'on reparle en même temps de ce fameux appel qu'aurait donné Gilbert, le frère, à Christine, le 16, vers 17 h 33 : *« Va voir si Grégory est dehors... Ne t'affole pas, on arrive ! »* Or, la jeune femme est arrivée chez la gardienne sans être au courant de cet appel ; elle affirme s'être rendue compte d'elle-même de l'absence de son enfant. Que signifie cette contradiction ? Faut-il y voir là aussi une quelconque connivence ?

Jean-Marie lui aussi réfléchit. Il est brusquement devenu moins sûr de l'innocence de son ancien ami Laroche. Vendredi, à midi, encore, il prônait la prudence, la modération. Or le voilà incertain mis au courant de l'alibi de Laroche, qui commence à douter sérieusement... Du reste, il s'est fâché avec sa famille le soir même à Aumontzey. Il a eu un vif accrochage avec son frère Michel. Il lui a reproché son manque de discrétion.

C'est par les bavardages de Michel que le Corbeau — si c'est Laroche — a pu sans doute être tenu au courant des moindres faits et gestes et des différends familiaux des Villemin.

Les gendarmes attendent un faux pas de Laroche pour le coincer. En prenant les risques de jouer aux apprentis-sorciers : on a frôlé le drame ce vendredi soir. Après son explication avec Jean-Marie, Michel est monté « avec un fusil », diront certains, demander des comptes à son copain. Il ne l'a pas trouvé. C'est Laroche qui est venu quelques instants plus tard le voir dans son pavillon à côté de la maison des grands-parents. Jean-Marie sortait juste à ce moment là de chez eux et repartait en voiture. Les deux hommes ont fait semblant de ne pas se voir. Pas un geste, pas un bonjour...

— *Il paraît que tu me cherches,* a dit Bernard à Michel. *C'est la tante Louisette qui me l'a dit...*

Il y a eu une explication. Il faut croire qu'elle a été convainquante, puisque quelques instants plus tard, Michel claironne :

— *Bernard est mon copain !*

A ses côtés, se tient Laroche, plus lourdaud, plus gauche que jamais. Son alibi ne tient pas ? Cela ne paraît pas l'inquiéter :

— *Ils disent que Muriel est revenue sur ses décla-*

*rations. Je ne crois pas. C'est une de ses camarades qui dit qu'elle n'était pas dans le car. De toute façon, ce n'est pas moi qui ai fait ça. Et ce n'est pas à moi de prouver que Muriel était à Aumontzey et qu'elle m'a vu.*

Il doit reprendre son travail ce lundi matin chez Ancel. Mais il est sans illusion. Il sait que les enquêteurs le guettent :

— *Je ne pourrais peut-être pas y aller. Les gendarmes ne me croient pas. Je sais qu'ils vont venir me rechercher.*

La voix est plus résignée que jamais, posée, traînante, indifférente. Oui, vraiment comme s'il parlait d'un autre. Et il a ce lapsus étonnant en parlant des expertises qui l'accablent : « *Je pense que les graphologues se trompent.* »

Ce « je pense » étrange ou révélateur, combien de fois n'y resongerons-nous par la suite !

Le week-end s'achève. Bizarre ambiance qui règne en ce dimanche soir sur les bords de la Vologne ; la France sait qu'un homme va être de nouveau, sans doute, arrêté demain. Et cet homme bavarde tranquillement avec les journalistes, surveillé de loin par les gendarmes. Des fourgonnettes stationnent, tous feux éteints, un peu partout dans la vallée, aux endroits stratégiques.

# 7.

# LA TERRIBLE ACCUSATION DE MURIEL

Lundi matin 5 novembre. — Depuis l'aube, il règne une drôle d'atmosphère du côté des Filatures Ancell, une vaste et laide construction du siècle dernier, d'un gris sinistre, décrépite, qui donne sur la Vologne, à Granges. On attend le dénouement. C'est-à-dire l'interpellation, pour la seconde fois, en moins de huit jours, de Bernard Laroche. Cette fois, c'est sérieux. Le tamtam des rumeurs et des fuites en est la preuve. Tout le monde s'est levé très tôt. Laroche en pleine nuit. Il fait partie cette semaine, de l'équipe du matin, celle qui commence à 5 heures. Et les photographes ne le lâchent plus, de peur de rater la « plaque ». Relâché le jeudi précédent, après vingt-quatre heures de garde à vue, Laroche a passé le long week-end de la Toussaint dans son pavillon flambant neuf d'Aumontzey. Dans le calme, avec Sébastien et Marie-Ange. Le dimanche a ressemblé à tous les autres dimanches. Déjeuner en famille, promenade en forêt pour faire du bois. Si le bistro du bas du village bruisse de rumeurs, si le clan Bolle, venu au nouvelles, s'excite, si Marie-Ange se ronge les sangs, Laroche, lui, est plus serein que jamais... ou fait semblant. Il sait que Muriel, sa petite belle-sœur, a passé la journée et la nuit de vendredi chez les gendarmes, et qu'ensuite elle a vu le juge d'instruction.

En la rendant à sa famille, les gendarmes ont dit : « qu'il fallait la laisser tranquille ». Les Laroche ne sont pas des gens contrariants. Ils ne lui ont pas posé de questions, n'ont pas cherché à savoir ce qui s'était passé pendant ces vingt-cinq heures. Quelques journalistes viennent aux nouvelles. Laroche a un sourire désabusé sous ses grosses moustaches. Dans un bref haussement d'épaule, il se borne à répéter : *« Ce n'est pas moi, je suis innocent, les experts, les gendarmes se trompent »*. Et il ajoute, sans illusion : *« Ils vont venir me rechercher »*. En le laissant partir, ceux-ci lui ont souhaité « un bon week-end quand même ». Celui-ci s'achève. Brève soirée devant la télévision. Laroche va se coucher.

Le lendemain, le froid vif, la journée grise. Emmitouflés dans leur parka, appareils photo et Nagras en bandoulière, les journalistes s'agglutinent autour de la filature, à distance respectueuse. Le patron a fait savoir qu'il ne voulait pas d'incident. Ils attendent la sortie de 13 heures, frigorifiés, impatients aussi.

A 9 heures, à Épinal, le Procureur de la République, Jean-Jacques Lecomte, est dans son bureau, au deuxième étage du palais de justice. Jean-Michel Lambert, le juge d'instruction, est au premier, dans son cabinet. Nerveux, petit cigare planté au coin de la bouche. Et tellement plein de certitudes... Il attend Muriel qui doit signer sa déposition capitale, indispensable, pour étayer les conclusions des experts graphologues et les convictions des gendarmes. Samedi, elle était déjà en face de lui, répétant presque mot à mot la très longue confession qu'elle a faite dans les locaux de la gendarmerie.

Et si l'adolescente, après un week-end en famille, avait changé d'avis ? Elle était l'alibi de son beau-frère. Or, elle a craqué vendredi, tout raconté : *« J'ai menti, je n'étais pas dans l'autobus d'Aumontzey. Ce soir-là, Laroche est venu me chercher en voiture au collège, à Bruyères, avec son fils Sébastien. Nous sommes allés à*

*Lépanges. Il a pris Grégory. Puis à Docelles, il est parti avec lui. Il est revenu tout seul, avant de me ramener chez moi ».* Les détails de ce périple sont accablants. De témoin à décharge, Muriel devient accusatrice.

Bernard lui a dit : *« monte ! »* Il était avec Sébastien. Elle a grimpé à l'arrière de la 305. Son beau-frère a pris la route de Champs-le-Duc et Fimenil. La voiture a filé et a rejoint, par Prey, un village de l'autre côté de la Vologne.

« Lépanges ? » ont questionné les gendarmes sans se rendre compte, peut-être, qu'ils lui soufflaient la réponse.

— *Oui, oui, c'est ça, Lépanges,* a répondu la jeune fille.

— *Et après, vous êtes montés en haut du village ?*

La gamine a répondu « oui » et a donné des détails dont on ne peut pas croire qu'iils soient sortis de son imagination ou qu'ils aient été entièrement « dictés » par les hommes qui l'interrogent. Ainsi elle prétend que son beau-frère a arrêté sa voiture à deux cents mètres d'un pavillon. Elle dira même, selon le compte rendu des gendarmes : *« De là, j'apercevais deux toits ».* C'est conforme à la topographie. Ce détail sera déterminant dans la décision de Jean-Marie Villemin de tuer Laroche. Bernard revient, il tient Grégory par la main. *« Mais c'est Popof* (c'est ainsi que les Villemin surnommaient Laroche) *et Sébastien,* aurait dit le gamin en s'approchant. Et la voiture est repartie.

— *Vers où ?*

Les gendarmes brûlent de curiosité.

— *Vers Docelles ?*

— *Oui, oui,* murmure l'adolescente.

On ne sait toujours pas, là encore, si elle connaissait le village ou en avait lu le nom dans les journaux. Les pandores se regardent, un sourire en coin aux lèvres. La voiture s'arrête dans le village.

— *Il est parti avec Grégory. J'ai pensé qu'il était allé le confier à quelqu'un. Je jouais avec Sébastien à l'arrière.*

Nous découvrirons plus tard, par hasard, que les portières arrière de la peugeot de Bernard Laroche restent toujours bloquées. Muriel, même si elle l'avait voulu, n'aurait pas pu sortir pour courir après son beau-frère. Elle était emprisonnée. Est-ce pour cela que Bernard Laroche l'avait fait justement monter derrière lui ?

Muriel est à l'heure chez le juge, ce lundi, serrée dans ses jeans, cascade de boucles flamboyantes tombant sur le cuir de son blouson, bonnes joues tachetées de sons. Et elle confirme sa version des faits. Le magistrat est soulagé. Finalement, il n'a pas eu tort de s'accorder un week-end de répit avant ce qu'il croit être l'estocade finale. Quand Jean-Michel Lambert, ce lundi matin, quitte le palais, il emporte un mandat d'amener dans sa poche.

11 heures à Granges. Marie-Ange, encadrée par deux solides beaux-frères est devant l'usine, tout près des grilles. Elle vient prévenir son mari que « la petite est encore chez le juge ». Bernard s'approche, ne sourcille pas. Imperturbable. Et il retourne d'un pas lourd vers la cacophonie de l'atelier surchauffé, vers le moteur qu'il est en train de monter. Sa dernière heure d'homme libre vient de commencer.

L'effervescence, sur les bords de la Vologne, est à son comble, accompagnée d'un vaste déploiement de breaks et de fourgonnettes bleu marine. Le capitaine Étienne Sesmat est désormais certain de toucher au but. A 11 h 30, murmure-t-on. Un motard serait venu apporter à la gendarmerie de Bruyères les dernières expertises graphologiques, celles faites à Sarrebruck, en Allemagne... En tête d'un des convois, qui, toute la matinée, vont sillonner les petites routes, il y a un break conduit par un gendarme, dans lequel Muriel a pris place. Elle est assise à l'arrière, entre le commandant Chaillant et le juge Lambert. Le greffier suit dans une autre voiture. Muriel va refaire, avec le militaire et le magistrat, l'itinéraire emprunté le 16 octobre par la 305 vert bronze de Laroche.

Pour commencer, le pavillon de Jean-Marie et Christine Villemin à Lépanges. On descend devant le tas de sable où Grégory jouait. On repart vers la poste de Lépanges d'où le Corbeau a posté sa missive vengeresse. Puis, direction Docelles. Mains dans les poches, petite voix bien nette, Muriel est docile, attentive. Elle explique posément. Elle montre le barrage sur la Vologne, là où le corps de Grégory a été retrouvé. Quelques pas en direction du Barba, un minuscule affluent de la rivière, presqu'un ruisseau qui longe la caserne des pompiers. Sur ses indications, deux gendarmes vont examiner les rives. Elle semble hésiter. C'est là qu'elle aurait vu disparaître son beau-frère et l'enfant. Des journalistes verront la voiture du juge stopper un peu plus loin, derrière l'église. Elle attendait dans la voiture avec Sébastien. C'est de là que Laroche est revenu seul. Un parcours « sans faute », donc, qui réjouit les gendarmes et balaie les derniers doutes de Jean-Michel Lambert. Quelques jours plus tard, il nous confirmera : *« Elle m'a spontanément désigné les lieux où il s'était passé quelque chose. Personne ne l'a influencée ». « Même inconsciemment ? ». « Non ».* Le juge est catégorique. Il n'est pas homme à terroriser les petites filles pour leur extorquer des aveux et magistrat trop intègre pour faire coller les faits à « sa » vérité.

12 h 15. — Une fourgonnette de la gendarmerie vient se garer devant la filature de Granges. Dans l'atelier une main se pose sur l'épaule de Laroche, toujours

penché sur son délicat montage. Les conversations stoppent net. On n'entend plus que le cliquetis des machines, le halètement des moteurs. Laroche a compris. Le chef d'équipe redresse sa large carrure, essuie ses mains noircies de cambouis sur un chiffon. La silhouette en bleu de chauffe passe entre ses copains, une haie de visages graves. Laroche est très pâle. Le capitaine Sesmat l'attend, une paire de menottes à la main. Les secrétaires abandonnent leurs machines à écrire, se mettent aux fenêtres, pour mieux voir le départ du « monstre ».

Poignets entravés, entouré de sept gendarmes, Bernard quitte ses camarades. Il est fatigué, sans ressort, accablé. Pas de couverture pour cacher aux objectifs son visage. Le message est clair. Laroche est désigné à l'opinion publique comme le tueur. Il ne fait pas d'histoire pour monter dans la fourgonnette. Les portières claquent, les girophares entrent en action. La 305 fonce à toute allure vers la gendarmerie d'Épinal, pourchassée par la meute des photographies.

15 h 45. — Devant le palais de justice. Beaucoup de monde a envahi la petite place. Les radios ont fait des flashes spéciaux, développé longuement l'affaire dans le « 13 heures ». Il y a là, 300 à 500 personnes, prêtes à se déchaîner. Une foule houleuse, que, déjà, traversent de soudaines flambées de colère. Laroche est toujours en « bleu » taché de graisse, quand il est escamoté, hissé au premier étage, au milieu des photographes déchaînés. On ne lui a pas laissé le temps de se changer. Le juge l'attend. Vingt minutes plus tard, l'inculpé Laroche, assassin présumé de Grégory ressort. Il n'a pas pu voir Marie-Ange, ni l'embrasser. *« Il est permis de penser qu'elle est totalement hors de cause »*, précisera un peu plus tard Jean-Michel Lambert. La jeune femme, à l'heure du crime, travaillait dans l'usine de Gérardmer.

Une clameur furieuse accueille « le » Corbeau qui, cette fois, ne dit rien. Que peut-il contre une foule qui explose en cris haineux : *« salaud », « à mort ».* L'infernal vacarme lui remplit les oreilles. Départ en trombe vers Charles III, la maison d'arrêt de Nancy. Lorsqu'il arrive, on installe Laroche dans une cellule isolée. Les détenus de droit commun ne sont pas particulièrement tendres pour les « assassins d'enfant ».

Ce soir du 5 novembre, Laroche est bien mal parti. La Vologne secoue la chape de plomb qui l'enserre depuis que l'on a découvert un petit paquet bleu dans les eaux froides de la rivière. Les gendarmes ont « ficelé » leur coupable, l'ont remis entre les mains de la justice. Une justice toujours un peu inquiète. En renvoyant Muriel chez elle, le petit juge avait lâché : *« si elle se rétracte, c'est foutu ! ».*

Et c'est là que Bernard Laroche va avoir un peu de chance. Son employeur croit à l'innocence de son contremaître. Il va tout tenter pour le tirer de là. Première chose : lui trouver un défenseur. Pour un dossier aussi délicat, ce n'est pas évident. Il sollicite Paul Prompt, avocat de la C.G.T. Coïncidence ? Jean-Marie et Christine Villemin, partie civile, ont choisi comme conseil Me Henri René Garaud, le ténor du mouvement Légitime Défense, dont la revendication numéro un est le rétablissement de la peine de mort...

Finalement, le véritable homme providence de Bernard Laroche ressemble à un gamin. Me Gérard Welzer, d'Épinal, correspondant de Paul Prompt dans les Vosges. Il a 29 ans et des éclairs roux dans le regard et la chevelure. Il roule en Porsche blanche ce qui est un peu incongru pour Épinal. On le dit dévoré d'ambitions et passionné. Et ce procédurier génial va faire le possible et l'impossible pour sortir son client de l'abîme où il a été jeté.

Le 6 novembre. — Vêtu de tweed et de flanelle

Gérard Welzer quitte son cabinet de la rue des Halles, juste en face du palais de justice d'Épinal, pour la prison nancéienne. Le jeune homme ressort troublé de son entrevue de deux heures, avec un homme qu'il ne connaît que par la rumeur publique. *« Laroche m'a donné l'impression de ne pas savoir très bien ce qui lui arrivait. Il est tout surpris d'être en prison, mais il est persuadé que tôt ou tard, son innocence va éclater. Il m'a fait l'impression d'un homme renfermé, mais en paix avec lui-même ».*

Laroche a, c'est vrai, quelque chose d'un roc. Pendant les trois mois de son incarcération. chaque fois que le « Corbeau » met le pied hors de sa cellule les couloirs de la prison vibre de : *« A mort l'assassin » « Laroche à la Vologne »*, hurlés par les prisonniers. Il ne craquera qu'une fois.

Vient le premier coup de théâtre. Il a lieu ce même mardi. Muriel est convoquée chez le juge. Simple formalité : elle est mineure, il lui faut signer sa déposition en présence de sa mère. Or, l'adolescente revient sur ses aveux : *« Mon beau-frère est innocent,* dit-elle. *Je l'ai bien vu ce soir-là chez Louisette. Ce sont les gendarmes qui m'ont obligée à dire le contraire, en menaçant de me mettre en maison de correction si je ne racontais pas ce qu'ils voulaient ».*

Cette subite volte-face n'étonne pas outre mesure Jean-Michel Lambert. Il a pris le risque de rendre la jeune fille à sa famille. La gamine a tenu le week-end. Mais le lundi soir elle s'est retrouvée, face au clan Bolle, face à Marie-Ange, sa sœur, dont elle vient d'envoyer le mari en prison. Dur quand on a quinze ans. La nuit de lundi à mardi, elle l'a passée en larmes dans le jardin mal entretenu de ses parents, à Lavelines-devant-Bruyères, sous un pommier.

Le mercredi, elle donne, sous une petite pluie fine,

et toujours en pleurs, une conférence de presse. Elle est encadrée par une quinzaine de frères, de sœurs et de cousins. Marie-Ange est là. Devat les caméras, les micros, Muriel répète :

— *Les gendarmes m'ont dit que Bernard avait admis qu'il était venu me chercher à l'école. Qu'il fallait que je parle... Et j'ai craqué. Pourtant mon beau-frère est innocent. Je n'ai jamais été avec lui à Docelles, là où on a retrouvé Grégory. J'étais dans le bus de l'école, à 5 h 15. Quand je suis arrivée à 5 h 20, Bernard regardait la télévision, Sébastien sur ses genoux. Un gendarme a élevé la voix, et j'ai eu peur... Non, Bernard n'a pas fait ça ! Il faut nous le rendre !*

Reste que deux camarades de classe de Muriel ont affirmé qu'elles avaient vu Muriel monter dans une voiture. C'est sa parole contre la leur.

Le jeune magistrat-instructeur reste serein.

— *A son âge, on est influençable,* commente-t-il. Il est ancré dans ses certitudes, qu'il confie à Lucien Miard et Valérie Duponchelle, deux journalistes du « Figaro ». *« J'attendais ses rétractations. L'enquête continue dans la même direction. J'ai suffisamment d'éléments concrets dans le dossier pour n'accorder que peu de crédit à ces nouvelles déclarations. Si Muriel a subi des pressions, c'est du côté de sa famille qu'il faut chercher et non du côté des gendarmes. J'ai entendu l'adolescente dans mon cabinet avec toutes les précautions oratoires. Je lui ai dit que si elle avait menti, cela n'aurait aucune conséquence pour elle. Elle a passé la nuit de vendredi à samedi isolée, après avoir reçu la visite d'un médecin samedi matin, elle était libre. Elle a eu tout le week-end pour réfléchir. Lundi, elle a confirmé sa déposition, mettant en cause son beau-frère sans hésitation. Ses rétractations ne diminuent en rien mes intimes convictions qui reposent sur des éléments tangibles. »*

Gendarmes et magistrat ont en mains des atouts de poids. D'abord, les témoignages de collégiennes qui, tous les soirs, prennent avec Muriel le car de ramassage scolaire du lycée Jean Lurçat de Bruyères. Elles sont formelles. Nelly : « *Elle n'était pas dans le car. Ses cheveux roux, on les remarque tout de suite* ». Le chauffeur, un remplaçant, est tout aussi catégorique. Claude et Sonia ensuite : « *Quelqu'un est venu la chercher. On a toujours peur quand on voit un automobiliste s'arrêter. On n'oublie pas* ». Elles ont vu quelqu'un qui ressemblait trait pour trait à Bernard Laroche dans une 305 vert bronze. Il lui a dit « viens Bouboule ». Le surnom de Muriel.

Une autre personne est, elle aussi, persuadée que la justice tient le coupable. C'est Jean-Marie Villemin. Lui qui avait dit, lors de la première garde à vue de son cousin :

— *C'est impossible, pas lui, c'est le dernier à qui j'aurais pensé,* a depuis réfléchi. D'innombrables petits faits lui sont revenus à la mémoire « *Il ne parlait pas au téléphone, il ne savait pas quoi dire. J'étais obligé de faire la conversation. Ça me paraissait bizarre, mais je mettais ça sur le compte de la timidité.*

Maintenant, le père de Grégory accuse :

— *Pour moi, c'est lui, c'est sûr. Il a tout brisé. Il enviait notre bonheur, notre réussite. Avant que Muriel ne parle, je n'étais pas convaincu. J'espérais que les gendarmes se trompaient. Maintenant, je suis sûr. Mais Laroche ne passera jamais aux aveux. Si j'avais été certain plus tôt, je serais allé le chercher moi-même avant les gendarmes. Nous n'oublierons jamais. Nous ne pardonnerons jamais. Il faut rétablir la peine de mort. Il faut que l'assassin de notre petit soit condamné à mort.*

Pour le père de l'enfant assassiné, la cause est déjà

entendue. Les dossiers, ça n'intéresse pas Jean-Marie Villemin.

Ça passionne, en revanche, Mes Welzer et Prompt, tatillons et habiles. Ils attendent de pied ferme la confrontation de leur client et de sa petite belle-sœur pour porter les premiers coups. Celle-ci a lieu, le 9 novembre, dans une vaste pièce, à côté du cabinet du juge. Ce jour-là, à Épinal, tout le monde est contre Laroche, Jean-Marie Villemin le premier qui, lunettes sombres cachant ses yeux, rôde autour du palais de justice. Marie-Ange, au milieu de curieux et des photographes, brave ses ennemis. Elle a déjà reçu des menaces de mort. Mais elle veut, à tout prix, approcher son mari, tenter de l'embrasser. Elle est là, courte et solide, dans un pull-over noir et une jupe grise, les cheveux emmêlés, le regard trop rouge pour être émouvant. Avec son accent vosgien, elle dénonce :

— *C'est la Muriel qui a tout fait. Nous sommes mariés depuis dix ans Bernard et moi. S'il avait tué le petit, je l'aurais su.*

Elle accompagne Muriel. Tous les regards se tournent vers la gamine.

Chevelure plus rutilante que jamais, déployée sur une veste orange, tête baissée, regard buté, petite « star » épouvantée par sa toute récente notoriété et que les photographes pourchassent. Muriel fonce au pas de course, suivie de sa mère, Jeannine Bolle.

Bernard Laroche arrive. On le transporte comme un paquet de prison en prison. Celle d'Épinal touche le palais. On y pénètre par une minuscule ruelle. Marie-Ange qui se précipite est écartée sans douceur par les gendarmes.

Six heures de confrontation. Jean-Michel Lambert est minutieux. Muriel, désormais coriace, s'entête. Comme on sous-entend que la petite a été mise en condition par sa famille, elle s'insurge :

— *Personne ne m'a demandé de me rétracter, les gendarmes m'ont piégée.*

— *Nous demandons l'audition des autres témoins,* réclament Mes Prompt et Welzer.

Le juge expédie les gendarmes dans les villages qui bordent la Vologne. Ils ramènent Louisette, la tante un peu simplette, chez qui Laroche prétend avoir « cassé la croûte » — des raviolis — vers 17 heures ; son ami, Jean-Pierre Zonka, avec qui il devait aller chercher du vin « cent cinquante bouteilles au prix de cent », au supermarché « Champion » ; les caissières du magasin et Julia Collomb, la patronne de l'hôtel de la Renaissance à Bruyères, qui fait aussi P.M.U.

— *J'avais rendez-vous à 16 h 30 avec Zonka,* a dit Bernard Laroche. *Je l'ai attendu chez moi. Comme il n'arrivait pas je suis allé le chercher à Granges. Il était 17 heures. En chemin, j'ai failli avoir au passage à niveau, un accrochage avec une Golf GTI* (le témoin ne s'est jamais manifesté). *Zonka n'était pas là. Je suis revenu chez Louisette. Il était 17 h 15. Elle m'a fait chauffer une boîte de raviolis. Sa fille Chantal est arrivée. Muriel qui rentrait en car de l'école nous a rejoints. Je suis parti avec Sébastien pour Bruyères, pour le vin. J'étais à « Champion » vers 17 h 45. Un peu après 18 heures, j'étais au P.M.U. pour toucher mon tiercé : 160 F.*

— *Nous avions bien rendez-vous,* se souvient Zonka, le copain avec qui il casse du bois, connu pour être en retard à tous ses rendez-vous, ou carrément les oublier. *Je me suis souvenu qu'à cette heure il fait souvent la sieste, je n'ai pas voulu le déranger. Je ne l'ai pas décommandé.*

Les caissières de la grande surface, elles aussi, ont bien vu Laroche et son fils, *« aux alentours de 18 heures ».* Elles ne peuvent pas être plus précises. On a retrouvé le chèque en règlement des bouteilles de vin.

Julia Collomb, elle, est beaucoup moins affirmative :

— *Enfin rappelez-vous, Mme Collomb...* Laroche qui passe pour un résigné se rebiffe. *Je suis passé un peu après 18 heures c'était fermé, j'ai frappé au carreau, vous m'avez fait entrer.*

— Julia Collomb hésite : *Peut-être bien. Vous savez je vois tant de monde.*

Laroche insiste :

— *Mais si, rappelez-vous Mme Collomb, j'étais avec mon gamin, il jouait avec une petite auto au pied du bar par terre.*

— *Possible mais je ne suis pas sûre. Quelqu'un est bien venu après la fermeture, mais qui ? Le 16 octobre, c'est vieux.*

Laroche se bat pied à pied avec l'énergie du désespoir.

Les trois collégiennes, elles, n'ont pas été convoquées. L'alibi de Laroche ne tient à peu près, malheureusement que, jusqu'à 16 h 30, où il était avec Michel Villemin, et après 17 h 45. Entre les deux, à l'heure du rapt, à l'heure du crime, c'est le doute, toujours.

Restent les expertises graphologiques. Le 18 octobre, la quasi-totalité des familles Villemin, Laroche et Jacob, en tout 148 personnes, ont écrit sous la dictée des gendarmes à Bruyères. Trois experts ont étudié les copies. Antoine Argoud, l'ancien colonel devenu l'un des soldats perdus de l'O.A.S., s'est reconverti dans la graphologie. Il est expert en écriture près la Cour d'appel de Nancy. Il a étudié les manuscrits, les a comparés avec les quatre missives du Corbeau. Et ses conclusions sont surprenantes. Voici ce qu'établit son rapport (référence 207/GR/ET/CAR) :

*« Les éléments de concordances sont beaucoup plus nombreux que les éléments de discordance. Il y a donc de fortes présomptions pour que M. X ait écrit les lettres anonymes »*... Oui, mais X n'est pas Bernard Laroche.

Que disent les deux autres experts, Mme Jacquin Keller, expert en écritures à Colmar et Mme Berrychon Seydin, expert-graphologue parisienne. Elles ont travaillé séparément sur les textes. Et ont communiqué par téléphone et par gendarme interposé leurs premières conclusions au juge. Conclusions qui, dit-on, et c'est surtout le commandant Chaillant qui le dit — désignent Bernard Laroche. Son écriture *« ressemble le plus à celle des lettres anonymes envoyées »*, au cours des années précédentes aux Villemin. Les deux femmes restent toutefois prudentes. Mme Berrychon Seydin qui a eu en mains la dernière lettre du Corbeau, celle qui revendique le meurtre, et des pages d'écriture de Laroche, estime :

— *Cela pourrait être lui. Il ne s'agit que d'une opinion personnelle, dont le seul poids peut paraître bien léger s'il n'est pas confirmé par les autres éléments de l'enquête. « Il nous faut affiner nos études, nous avons besoin de temps »* explique-t-elle..

Mme Jacquin Keller se plaindra même un peu plus tard au juge Lambert que les gendarmes la harcelaient :

— *Le travail demandé est long et minutieux. Je préfère l'arrêter. Je vous retourne la totalité des pièces.*

— *L'alibi de notre client a été vérifié grâce à plusieurs témoins qui ne sont pas tous des parents ou des proches de Laroche.*

Mes Prompt et Welzer sortent vers 20 heures du palais de justice, fatigués mais plutôt contents. La seule expertise en possession du juge désigne un autre que Laroche. Dans la foulée, les deux avocats annoncent qu'ils déposent une demande pour une remise en liberté de leur client. Jean-Michel Lambert a cinq jours pour se décider.

Il refuse. Motif : il pense que Laroche a un complice, sans doute une femme, et veut l'identifier. Il attend les documents essentiels qu'il n'a pas encore reçus, les comptes rendus de Mmes Jacquin Keller et Berrychon Seydin, ainsi que l'analyse effectuée dans le laboratoire de la police criminelle allemande de Wiesbaden de la lettre de revendication du meurtre : on y distingue, par transparence, l'empreinte d'une signature. Celle du Corbeau ? Enfin, Jean-Michel Lambert sait qu'à Charles III son inculpé est en sécurité. *« Laroche, on l'attend avec le fusil, s'il ressort... attention à lui ! »* menace-t-on dans les bistros.

La chambre d'accusation de Nancy a trente jours pour se prononcer sur la demande en appel des avocats de Laroche. Gendarmes et juge d'instruction espèrent que d'ici là le dossier sera un peu plus étoffé.

Et il va s'en passer des choses pendant ce mois de délai. L'enquête n'arrête pas de prendre des tournants « décisifs ». Le jeudi 22 novembre, Christine rend visite au juge d'instruction et il ne s'agit pas d'une simple visite de courtoisie. La jeune femme est confrontée à quatre de ses collègues de travail qui affirment que le jour du meurtre, elle a tourné à droite, vers la poste de Lépanges, et non pas à gauche en direction des H.L.M. où demeure la gardienne de Grégory. La confrontation dure. Il ne s'agit donc pas d'une banale vérification de détails. Christine s'en rend parfaitement compte. Le lendemain, elle monte au créneau. Par une longue interview à l'Agence France Presse.

— *J'ai l'impression,* dit-elle, *que l'on me suspecte. Mais ceux qui me suspectent se trompent. Je ne vois pas ce que cela m'aurait apporté. Je n'ai plus de gosse. Je n'ai plus rien...*

Me Garaud s'indigne. Une suspicion vient de naître...

Et cela arrive juste au moment où les témoignages qui accablent Laroche s'effilochent. La jeune fille qui affirmait *« Muriel n'était pas dans le bus »*, s'est trompée de date. *« C'était le jour où papa est entré à l'hôpital »*, a-t-elle précisé. Vérification faite, le père a été hospitalisé le 22 octobre, et non le 16 !

En revanche, comme Muriel, la tante Louisette s'obstine. Avec ses mots, son parler difficile, elle parvient à faire comprendre qu'*« entre 17 et 17 h 30, Bernard était à la maison, il mangeait des raviolis, Sébastien installé sur ses genoux »*.

*« Il n'y a rien dans le dossier »* fulminent, plus déterminés que jamais, Paul Prompt et Gérard Welzer, renforcés par le bâtonnier parisien Mario Stasi. C'est vrai. Les expertises graphologiques manquent de précision. Mme Beyrrichon Seydin, plus prudente que jamais, tarde à remettre son rapport. Quant à l'analyse demandée au laboratoire de Wiesbaden, elle est difficile, sinon impossible, à faire. Les produits utilisés par les enquêteurs pour déceler d'éventuelles empreintes digitales sur le papier, ont détérioré ce document capital. Il reste tout juste l'enveloppe d'exploitable.

Le 5 novembre. — Bernard Laroche était coupable à 100 %. Trois semaines plus tard, le doute s'instaure. Les ouvriers de la filature Ancel ont déjà signé une pétition pour réclamer sa libération immédiate. Il a le soutien inconditionnel de son patron, qui continue à verser à sa femme son salaire. Les rumeurs empoisonnées n'ont pas fini de courir sur les bords de la Vologne. Les acteurs du drame réchauffent leurs soupçons et leur haine. Marie-Ange a fermé les volets du pavillon blanc des hauteurs d'Aumontzey. Elle vit désormais avec ceux de son clan, les innombrables Bolle à Laveline-devant-Bruyères. Sébastien, son petit garçon qui a l'âge de Grégory, est près d'elle. Jean-Marie et Christine ont mis en vente le chalet de Lépanges. Ils ont donné les vêtements et les jouets de « Grégo ». Ils se sont réfugiés chez Gilberte Chatel, la mère de Christine, au quatrième étage du H.L.M. de Bruyères.

# 8.

# LES GENDARMES DÉSAVOUÉS

— *Ils ne le relâcheront pas, mais ils vont être obligés d'annuler toutes les expertises...*

Conversation d'après-dîner en cette fin novembre à l'hôtel Cadet Roussel, désormais quartier général à Épinal des envoyés spéciaux de l'affaire Grégory. Ce sont des gens qui connaissent par cœur les horaires des trains de Paris et d'Épinal, tutoient Laurence, la jolie réceptionniste, et qui ont épuisé toutes les spécialités de la carte du « Mouton Blanc », le restaurant de l'hôtel. Les employés des agences Avis et Hertz d'Épinal et Nancy les accueillent avec un amical : « déjà de retour ».

Le main, quand il ne se passe pas grand chose, on fait « un tour de Vologne ».

En cette fin novembre, une fois passée l'émotion de « l'odieuse suspicion », c'est plutôt calme. Il fait un froid de chien. Les petites routes sont verglacées, la neige recouvre la tombe de Grégory dans le cimetière de Lépanges.

On attend la décision des trois magistrats de la Chambre d'Accusion de la Cour d'Appel de Nancy. Le 16 novembre, Jean-Michel Lambert a refusé la mise en liberté de Bernard Laroche et c'est à cette juridiction supérieure maintenant de décider. Sous la présidence de

M. Alteroche, le premier conseiller, ils doivent se réunir à huis clos avant le 16 décembre, pour dire si oui ou non Laroche doit rester en prison.

Un mois de délai accordé à Jean-Michel Lambert et aux gendarmes pour éclaircir les zones d'ombre qui subsistent. La tâche du jeune magistrat est d'autant plus lourde, qu'il n'est pas question de le décharger de ses autres dossiers. Près de 140 sont en cours, avec leurs kilos de procès-verbaux, sans oublier une trentaine de prévenus... Son jogging, le petit juge, le fait désormais du côté d'Aumontzey, Docelles, Lépanges.

La tendance, dans la région est de moins en moins à accabler Bernard Laroche. Bien sûr, ses avocats sont habiles. Mais on se dit aussi que « Nanard », tout rond, tout jovial, toujours prêt à rendre service, n'a pas — ou plus — un profil d'assassin.

— *Le Laroche, c'est la crème des hommes,* entend-on au bistro d'Aumontzey.

Et on a beau scruter les photos dans les journaux, on ne relève pas le moindre stygmate de sadisme sur cette bouille débonnaire. Les yeux sont d'une étrange douceur, la moustache est celle d'un brave homme. Et l'on évoque de plus en plus la possibilité d'une « effroyable erreur judiciaire ».

Et puis, cela fait tout de même trois semaines que l'on recherche désespérément un mobile au crime atroce. On se rend compte, que la situation sociale du calme contremaître de la filature d'Ancel, bon ouvrier, bon époux et bon père est au moins égale, sinon supérieure, à celle des Villemin. Alors, pourquoi aurait-il fait ça ? Pour détruire Jean-Marie ?

Jacky Villemin, le demi-frère de Jean-Marie qui a échappé de peu, le lendemain du crime, à la 22 long rifle de ce dernier, doute de la culpabilité de son cousin. Dans sa petite bicoque de Granges, juste en face de la société Ancel, pas trop bien réveillé et pas rasé (il fait la nuit), il se rappelle : « *Bernard, c'est pas un violent. Plutôt le contraire. Un peu " nunuche ". Enfant, on était toujours ensemble, Bernard, Jean-Marie et moi. C'est ensemble qu'on a fait nos premières conneries. Bernard était très copain avec Jean-Marie. Il aimait beaucoup Grégory. Jeunes, ils étaient inséparables. Et si ensuite ils ont commencé à moins se voir, c'est à cause du travail et peut-être de leurs femmes. Mais ils ne s'entendaient pas mal du tout. Jean-Marie lui a même donné un coup de main pour construire la cave de sa maison, et ils avaient passé le réveillon de 1983 ensemble.* »

Pourquoi donc cette haine soudaine entre les deux cousins assez violente pour assassiner un enfant ?

« *Il y a bien ce Bernard Laroche, qui m'a fait du pied sous la table, à un dîner de famille en 1977* », a lâché Christine, un beau jour aux gendarmes. C'est un peu vieux ! Mais pourquoi pas une aventure entre Christine et le gros Nanard ?

Jacky qui pourtant ne porte pas sa belle-sœur dans son cœur ouvre des yeux ronds : « *une liaison entre Bernard et Christine, ça m'étonnerait beaucoup. Peut-être qu'elle a eu des flirts avant son mariage. Depuis, ça se serait su. Et elle n'aurait sûrement pas choisi Laroche* ».

Jean-Marie Villemin, lui, croit au mobile de la jalousie :

— *Il enviait notre maison que nous avions fait construire pour trente millions, le salon que nous avions payé cash plus de deux millions, nos deux voitures, mon travail. Ce n'est pas par hasard si le Corbeau parle sans arrêt du fils du « chef » et de sa pimbêche. Marie-Ange ne pouvait pas voir Christine. Entre nos deux femmes ça ne collait pas.*

Et puis il y avait Sébastien. Quelques jours avant la rentrée scolaire, Ginette, la femme de Michel Villemin, a annoncé à Christine que l'enfant allait entrer à l'école communale. Sans méchanceté, la mère de Grégory a répondu :

— *Pourquoi ne le mettent-ils pas dans une école spécialisée ? Il y serait mieux.*

La réflexion rapportée à Marie-Ange, a peut-être été mal interprétée...

Sébastien. Quelques jours et quelques kilos de moins que Grégory. Tout blond, comme lui. Victime tout bébé d'une encéphalite qui en a fait un petit garçon pas tout-à-fait comme les autres. Marie-Ange, quand on lui parle de ça, se fâche, défend mari et enfant.

— *Titi* (comme Christine elle aussi appelle son enfant Titi) *n'est pas un débile. Il a été opéré il y a trois ans et on lui a mis un drain dans la tête. Il faut simplement le savoir et faire un peu attention. Mon gosse est normal. Bernard est fou de son fils. Il n'en a pas honte. Et pourquoi serions-nous jaloux. Nous gagnons autant qu'eux. Plus même peut-être. Nous avons notre pavillon, une autre maison et aussi des terrains.* Et elle ajoute : « *Bernard quand il lui faut tuer un lapin, il en est malade. Alors, un gamin...* »

Quel monstrueux secret se cache derrière la mort de Grégory, jeté pieds et poings liés dans la Vologne. C'est ce que le juge Lambert, qui a longuement hésité, entre, dit-il, la carrière d'agent secret et celle de journaliste, veut découvrir. Il veut débrouiller l'écheveau de cette étrange haine familiale. Ce que préfère le jeune magistrat dans l'instruction, c'est l'enquête, aller sur le terrain. Il va revoir un à un tous les protagonistes du drame, faire défiler les membres des deux clans dans son cabinet, pour traquer l'atroce vérité, dissimulée peut-être au détour d'une phrase.

Le 30 novembre, ce sont Lucien et Jeanne Bolle, les parents de Marie-Ange et Muriel. Des heures d'audition pour s'imprégner de l'atmosphère empoisonnée. Et en leit-motiv deux questions, toujours les mêmes : « *Quelle a été l'attitude de Muriel pendant les jours qui ont suivi le meurtre ? Des pressions ont-elles été exercées sur elle après l'incarcération de votre gendre ? »* Jean-Michel Lambert sait que Muriel a menti, mais il ne sait pas quand. Il sait aussi que les bonnes langues ne se privent de ne pas dire que Laroche avait toujours une petite belle-sœur chez lui. « La petite est vierge », disent et redisent les parents. Ils ont même dans leur maison de Lavelines un certificat médical attestant du fait.

3 décembre. C'est au tour de Jean-Marie et Christine Villemin de franchir une nouvelle fois la porte du petit bureau. Lui est un peu bouffi par les tranquillisants qu'il prend depuis la disparition de Grégory. Elle, est calme — trop peut-être. Le magistrat les écoute ensemble pendant une heure et demie, puis entend la mère — la dernière après tout à avoir vu l'enfant — seule pendant une grande demi-heure. Les parents de Grégory sont venus, en principe, pour lui faire part de « leurs réflexions et de leurs interrogations ». Ils s'attachent à décrire la personnalité de leur petit garçon. *« Grégory était un gamin sauvage. Il n'aurait pas suivi n'importe qui. Mais Bernard, qu'il appelait Popof sûrement. »*

Un point dans le camp des gendarmes, un point marqué contre l'inculpé. Muriel, dans sa déposition, à la gendarmerie de Bruyères, n'a-t-elle pas dit : *« Grégory s'est approché de la voiture et s'est exclamé : Tiens c'est Popof et Sébastien ».*

— *Mes clients ont tout dit pour qu'il n'y ait plus de zone d'ombre.* Me Garaud est satisfait. Il reprend tranquille son train pour Paris.

Quand vient l'audience du 7 décembre, Jean-Michel Lambert a des « biscuits », un énorme paquet de procès-verbaux d'auditions, le minutage chronométré, à plusieurs reprises, du trajet effectué par l'enfant et son ravisseur... Et enfin, les compte rendus des expertises graphologiques.

Magistrats et avocats restent enfermés six heures. L'enquête dure depuis cinquante-deux jours. Les gendarmes ont bien travaillé, comme le petit juge, comme Me Prompt, Stasi et Welzer. Ceux-ci n'ont rien laissé à la légère. Pierre d'achoppement de leur argumentation, la déposition de Muriel, suivie de son spectaculaire et obstiné revirement. Ils comptent aussi attaquer les expertises en écriture et le rapport des graphologues, Mme Jacquin Keller et Mme Berychon Seylon ont simplement « estimé que l'écriture de Bernard Laroche présentait le moins d'incompatibilité avec le Corbeau ». C'est peu.

Les avocats de Laroche ont aussi en réserve les quatre témoignages des couturières, camarades de travail de Christine. Elles continuent à affirmer que la jeune femme, en sortant de l'usine, s'est dirigée vers la poste...

Me Henri Garaud n'a qu'une parade :

— *Muriel a dit ce qu'elle a fait, ce que son beau-frère a fait le 16 octobre entre 17 et 17 h 30 avec des précisions parfois étonnantes. La jeune fille a aussi tracé un croquis très précis de leur itinéraire depuis leur chalet des Villemin à Lépanges jusqu'à la place de Docelles.*

Les magistrats de la chambre d'accusation de Nancy sont des hommes sérieux. Ils se donnent une semaine de réflexion pour prendre leur décision. Une décision qui pourrait éventuellement porter sur une annulation des expertises réclamée pour vice de forme par les défenseurs de Bernard Laroche. Me Welzer la *« réclame en vertu de l'article 159 du code de procédure pénale. C'était au juge de commettre les experts, pas aux gendarmes »*. Fait exceptionnel, l'avocat général Renault soutient cette demande.

Une semaine de grâce, mais non de répit pour Jean-Michel Lambert. Le 12 décembre il est encore une fois sur le terrain chaussé de ses souliers de marche, ceux à semelles de crêpe, armé de son chronomètre. Le magistrat refait encore une fois le chemin des hauts de Lépanges jusqu'aux bords de la Vologne à Docelles. Il ne s'attache pas uniquement au « parcours Laroche ». Il vérifie aussi encore une fois l'emploi du temps de Christine, la mère. La jeune femme a mis neuf minutes, pas une de plus, pour aller de son usine à chez elle, avec un arrêt chez Christine Jacquot, la gardienne de Grégory.

14 décembre : *« Bernard Laroche restera en prison. »* Les trois magistrats de la juridiction d'appel de Nancy, en cet après-midi glacial, viennent de faire connaître leur verdict. *« Les déclarations faites par Muriel les 2 et 3 novembre aux gendarmes, et renouvelées le 5 au juge d'instruction, ceci à différents moments, sont accablantes pour Bernard Laroche. Si sa culpabilité n'est pas encore absolument démontrée, il existe néanmoins à son encontre des présomptions sérieuses et concordantes de culpabilité. »*

Muriel a donné, en effet, une foule de renseignements extrêmement précis :

— *On s'est arrêté sur une place en cours de travaux. Puis on est reparti vers un autre village. Bernard s'est arrêté devant l'église de Docelles. Il a disparu avec Grégory derrière un petit mur.*

Les magistrats en robe noire et rouge en sont persuadés. L'adolescente n'a pu « inventer » ces détails. Me Welzer, lui, s'étonne du vocabulaire bien inhabituel pour une élève de C.E.S., section d'éducation spécialisée, classe où l'on possède plutôt mal le langage administratif. Dans sa déposition dactylographiée par les gendarmes, Muriel utilise des mots bien carrés, comme : « imperturbable », « croquis hâtif », « travaux de réfection sur la voie publique »...

Ce soir-là, Laroche au secret depuis 39 jours craque. Nanard n'est plus tout-à-fait le même homme. Ses yeux noisette ne sont plus placides, mais inquiets. Il en a marre. *« La prison, il s'y était pourtant fait »* dira plus tard Me Welzer, la seule personne a l'avoir vu régulièrement à cette époque, en dehors des gardiens. L'explication est ailleurs. Le juge d'instruction n'a toujours pas délivré à Marie-Ange de permis de visite. Dans sa cellule de Charles III Laroche est seul. Pas de radio, peu de journaux et une hostilité palpable de la part des autres détenus. Cela fait près de six semaines qu'il n'a pas vu sa femme, Sébastien, son fils, lui manque. Il sait que le petit le réclame, qu'il est souvent malade. Et puis, il était persuadé au vue du dossier qu'on le remettrait en liberté.

Celui que les autres prisonniers appellent toujours le monstre, éclate en sanglots. Des pleurs hachés qui secouent sa carcasse puissante, déjà alourdie par l'ordinaire de la prison et le manque d'exercice. Ce soir à Charles III, ce ne sont plus des cris haineux qu'on entend dans le corridor, mais les imprécations d'un homme qui réclame « qu'on le soumette au sérum de vérité ». Il faudra toute la patience et la compréhension d'un Me Welzer navré pour le calmer. Marie-Ange, elle, refuse de baisser les bras. La jeune femme a troqué ses tricots noirs de veuve pour une cape rouge vif, couleur de la victoire. C'est une sorte de défi. Elle est presque jolie. Kilos superflus dévorés par l'angoisse. *« Tant pis, j'attendrai, j'ai confiance. J'aimerais pourtant tellement le voir, lui dire que toute la famille le soutient et que Sébastien ne l'oublie pas. »*

La cape rouge vif, on va la voir souvent près du palais de justice. Marie-Ange passe de longues heures juste en face, dans le cabinet de Me Welzer. De la boulangerie du rez-de-chaussée montent d'appétissantes odeurs de pain chaud. Marie-Ange, lunettes sur le nez, compulse les Dalloz rouges, se plonge dans les cotes du volumineux dossier, relit les dépositions. Elle n'a que cela à faire. L'usine Profilage de Gérardmer, où elle travaillait depuis sept ans comme soudeuse, l'a licenciée. Elle s'était absentée quarante-huit heures sans autorisation, pour les obsèques de Grégory.

— *Faisons d'abord annuler les expertises,* explique Me Welzer.

Les gendarmes, dans l'insoutenable climat des premiers jours de l'enquête, sont allés un peu vite en besogne. Ils ont fait d'eux-mêmes appel aux experts pour faire examiner les dictées effectuées dans leurs locaux le 18 octobre, pour faire analyser les enregistrements des coups de téléphone anonymes du Corbeau, donnés en 1982 et 1983 aux Villemin. Et là rien ne va plus. C'était au juge et pas à eux de désigner les experts. On s'aperçoit, mais un peu tard, que Jean-Michel Lambert n'a nommé qu'un expert graphologue, commis sans motivation : c'est-à-dire sans qu'il lui ait dit ce qu'il devait rechercher. Les trois spécialistes des voix ne sont pas assermentés... Deux mois de travail, quatorze pièces de procédure annulées sur la forme le 19 décembre ; il faut repartir de zéro.

Un rebondissement purement juridique, mais qui fait désordre. Le commandant Chaillant, de Nancy, qui assurait le 30 octobre, au juge Lambert que « les deux experts sont convaincus que Laroche est le Corbeau », doit se sentir mal sous son képi, comme le capitaine Sesmat, si fier d'avoir pu, le 5 novembre, passer les menottes à « son » coupable. Le juge a encore confiance dans les gendarmes, mais pour combien de temps ? Trêve de Noël ? Bien sûr mais le 24 décembre, le juge Lambert en compagnie de Christine fait un « tour de Vologne ». Le fait divers, lui, a pris des dimensions nationales. Partout, on épouse les haines et les querelles des Villemin et des Laroche. La France entière se passionne désormais pour la mort du petit garçon et réclame un vrai coupable. Elle s'étonne de cette enquête qui n'en finit pas et des avocats qui remettent tout en cause.

Le mois de janvier sera décisif dans cette enquête, qui décidément se perd dans les méandres des procédures et des ratages. Le juge Lambert reçoit enfin une lettre du Dr Koelher, directeur du laboratoire de la police criminelle de Wiesbaden. Le petit juge est atterré. Le Docteur confirme le premier diagnostic. Le document est inutilisable : *« Du fait des manipulations et précédents examens déjà pratiqués, il n'est plus possible de mettre en évidence des écrits latents par aucune des méthodes employées : recherches stéréomicroscopiques, technique de la lumière rasante, méthode spectroscopique, procédé électrostatique et chimique. »*

Me Françoise de Ricci et M. Alain Bucquet les deux nouveaux experts commis émettent de semblables réserves quand ils se penchent à leur tour sur la lettre. Plus question de savoir de qui est la signature.

Seul espoir bien mince de « faire parler » le document, l'enveloppe. Les services du Professeur Ceccaldi à Paris, vont essayer sans garantie de déterminer le groupe sanguin du Corbeau par l'analyse de la salive restée sur le rabat gommé et derrière le timbre. C'est maigre.

On va donc recommencer les dictées. Unique solution. L'épreuve a lieu le 24 janvier. Cette fois, neuf personnes sont invitées à rédiger une page d'écriture, sous le regard vigilent de Mme Françoise de Ricci, une femme blonde très élégante, et Alain Bucquet, un peu sévère dans son costume sombre. Les deux experts, chacun une grosse serviette noire sous le bras, entrent au palais de justice. Ils attendent leurs « élèves » dans le cabinet du juge.

Les « témoins » composent à tour de rôle, de la main droite, puis de la gauche, en scripte et capitale au stylo bille, l'arme du Corbeau. Jean-Marie Villemin en premier, qui renâcle, puis Christine, Marie-Ange. Les regards haineux se croisent. Viennent ensuite Ginette, la tante de Grégory, Jacky, le demi-frère Villemin, Liliane Jacquel, Roger Jacquel, Marie-Christine Villemin, la femme de Gilbert, André Jacob, un cousin. Au programme, les phrases vengeresses de la dernière lettre, l'adresse inscrite sur l'enveloppe mais aussi des bouts de phrases, des mots isolés. Il fait très chaud dans le cabinet du juge Lambert. Les scripteurs transpirent sur leur copie, en silence. Cette fois, c'est du scientifique, du précis. Rien à voir avec la pagaille des gendarmes transformés le 18 octobre en maîtres d'école, Mme de Ricci et Alain Bucquet sont des professionnels, et bien loin des passions qui depuis bientôt quatre mois agitent la Vologne.

Après Épinal, Nancy. Laroche rédige sa dictée dans sa cellule. Le juge Lambert accompagne les experts. Les avocats du détenu en profitent pour déposer plainte contre les gendarmes pour faux, usage de faux et subordination de témoin. Pressés par le temps, encore une fois, le 3 novembre les gendarmes n'ont pas prolongé la garde à vue de Muriel, dans des formes tout-à-fait légales. Le juge aurait bien donné son accord... Mais la pièce manque au dossier.

Copies rangées, les experts plient bagages :

— *Nous déposerons nos conclusions dans un mois,* promettent-ils en partant.

Encore un délai de grâce pour le juge Lambert. L'affaire, d'ici là, sera peut-être décantée. Le 29, les gendarmes ont rendez-vous chez le juge avec Muriel qui, jamais, n'est revenue sur ses accusations contre eux.

Ce jour là, l'adolescente est tout en noire : bottes, jeans, blouson, grande écharpe. Escortée par Jeannine sa maman. On ne les voit plus l'une sans l'autre. La jeune fille a l'air grave. Elle a mûri. Elle a un petit air triste. Sa mère la dit « très choquée », dépressive. Après l'incarcération de son beau-frère, elle aurait tenté de se suicider.

Le médecin est inquiet, lui prescrit des calmants. Elle a passé ces deux derniers mois dans la grande maison ocre rose de Lavelines, sans aucun contact avec l'extérieur. Elle ne va plus à l'école. Ne sort pratiquement pas. Même pas pour faire les courses. Elle se cache. Quand elle prend l'air, c'est dans le jardin. Quelques journalistes l'ont une fois ou deux aperçue du côté des cordes à linge en train d'y suspendre une lessive. Un frère, une sœur, ou un cousin ne sont jamais bien loin pour la protéger. Muriel, qui était si fière de ses animaux, lapins, poules, cochons d'Inde, oublie de les soigner, les néglige.

Ce matin de janvier, une rude épreuve l'attend. Muriel va affronter sept gendarmes et non des moindres. Sept hommes en uniforme bleu, dont deux très galonnés. Un colonel, Tanguy, un commandant, Chaillan, le capitaine Sesmat, l'adjudant Lamirand, le maréchal des logis Burton, les gendarmes Henri, Levasseur et Lachaussée. Ces sept hommes, elle les accuse de l'avoir manipulée, piégée, menacée. Muriel jette un regard vers sa mère, respire un grand coup, serre les poings.

Le 2 novembre dernier, elle a été interrogée par l'adjudant Lamirant et le maréchal des logis Burton. Deux braves hommes sans doute, incapables de faire de mal à une mouche, encore moins à une petite fille. Elle est sortie des locaux de la gendarmerie de Bruyères, vingt-cinq heures plus tard, après avoir dit « suffisamment de choses » pour que le juge Lambert, sa déposition signée, la rende à sa famille et parte, sûr de lui, pour le week-end, avant « d'épingler » Bernard Laroche.

Ce sont ces vingt-cinq heures, que l'on va revivre dans le cabinet du juge Lambert. Les gendarmes sont en accusation. Muriel leur a-t-elle dit spontanément la vérité ? Sinon, qu'a-t-il pu se passer ? Bien sûr, il n'y a pas de deuxième degré à la gendarmerie de Bruyères, pas de tortures, encore moins de coups. L'adjudant

Lamirand, qui dirigeait l'audition, a même des côtés paternels. Mais un père un peu sévère et sans doute acharné à batailler pour obtenir la vérité. Il a sûrement cru, du reste, agir avec toute la douceur et la compréhension requises quand on s'adresse à une gamine. Il suffit d'un froncement de sourcils, quand la réponse « n'est pas bonne ». Une certaine gravité accompagnée de sous-entendus. Des « si tu mens... », en agitant l'index. Une voix sévère, un ton soudain plus haut, ça suffit sans doute quand on est un adulte en uniforme, face à une enfant pas trop rassurée. Lucien Bolle, le papa, venu aux nouvelles dans le courant de l'après-midi, a même été apostrophé par un gendarme qui lui a demandé, avec un sourire quasi complice : *« Est-ce qu'on la torture la gamine, hein ? »* Le père, devant tant de bonhomie de la part d'un gendarme qu'il a sûrement déjà croisé est reparti rassuré. D'autant que Muriel lui a dit :

— *T'en fais pas papa, les gendarmes ce sont mes copains...*

Aujourd'hui, ce qu'elle raconte est bien différent :

— *Ils parlaient très fort, ils criaient, j'avais peur.*

Possible, envisageable en tout cas. Elle a subi quatre heures d'interrogatoire serré, le matin du 2 novembre, qui lui font un peu perdre la tête. Un bref repos et on recommence. Et quand elle ne sait pas bien, quand elle se trompe, l'a-t-on aidé involontairement ?... Elle n'arrive pas tout-à-fait à dessiner un croquis des lieux, un gendarme serviable prend le crayon : « C'est ça ? » Et Muriel qui voudrait bien qu'on arrête un peu de « lui crier dessus », baisse la tête pour dire oui, peut-être même, se persuade-t-elle d'avoir fait le dessin elle-même. Quand la nuit tombe, on ne renvoit pas Muriel chez elle. On lui dit que ses parents sont prévenus, qu'elle va coucher là, que le juge l'a dit. Elle dort à la gendarmerie sur un lit de camp, et non pas, comme les gendarmes l'ont dit, dans l'appartement de fonction de l'un des militaires. Pourquoi ce mensonge pour un fait mineur qui fait douter de l'ensemble de l'interrogatoire et a facilité le travail des défenseurs ?

A dix heures trente, le lendemain, les gendarmes sont pleinement satisfaits. Muriel prend un petit déjeuner et leur fournit un super témoignage tapé en plusieurs exemplaires, avec ses jolis mots, bien carrés. Quand elle est rentrée chez elle, bien contente, soulagée, la petite n'a vraisemblablement pas pensé qu'elle était dépositaire d'un lourd secret et qu'elle venait de trahir ou d'accuser Bernard, son beau-frère... Les gendarmes, encore une fois, ont voulu trop bien faire.

Le 29 janvier au soir, après sept heures de confrontation avec les gendarmes, Muriel sort la tête haute du palais de justice d'Épinal. Elle a l'impression d'avoir rendu justice au mari de Marie-Ange. Celle-ci l'attend. Les deux sœurs, sont définitivement réconciliées. Les pro-Laroche viennent de gagner une bataille décisive, presque la guerre. Les gendarmes sont soupçonnés d'avoir « dicté » leur réponse à Muriel.

Le juge reconnaît lui-même « l'impressionnante résistance de la jeune fille ».

— *Ce n'est pas elle qui a tracé de sa main le croquis du parcours qui, d'ailleurs n'était pas le même que celui qu'elle m'avait indiqué le 5 novembre.*

Il est temps qu'il s'en rende compte ! Le délai de grâce accordé aux gendarmes pour boucler leur dossier, est proche d'expirer. De plus en plus, tous les protagonistes souhaitent qu'on leur retire l'enquête pour la confier à la P.J. de Nancy.

Et il ne reste plus aux avocats de l'inculpé, avec un petit sourire, qu'à demander une nouvelle fois la mise en liberté de leur client. Ils sont pratiquement sûrs, cette fois, d'aboutir.

# 9.

# VILLEMIN-LAROCHE : L'IMPOSSIBLE DIALOGUE

Lundi 4 février. — C'est le coup de théâtre. Les doutes du juge Lambert l'ont emporté. Moins d'une semaine après la confrontation entre Muriel et les gendarmes, le juge d'instruction a décidé de faire sortir de prison Bernard Laroche. Il a accédé à la demande de mise en liberté déposée par les avocats. Il ne fait aucun doute que la confrontation de la petite rouquine et des enquêteurs a pesé d'un poids capital dans sa décision. Le petit juge a été époustouflé par la résistance de la jeune fille. Elle a redit, sans se démonter une seule fois, qu'elle avait été « manipulée » par les gendarmes. L'aveu d'un sous-officier de la brigade de Bruyères, qui a reconnu qu'un croquis du trajet attribué jusqu'ici à Muriel était de sa main, a donné le coup de grâce.

Et surtout, hier dimanche, le juge a refait l'itinéraire qu'était censé avoir effectué Laroche en compagnie de Sébastien et de sa jeune belle-sœur. Or, chronomètre en main, il a constaté que le trajet était sans doute impossible à réaliser, même en roulant à vive allure.

Ce lundi, en début d'après-midi, Laroche est sorti de la prison Charles III de Nancy. Après trois mois derrière les barreaux. Mais — point capital — il reste paradoxalement toujours inculpé d'assassinat ! Les Vosgiens ne comprennent plus : Qu'est-ce que ça signifie ? Soit Laroche est reconnu innocent et il doit être lavé de tous soupçons par une éclatante disculpation officielle. Soit, il est coupable et il n'y a pas de raison de le laisser sortir de prison ! Décidément, tout continue à être insensé dans cette enquête ! Du Kafka ! Pis : du Jarry ! Même si les avocats du contremaître ont mis en avant « que la sécurité de leur client pouvait être assurée à l'extérieur ».

La remise en liberté a une signification claire. C'est l'aveu que l'enquête a été un échec. Qu'aucune preuve formelle n'a pu être trouvée contre l'inculpé. Non seulement les gendarmes n'ont pas abouti, mais ils se retrouvent en mauvaise posture : soupçonnés d'avoir fait pression sur Muriel. Échec donc sur toute la ligne.

Et Bernard Laroche parle en compagnie de Gérard Welzer, son « sauveur », et de sa femme Marie-Ange, presque belle aujourd'hui, souriante, folle de joie de retrouver « son » homme. Lui a grossi, forci : « L'inaction », explique-t-il. Il a les cheveux longs en bataille et la moustache pendante. Il a troqué le bleu de travail dans lequel les gendarmes l'avaient embarqué, sans pitié, début novembre pour son éternel pull Jacquard, sous un blouson gris, et un pantalon de velours. Marie-Ange vient de lui apporter des baskets neuves.

Il emploie toujours ses mots simples, ses phrases hachées (presque murmurées) qu'il faut lui arracher par des questions en rafale. Rien d'un cri de révolte de l'innocent qui hurlerait son indignation. Un débit terne :

— *Je regrette qu'il ait fallu attendre trois mois pour qu'on reconnaisse mon innocence... Je ne sais pas ce que va être ma vie maintenant. Pour le travail, je pense que cela ne posera pas de problème. Je veux retourner très vite à l'usine. Je ne suis pas du genre à me tourner les pouces... En prison, je me suis encroûté.*

*C'était le plus dur de rester sans rien faire. Mais ce qui a été le plus pénible, c'était d'être montré du doigt partout et désigné comme un assassin d'enfant par les autres détenus qui croyaient que j'étais un monstre. Ça a été horrible parfois. Il y a des jours où seul dans ma cellule, j'ai pensé me foutre en l'air. J'ai résisté pour ma femme et mon fils... Parce que je me savais innocent. Et puis, mon suicide aurait été interprété comme un aveu.*

Et Bernard ajoute :

— *C'est incroyable qu'un truc pareil puisse arriver à quelqu'un qui n'a rien à se reprocher...*

Il dit cela avec la sincérité d'un homme qui a découvert quelque chose d'insoupçonné. Comme s'il s'était toujours dit : Puisque ce n'est pas moi qui ai fait le coup, pourquoi pourrait-on m'accuser ? Ce qui peut expliquer cet air indifférent et fataliste qu'il traîne toujours.

Laroche ne manifeste aucun désir de vengeance contre ceux qui l'ont envoyé derrière les barreaux. Aucune haine contre ceux qui l'on cru coupable. Comme toujours, il affiche une immense résignation. A peine l'ombre d'une émotion, sauf quand il a parlé de son désir « de se foutre en l'air certains jours ».

Et Muriel ? Est-ce qu'il lui en veut ? Qu'est-ce qu'il en pense de ses accusations et de son revirement...

Il ne sait pas. Il ne comprend pas :

— *Je voudrais bien savoir pourquoi elle a fait ça...*, dit-il simplement. Sans plus.

Autre chose l'a choqué. Comme elle avait choqué Marie-Ange. Qu'on ait fait passer Sébastien, son fils, pour un enfant handicapé. Là, il se révolte vraiment : *« On a dit que mon gosse était un débile... C'est faux. Il a été simplement opéré de la tête à sept mois, mais depuis il est tout à fait normal et même intelligent ! »*

Et Marie-Ange, éclatante de bonheur, blottie contre son épaule, qui semble planer...

— *Oui, je suis heureuse, je suis contente qu'on ait reconnu que ce n'était pas lui le coupable. Je n'ai jamais douté. J'espère qu'on pourra reprendre la vie comme avant tous les trois.*

Laroche s'est engouffré aussitôt après dans la Porsche de Me Welzer qui est partie pour un lieu tenu secret. Les refuges ne manquent pas : des quatre coins de la France, on a téléphoné pour proposer d'héberger l'ex-détenu. En attendant que tout se calme. Car pour l'instant, on redoute une réaction violente de la population ou des Villemin.

D'ailleurs, Jean-Marie n'a pas tardé à réagir. C'est par le téléphone qu'il a appris ce lundi la nouvelle. C'est Christine qui a décroché :

— *C'est pas possible !* a-t-elle murmuré. Et, gardant l'appareil à la main, elle a crié à son mari : *Jean-Marie, ils viennent de le relâcher !*

Jean-Marie, atterré, a balbutié :

— *Je ne comprends pas...*

Puis les parents de Grégory se sont enfermés dans leur torpeur, refusant de voir qui que ce soit.

Me Garaud, leur avocat, lui, n'est pas resté muet :

— *C'est simplement une ordonnance de mise en liberté provisoire. Cela ne signifie pas un non-lieu, et Laroche, d'ailleurs, reste inculpé d'assassinat ! Je ne veux pas critiquer le juge Lambert. C'est sa conscience qui a dû parler. Il a dû estimer que le maintien en prison ne se justifiait pas. Les erreurs de bonne foi des gendarmes et des contradictions dans le témoignage de la petite belle-sœur y sont pour quelque chose. Nous sommes à un tournant de l'enquête. Il n'est pas pensable que le monstrueux assassinat d'un enfant de quatre ans demeure impuni et que l'auteur de ce crime odieux ne soit pas confondu.*

Et l'avocat de « Légitime Défense » va plus loin encore.

— *Eu égard aux mises en cause répétées, au nom de l'inculpé Laroche, des fonctionnaires de la gendarmerie, je me permets de demander de confier au Service régional de Police judiciaire de Nancy la poursuite de l'enquête.*

Et d'expliquer :

— *Les plaintes déposées contre les gendarmes, même si leur inanité est ultérieurement reconnue, risquent de les gêner dans leur action, à la différence des policiers qui n'ont jamais approché le dossier.*

Me Prompt, l'avocat de Laroche, tente, lui, de calmer les esprits :

— *Il faut faire baisser la tension,* explique-t-il. *J'ai peur d'une fin tragique et de l'acte d'un fou. Il faut expliquer la décision du juge et pourquoi il a décidé de remettre notre client en liberté. Au départ, il y avait un dossier ficelé. Il a inculpé Bernard Laroche, puis il a dépaqueté ce dossier. Sont apparues alors d'importantes contradictions et surtout trois mensonges des gendarmes.*

Les défenseurs du contremaître ne veulent pas en rester là. Non seulement, ils exigent un non-lieu pour leur client, mais ils exigent que toute la lumière soit faite sur le comportement des gendarmes :

— *On va aller jusqu'au bout,* explique Me Welzer. *Nous y sommes décidés. Le problème de Bernard Laroche est une chose (il faudra voir comment l'indemniser et réparer), mais pour nous, il apparaît clair que la justice et la gendarmerie ne sont pas faites pour traquer les innocents. Nous voulons dénoncer cela.*

On se rend compte ce jour-là que Laroche n'a pas autour de lui que des ennemis. Même son patron a tenu à lui apporter son soutien ce lundi. Pas une seconde, il a cru à la culpabilité de son ouvrier, tout comme les camarades du contremaître qui avaient signé une pétition réclamant sa libération. M. Midot est aujourd'hui content :

— *Sans être juges, nous avions notre intime conviction... Nous avons continué à lui payer son salaire depuis sa date d'inculpation. Il peut revenir chez nous, bien sûr, mais il a droit à un mois de février calme... Qu'il se repose durant cette période. Début mars, il peut rentrer tranquille. Nous l'attendons...*

La nouvelle de la remise en liberté de Laroche a stupéfait la France entière. Certes, on s'attendait à ce dernier rebondissement. L'opinion s'y était préparée depuis la confrontation de Muriel qui était — avant de se rétracter — le seul témoin à charge de l'affaire, et les gendarmes. Même ceux qui croient « dur comme fer » à la culpabilité du cousin des Villemin, reconnaissent que ce face à face a tourné à la confusion des enquêteurs. Mais, on ne comprend plus. Comment tout cela est-il possible à notre époque ? Une immense lassitude s'est emparée de la population. Une perte de confiance dans la gendarmerie et la justice ; l'impression d'un immense gâchis. La certitude aussi, chez beaucoup, qu'il suffit d'avoir « de bons avocats pour sortir de prison ».

Pour d'autres, au contraire, il s'agit aujourd'hui d'une grande victoire du droit. Frédéric Pottecher, le célèbre chroniqueur judiciaire, explique dans la « Liberté de l'Est » :

— *Je suis content de l'arrivée du S.R.P.J. dans l'enquête. Je n'accuse pas les gendarmes, mais ce sera peut-être un peu plus sérieux. Une fois de plus, on s'aperçoit qu'il n'y a aucune preuve au sujet de la culpabilité de cet homme. Je sais ce qu'il faut penser de tout cela. Il s'agit d'une enquête mal menée. Les rétractations et les différentes versions de la jeune fille sont secondaires. Ce n'est pas plus sérieux que les analyses graphologiques.*

Et le journaliste de conclure :

— *Tout cela me rappelle désagréablement l'affaire Dreyfus !*

Dans les Vosges, brusquement, toutes les passions que l'on avait tenté d'oublier depuis l'arrestation de l'inculpé, sont remontées à la surface. A la stupéfaction a succédé un climat de haine et de violence contenues, mêlé aussi d'un silence prudent, de peur, et... d'une petite parcelle de bonheur.

Le bonheur, il est bien sûr du côté des Laroche et des Bolle. Jeannine Bolle, la mère de Marie-Ange et de Muriel, ne cache pas sa joie, elle qui n'a jamais douté un seul instant de l'innocence de son gendre. Elle sanglote presque pour dire : « *Ma fille Marie-Ange ne savait rien ce matin quand elle est partie voir son mari à la prison de Nancy. D'ailleurs, elle n'avait pas voulu prendre Sébastien qui est légèrement grippé. Enfin, il est libre ! Quel poids en moins ! On va fêter ça quand il sera rentré !* »

Depuis novembre, les Bolle vivaient cloîtrés dans leur pavillon de Laveline-devant-Bruyères. N'osant plus sortir, se montrer. La honte sur la famille.

— *Muriel a été traumatisée par toutes ces histoires,* continue sa mère. *Elle a voulu se jeter sous le train de Gérardmer. Désormais, elle ne sort plus, elle ne joue plus avec ses bêtes qu'elle adore. La gamine n'écoute même plus ses disques... Elle ne va plus à l'école... Elle vit dans sa chambre. D'ailleurs, elle ne va pas rester ici. Les gens sont trop méchants !*

De la joie donc en ce lundi, jour de retrouvailles, mais aussi des plaies. Inguérissables. Que l'affaire a ouvertes dans toutes les familles touchées par le drame. Plaies chez Gilberte Blaise-Chatel, la mère de Christine Villemin :

— *Quand Jean-Marie a appris la nouvelle au téléphone, il est devenu tout blanc... Christine s'est mise à pleurer. Pour nous, il n'y a pas de doute : c'est Laroche le coupable. Il y a quand même le témoignage de Muriel, non ? La gamine n'a pas pu tout inventer. On se moque maintenant de son témoignage. Dans cette histoire-là, c'est tout de même Grégory qui est oublié, mais nous, on n'oublie pas...*

Et la grand-mère ajoute cette phrase terrible :

— *De toute façon, la justice se fera toute seule...*

Le « Parisien Libéré » du lendemain écrit : « Qu'a voulu dire Gilberte Blaise en prononçant ces mots lourds de sous-entendus ?... Dans les Vosges, pas besoin actuellement d'en dire plus pour deviner ce que cette phrase sous-entend peut-être... »

Plaies encore chez les Jacquel, parents de Liliane Villemin, la femme du demi-frère Jacky. Plaies aussi chez ces derniers. Les uns et les autres soupçonnés au début de l'affaire, mais jamais réellement, pour la rumeur, lavés de tous soupçons.

Pour Liliane et Jacky, pourtant, Laroche semble bien l'auteur des coups de téléphone anonymes : *« Nous avons reconnu sa voix hier à la radio, nous confient-ils. C'est bien celle du corbeau qui nous harcelait au téléphone. C'est lui ! »*

Dans leur ferme, sur les hauteurs de Granges, à un kilomètre de là, Paulette et Roger Jacquel ne dorment plus depuis des mois. Depuis que l'horrible soupçon s'est abatttu sur eux à la mi-octobre. Leur vie est devenue un enfer. Ils se sentent salis pour toujours. Les regards des voisins... Les amis qui s'éloignent... Les bonjours qui se font plus distants. Et voilà qu'ils ont été soumis, comme leur fille et leur gendre, à la nouvelle dictée du 26 janvier... Et voilà que des bruits courent à nouveau...

— *Regardez Monsieur ! Nous ne vivons plus ! C'est un calvaire ! Qu'avons-nous fait pour mériter cela ?*

Paulette Jacquel a le visage ravagé par des mois de pleurs. Son mari essuie une larme au coin de son visage vieilli de dix ans. Ils passent leurs journées dans une petite pièce obscure où ils ont dressé un petit autel sur lequel sont disposées des bougies qui brûlent du matin au soir. Posés à côté, un crucifix et une Madone...

— *Nous prions sans cesse le Bon Dieu et la Vierge pour qu'ils arrêtent l'assassin... Mon Dieu, ce n'est plus possible ! Nous allons en mourir !...*

Seule petite lueur d'espoir dans ces drames en cascade : Jean-Marie et Christine qui, tout au début de l'enquête, avaient cru à la culpabilité de Jacky, se sont réconciliés avec lui et Liliane. Ils font désormais bloc face à l'adversité. Pour eux tous, Laroche apparaît bien toujours comme le coupable.

Leur cousin goûte maintenant les joies de la liberté dans sa retraite tenue secrète. En ce mardi 7 février, il a retrouvé Marie-Ange, Sébastien et ses avocats. Il a passé seul sa première nuit d'homme libre « dans une grande chambre avec un grand lit, dans une grande maison » près d'une forêt à la limite de la Bourgogne et de la Franche-Comté. On n'en saura pas plus. Sa femme, qu'il avait entrevue quelques instants la veille à sa sortie de prison, et son fils sont venus le rejoindre ce matin. Ils déjeunent ensemble dans un restaurant près de Dijon.

— *Bonjour papa ! Tu as grossi. T'es gros, papa !* ne cesse de répéter le gamin en tirant les moustaches à la gauloise et la manche du pull de son père, l'empêchant de déjeuner.

— *Laisse ton père tranquille !* gronde Marie-Ange. Mais Bernard réplique :

— *Laisse-le faire. Il a quatre-vingt-dix jours de bonjours de retard à rattraper, ce petit !*

Et il raconte sa détention, de son ton toujours calme, en souriant même :

— *Je n'ai jamais eu aucun contact avec les autres détenus, sinon deux ou trois fois dans les couloirs. Je ne pouvais parler qu'aux gardiens. Ils étaient plutôt froids au début, mais ils sont vite devenus aimables. Quand il y avait du rab, c'était toujours pour moi. Au bout de quinze jours, j'ai eu droit à " L'Est Républicain " et à écouter " R.T.L. " Je pense que si tout le monde est devenu gentil avec moi, c'est parce qu'ils ont tous compris que je n'étais pas coupable. Oui, tout cela m'a foutu en l'air. Ça a été horrible le début... Quand j'ai entendu les cris des autres prisonniers à mon arrivée... Je n'avais pas compris d'abord que cela s'adressait à moi. J'ai réalisé seulement lorsque j'ai entendu mon nom au milieu des insultes... Mais ça s'est vite calmé au bout de deux ou trois jours.*

Bernard dit à nouveau qu'il a songé au suicide en ces jours terribles. Et il reparle de Muriel.

— *Elle a été piégée. Je ne lui en veux pas à la pauvre gamine... Quand je la reverrai, je ne sais pas si je lui ferai une bise ou si je lui donnerai une gifle, mais, croyez-moi, ce sera une gifle non préméditée !* Et il rit cette fois de bon cœur.

Il en revient à ce qui l'a étonné le plus :

— *Qu'on puisse mettre en prison quelqu'un sur de simples présomptions à notre époque !... C'est incroyable ! En agissant ainsi, on peut mettre derrière les barreaux n'importe qui. Je pense aux pauvres types qui n'ont pas de chance d'avoir de bons avocats et qui en prennent pour vingt ans.*

Il ajoute, selon Lionel Raux de « l'Est Républicain » :

— *Quand j'ai appris la mort de Grégory, j'ai bien pensé à quelqu'un et j'y pense toujours, mais je ne veux accuser personne aujourd'hui, car maintenant je sais trop comment ça se passe.*

Quand on lui demande si l'on connaîtra un jour la vérité sur le meurtre de l'enfant, il hésite :

— *Je ne sais pas... Je n'en suis pas sûr, mais j'espère qu'on arrêtera le vrai coupable !*

Et Jean-Marie ? Et Christine ? Qu'est-ce qu'il en

pense ?... Il n'a pas de rancœur envers eux quand il les évoque. Non, il ne leur en veut pas. Toujours son éternelle modération, son désir de conciliation et d'immense compréhension qui renverse les montagnes et les dossiers mal ficelés :

— *Je ne sais pas comment j'aurais réagi à leur place. Mais désormais, les ponts sont coupés...*

Même aux experts graphologues, il pardonne leurs erreurs. Et comme le bruit court que la dictée du 24 janvier désignerait maintenant quelqu'un d'autre comme étant le corbeau, il a cette phrase qui ressemble point par point à celle, pleine de prudence, de Jean-Marie, le 2 novembre, au soir de son interpellation : « *Les experts ont pu se tromper, comme ils peuvent se tromper de nouveau dans les prochains jours...* »

Son obsession, c'est de reprendre « le collier ». Cinq, dix fois, il en reparle du « boulot » qui l'attend : l'usine. La maison à finir. Ses coupes de bois à faire...

Il ne sait pas quand il va pouvoir retourner à Aumontzey. Il est conscient qu'il y a des risques. De la part de qui ? Il l'ignore. De Jean-Marie, il n'y croit guère. Il confie encore à Philippe Jechoux de « La Liberté de l'Est » : « *Il y a peut-être des risques de la part du vrai coupable...* »

Pendant que Bernard Laroche est devenu le héros du jour, Jean-Marie et Christine Villemin se sont enfermés dans le silence. Ils ont été reçus une heure, ce mardi, par le juge Lambert. Rien n'a filtré. « *On verra bien quand la P.J. s'occupera de l'affaire...* » a simplement dit le père de Grégory en sortant.

Et voilà que le bruit court, insistant, à Épinal, qu'en étudiant la copie de deux personnes qui ne disposent pas d'alibi, les enquêteurs auraient reconnu de nombreuses similitudes entre l'écriture de l'une d'elle et les messages du corbeau. On murmure que le « nouveau corbeau » pourrait être une personne proche de la famille, « mise en cause au début de l'enquête ».

Bref : les enquêteurs ont relâché un suspect qui reste inculpé d'assassinat, mais ils ne sont pas pour autant pris au dépourvu. Comme des illusionnistes. On leur enlève un coupable ? Qu'à cela ne tienne ! Ils en sortent aussitôt un second de leur chapeau. Un consommateur du « Grand Cerf », le café en face du palais de justice, ironise devant son demi-panaché :

— *Vous allez voir qu'ils vont refoutre encore un innocent en taule !*

C'est bien l'avis du commissaire Gevaudan, l'ancien directeur des affaires criminelles de la P.J. au ministère de l'Intérieur. Même s'il le dit en des termes plus diplomatiques. Il déclare au « Parisien Libéré » :

— *Il faut bien le reconnaître, cette enquête a été un vrai fiasco. De coup de théâtre en coup de théâtre, on est arrivé à n'être sûr de rien dans cette affaire. Peut-être qu'on aurait pu éviter bien des erreurs... Il ne faut pas attendre des miracles de l'arrivée de la P.J. Les dossiers ont été piochés et repiochés par les gendarmes, et il ne reste sûrement pas grand-chose à en tirer... A moins d'un fait nouveau... Pendant des mois et des mois, l'os a été rongé et il ne reste rien. En apparence, tout paraît simple, car nous avons affaire à des criminels qui n'ont pas vocation de l'être et qui peuvent commettre des erreurs par inexpérience. Mais, en réalité, c'est extrêmement difficile car ces assassins sont, jusqu'à preuve du contraire, des « honnêtes gens » sans attache avec le milieu du crime. Les gendarmes avaient un avantage dont, peut-être, ils n'ont pas su tirer parti.*

La libération de Laroche n'a rien changé au problème : il reste inculpé d'assassinat et on apprend que le parquet était hostile à sa mise en liberté. Si le procureur n'a pas usé de sa faculté de faire appel, c'est parce que cet appel, au terme d'une nouvelle loi, n'est pas suspensif. C'est-à-dire que le juge pouvait passer outre et décider la libération de l'inculpé. Le ministère public a donc choisi de s'abstenir « pour ne pas gêner le juge d'instruction ». En clair, pour la justice, Laroche fait toujours figure de présumé coupable.

Pour Jean-Marie Villemin, les choses sont encore plus simples : les gendarmes n'ont pas pu inventer tous les détails qu'a fournis Muriel. Si la jeune fille dit vrai, Laroche est nécessairement le ravisseur de Grégory. *« Qu'on m'amène les preuves que Muriel a menti »*, dit le jeune père. *« Je veux savoir ce qui s'est passé. Je veux comprendre. »*

Le plus simple serait sans doute que Jean-Marie puisse rencontrer son ancien copain, Bernard. Depuis leur tendre enfance, les deux hommes se sont côtoyés, estimés, fréquentés avant que le drame ne survienne... Or, cette rencontre est impossible. Même si Laroche le voulait, la loi le lui interdit puisqu'il est toujours inculpé d'assassinat. Ne serait-ce pas pourtant nécessaire — voire légitime — que ces deux hommes meurtris puissent s'expliquer de vive voix ?

Un homme qui sort de prison, toujours officiellement soupçonné du meurtre d'un enfant, il y a en effet de quoi donner envie au père de cet enfant martyr de le rencontrer pour tenter de le comprendre. Curiosité d'autant plus normale que l'homme libéré est votre ami d'enfance.

Savoir, désirer savoir à en perdre le sommeil... Depuis que Laroche a été au centre de l'enquête, c'est l'obsession de Jean-Marie et de Christine. Ils ne demandent qu'à croire que Bernard est réellement innocent, mais ils voudraient en avoir la preuve. Entre eux, un cadavre, la justice (juges, avocats, procureur), les gendarmes. L'impossibilité, l'interdiction de communiquer, de crever l'abcès. Deux familles irréconciliables à moins que... Et c'est la lueur d'espoir.

Jean-Marie nous a dit le matin du mercredi 6 février :

— *Quand j'ai appris que Laroche était inculpé, je n'ai pas voulu y croire. C'était la dernière personne à qui j'aurais pensé. Et aujourd'hui que le témoignage de Muriel s'effondre, c'est le doute. Il faudrait que je lui parle à Bernard.*

Et Bernard qui nous dit comme en écho :

— *Même s'il y a toutes ces histoires entre nous, je ne demande pas mieux que de rencontrer Jean-Marie.*

Ce dialogue entre deux hommes brisés : les Villemin touchés dans leur chair ; les Laroche jetés en pâture à l'opinion publique ; nous avons voulu le tenter, en surmontant tous les obstacles. Nous avons servi d'intermédiaire avec Gilles Ouaki, grand reporter au « Parisien » pour cette rencontre impossible. Les questions que Jean-Marie et Christine brûlaient de poser à Bernard, c'est nous qui les avons posées par-dessus les lois.

Mercredi, 21 heures. Hôtel Cadet-Roussel à Épinal. Chambre 223. Jean-Marie et Christine arrivent au rendez-vous qu'ils nous ont fixé. Lui avec son chandail ras du cou et son blouson de cuir, elle, l'air reposé, dans un joli pull marron. Pendant trois heures, assis sur les chaises et le lit de la chambre, ils réfléchissent aux questions qu'ils voudraient poser. Christine prend notre bloc-notes et les rédige d'une petite écriture appliquée. Pas de haine dans leur voix, de la retenue. Comme deux écoliers, ils pensent à tout, examinent toutes les questions qui les obsèdent, assis amoureusement comme deux jeunes mariés sur le couvre-lit, penchés tête contre tête sur la feuille blanche. Une confidence en passant :

— *Oui, oui. Nous allons bientôt avoir un autre*

*enfant qui ressemblera à Grégory. Nous le voulons très vite...*

Une lueur complice brille dans leurs yeux.

A 1 h 30 du matin, nous les quittons après un dîner dans une pizzeria d'Épinal. Ils sont comme soulagés, ils sourient, comme des gamins qu'ils sont encore. Peu à peu, la vie reprend le dessus. Christine a bu ce soir du rosé, « son premier verre de vin depuis cinq ans ». Ils sont heureux de savoir que demain, jeudi, nous allons tenter d'établir le dialogue avec leur ancien ami.

Jeudi, 13 h 30. Quelque part dantre Épinal et X... Ciel gris, temps froid et maussade. Une petite aire de repos gravillonnée le long d'une route au bord de la Moselle. Une Peugeot 305 grise stationne. A l'intérieur, Bernard Laroche et Marie-Ange avec Sébastien. Ils ont accepté pour nous rencontrer de quitter la nouvelle retraite secrète où ils se reposent après leur calvaire. Quelques pas au bord de l'eau...

Bernard a bien récupéré. Il semble reposé. Ses yeux de bon gros chien regarde avec admiration l'homme qui l'a sorti du mauvais pas : Me Welzer, ce tout jeune avocat qui n'a pas fini de faire parler de lui. A ses côtés, Marie-Ange respire le bonheur : trois mois de séparation, ça compte. Et Sébastien qui n'arrête pas de sauter au cou de son père et qui ne lui lâche pas la main.

La conversation s'engage dans la Peugeot, celle-là même qui, selon l'accusation, aurait servi au kidnapping de Grégory.

Bernard revient sur sa longue détention.

— *Oui, cela a été très dur. J'ai cru que c'était un mauvais rêve, un cauchemar. Parfois, je perdais confiance. Je désespérais de sortir de là. Et puis, peu à peu, j'ai refait surface grâce aux encouragements de mes avocats. Je sais que je leur dois tout. J'ai souvent pensé que ça durerait jusqu'aux assises pour qu'on reconnaisse mon innocence. En prison, on n'a que ça à faire : penser. J'ai eu peur que ça traîne deux ans. Jusqu'à mon procès. Effrayant quand on sait qu'on n'est pas coupable !*

Puis les questions précises commencent, celles mêmes rédigées la veille au soir par Christine sur notre bloc-notes :

Jean-Marie :

— *Pourquoi es-tu allé habiter chez Louisette au lendemain du crime, quand j'ai dit à la radio que je savais qui c'était (l'assassin), et « que cela ne se passera pas comme ça » ? De quoi avais-tu peur si tu n'avais rien à te reprocher ? Pourquoi Marie-Ange est-elle venue vivre à Laveline au même moment ?*

— Bernard Laroche : *C'est faux, totalement faux. Je ne suis jamais allé vivre chez ma tante. Je suis toujours resté à notre maison. Pourquoi aurai-je eu peur ?*

Et Marie-Ange ajoute :

— *C'est encore un mensonge. Je ne suis allée coucher qu'un soir chez mes parents quand Bernard était de nuit à l'usine.*

— Jean-Marie : *Qu'est-ce qu'il y a eu entre toi et Muriel pour qu'elle t'accuse comme elle l'a fait ? Penses-tu que les gendarmes aient pu tout inventer sur les points précis qu'a donnés Muriel : « Popov », la route barrée à côté de la gare, ta direction vers Bruyères à pied (aller-retour deux minutes vers la poste), etc ?... Est-il possible que les gendarmes l'ont forcée à dire que de l'endroit où, selon elle, tu t'étais arrêté en haut de Lépanges pour aller chercher Grégory, « on voit deux toits », ce qui est exact à 200 mètres plus bas de la maison ?*

— Bernard Laroche : *Tout ça est faux ! Les gen-*

*darmes ont tout inventé ! Ils lui ont tout soufflé ! Toutes les réponses à faire ! C'est une gamine fragile. C'est grave ce qu'ils ont fait. Ils n'avaient pas le droit de l'influencer. On peut tout faire dire à une enfant.*

— Jean-Marie : *Pourquoi Marie-Ange est-elle allée téléphoner dans un café (et non de chez vous) pour dénoncer les Hollard et pourquoi les Hollard ?*

— Marie-Ange : *C'est encore faux. Ce sont les gendarmes qui m'ont convoquée à la gendarmerie et qui, au cours de l'interrogatoire, m'ont parlé des Hollard. J'ai dit que je ne savais pas. Je leur ai expliqué que j'avais bien sûr pensé à eux, mais pas plus qu'aux autres. A aucun moment, c'est moi qui les ai orientés sur une fausse piste.*

— Jean-Marie : *Pourquoi n'es-tu pas venu t'expliquer avec moi après ta première garde à vue, (en novembre) alors que tu es allé chez Michel, juste à côté ? Pourquoi, pas une seule fois, tu n'as cherché à nous contacter jusqu'à ta deuxième arrestation ? Alors qu'avant ta première garde à vue, tu venais à chaque fois te plaindre quand les gendarmes t'interrogeaient ?*

— Bernard Laroche : *Je suis allé chez Michel parce que j'ai appris par ma tante Louisette qu'il voulait me voir. En sortant de chez lui, j'ai aperçu Jean-Marie. Il a détourné la tête et a fait celui qui ne me voyait pas. Il est monté dans sa voiture. Que vouliez-vous que je fasse ?... C'est faux de dire que je venais me plaindre quand les gendarmes m'interrogeaient. Je suis allé une seule fois voir Jean-Marie, chez ses parents, pour savoir où en était l'affaire. On a parlé de l'enquête et on a bu une canette. C'est tout.*

— Jean-Marie : *Es-tu prêt à me rencontrer pour t'expliquer de vive voix ?*

— Bernard Laroche : *Oui. Mais je ne ferai pas le premier pas. Il y a eu trop de choses dites contre nous. Mais s'il veut me voir, je le reçois.*

Et Marie-Ange ajoute :

— *Jean-Marie et Christine ont dit que c'était nous qui avions crevé les pneus de leur voiture, qui avions enfoncé leur porte... On nous a salis... C'est dur après ça de revoir les gens...*

— Jean-Marie et Christine : *Que penses-tu de l'individu qui a tué notre enfant ?*

— Bernard Laroche : *C'est un salaud !*

— Jean-Marie et Christine : *Serais-tu prêt à signer la pétition pour que l'assassin soit condamné à mort ?*

— Bernard Laroche : *Non. Je suis contre la peine de mort par conviction personnelle. Même pour les crimes les plus horribles. Celui qui a fait ça en prendra pour vingt ans et ce sera pire que la peine de mort...*

A l'issue de notre rencontre avec Bernard Laroche, nous sommes retournés voir Jean-Marie et Christine Villemin. Ils ont écouté, en silence, les réponses de leur ancien ami. Certaines réponses ont paru les satisfaire, mais sans ôter le doute qui les habitait. Ils se sont bien sûr défendus d'avoir jamais sali Bernard :

— *Jamais nous ne l'avons accusé d'une chose ou d'une autre. C'est facile à vérifier sur les procès-verbaux. Au contraire, nous ne voulions pas croire que c'était lui. C'est le témoignage de Muriel qui nous a convaincus. Oui, nous voulons le rencontrer. Nous voudrions tant être sûrs que ce ne soit pas lui ! Vous com-*

*prenez,* ajoute Jean-Marie, *c'est mon meilleur ami d'enfance.*

Le choc ressenti dans les Vosges par la libération de Bernard Laroche s'est un peu calmé en cette fin de semaine. Au point que Me Garaud, l'avocat des parents de Grégory, trouve que les choses rentrent trop facilement dans l'ordre... « *Il faut que l'enquête se ressaisisse avec force et vigueur, dit-il. Il ne faut pas s'endormir. Je trouve que l'intensité diminue. Dans une affaire aussi horrible qui émeut la France entière, il doit y avoir une vigilance et un travail de tous les instants. Le chef de l'État lui-même a écrit à mes clients pour leur dire que tous les moyens sont mis en œuvre par la justice dans cette affaire. Après un tel engagement, il n'est pas possible que les parents de Grégory soient trompés !* »

Quelques jours plus tard, la tension retombée dans la vallée de la Vologne, Bernard Laroche regagne son pavillon d'Aumontzey. L'opinion semble s'être faite à l'idée qu'il n'est « après tout » peut-être pas coupable. Des bruits de plus en plus précis courent. Et ces bruits concernent une « certaine personne » dont nul ne s'aventure à prononcer le mot. La chose paraît impossible.

[illegible]

[illegible] pavillon d'Armenonville [illegible]

[illegible]

# 10.
# ET SI C'ÉTAIT LA MÈRE

Et si c'était la mère ? Christine Villemin, vingt-cinq ans, une petite brune menue, fragile, avec des restes d'enfance dans le regard. La première image que l'on ait eue d'elle, est celle d'une mère crucifiée par le chagrin. Dans le cimetière de Lépanges, le 20 octobre 1984, on enterre son fils de quatre ans, qu'un meurtrier sadique a jeté, pieds et poings liés, dans la Vologne. La frêle silhouette, encore amincie par ses vêtements de deuil, titube, s'effondre derrière un minuscule cercueil. Un visage d'adolescente, déformé par le chagrin et les larmes. Et ce cri déchirant, sorti de lèvres exangues : « *Mon Titi, non... Reviens, mon amour, reviens, mon chéri.* »

Cinq mois et demi plus tard, à la clinique de la Roseraie d'Épinal, le juge Jean-Michel Lambert lui signifie le rapport des dernières expertises en écritures : le Corbeau, c'est elle, ou du moins serait elle. Les faits semblent étayer l'incroyable suspicion qui court depuis des semaines.

Une fille un peu étrange, Christine, silencieuse, réservée, jamais un mot plus haut que l'autre. En tout cas, au début... Très calme, trop peut-être. Une enfance pas des plus gaies. Elle n'a pas encore l'âge de raison, cinq frères et sœurs, quand son père, âgé de trente-quatre ans, meurt, « après qu'on lui ait coupé les deux jambes ». Une artérite l'a emporté. Cette image obsède Christine. Elle a peur, elle aussi, de mourir d'un rétrécissement des artères ou de phlébite. Christine, sans arrêt, évoque ses « problèmes de circulation, les varices, maladie de famille », qui l'inquiètent tant. Un bref remariage de Gilberte sa mère, qui se termine en divorce, et c'est l'exil. La famille quitte Petitmont, en Meurthe-et-Moselle, la grande maison de Jeanne, sa grand-mère, pour une contrée plus rude : les Vosges. Il y a vingt ans, les Filatures embauchaient. Gilberte est ouvrière. Elle ne gagne pas beaucoup et a six enfants à élever. Ce n'est pas vraiment la misère, mais une pauvreté décente, la vie dans les H.L.M. La petite Christine fait partie des majorettes de Laveline-devant-Bruyères. Elle est presque championne de course à pied. Écolière de seize ans, elle rencontre Jean-Marie.

— *J'étais avec une copine. On sortait de l'école,* nous confie un jour Christine. *Deux garçons, sur une moto, sont passés. Mon amie les a sifflés. Elle connaissait l'un d'entre eux. L'autre, c'était Jean-Marie.*

Il a les cheveux bouclés, un peu longs, un regard sérieux, une souplesse de sportif qu'il entretient grâce au judo et au karaté. La brunette aux longs cheveux lui plaît.

— *A l'époque,* dit-il, *je sortais pas mal. J'allais au bal à Gérardmer, avec Bernard Laroche et mon frère Michel, dans la Simca 1000 du cousin.*

Christine, elle, était sage. Un flirt s'ébauche. Les deux gosses jouent aux grandes personnes. Christine quitte le lycée Jean-Lurçat de Bruyères, contre l'avis de ses professeurs qui auraient bien aimé que cette élève brillante pousse jusqu'au bac. Mais, comme les autres filles, elle veut travailler en usine, gagner de l'argent. Chez les Blaise-Chatel, comme chez beaucoup de Vosgiens de l'arrière-pays, on ne fait pas d'études supérieures.

Jean-Marie devient un peu plus qu'un petit copain. Le stade des baisers est dépassé, insensiblement. Christine se sent suffisamment grande pour « sauter le pas »... « Quelques mois plus tard, on s'est mis " à la colle ". » Dans les Vosges, ils sont un peu en avance sur leur temps.

Malgré cette minuscule hardiesse de mœurs, leur bonheur est sage, un peu gris peut-être. Christine a trouvé du travail à Lépanges à la manufacture vosgienne de confection, à deux pas du « Gai-Champ » — un nom bien guilleret pour une cité de H.L.M. grise et triste, où le jeune couple a son premier logement. Pour Christine, ce sont de longues heures devant une machine à coudre, des voisines de palier qui deviennent vite des copines devant des mazagrans de café. Christine Jacquot, qui sera la nourrice de Grégory presque dès sa naissance, habite là. Les deux Christine sont d'excellentes amies.

Quand les jeunes gens « régularisent », ça ne se passe pas très bien du côté des Villemin. Christine n'est pas tout à fait du même monde. Un lointain cousin Villemin, qui fut le plus proche collaborateur de Pasteur, a sa statue à Bruyères. Ils ont quelques lopins de terre. Pire, Christine fait figure d'étrangère. A Lépanges, Aumontzey, Jussarupt, on se marie beaucoup « en famille ». Jean-Marie est têtu, très amoureux. Pour Christine, il est prêt à tout sacrifier. Il se fâche avec sa famille, avec le clan, se brouille presque avec ses parents. Personne, dans l'immense parenté des Villemin qui adorent pourtant faire la fête, ne vient au mariage, célébré presqu'à la sauvette, en 1979. Quatre personnes seulement sont là : leurs parents qui leur servent de témoins.

— *Christine était très mal acceptée par sa belle-famille,* ont dit les rumeurs après le drame. Ces mêmes rumeurs, qui parlent « d'avortements », de « fausses couches »...

Albert et Monique Villemin, les grands-parents de

Grégory, rectifient : « *Christine est un peu notre enfant. Elle était toute gamine quand Jean-Marie nous l'a présentée, pas plus de quinze ou seize ans. Elle fait partie de la famille. C'est une gentille fille, bien élevée...* »

De la fenêtre de la cuisine de son H.L.M., où elle mitonne des petits plats pour son mari — il prend une demi-douzaine de kilos pendant les premiers mois de son mariage — elle n'aperçoit que des sapins. La forêt à perte de vue, un paysage rude, âpre et froid. Christine rêve de soleil, de mer bleue, de maison de pierres ocres, avec un toit de tuiles. Un moment, le jeune ménage envisage de s'installer en Camargue. Et puis, ça ne se fait pas. A part ses grands désirs d'évasion, elle est une épouse parfaite. Une très bonne maîtresse de maison. Son appartement est impeccable. Les disputes sont rares. Une fois, Christine claque la porte. Jean-Marie l'a giflée pour une broutille. Elle a voulu retourner chez sa mère. Jean-Marie en a été malade.

Difficile pour Jean-Marie d'envisager de s'exiler un jour, loin des siens. A son travail ça marche très bien. Il est ambitieux, raisonnablement. Et à Autocoussin, à la Chapelle-devant-Bruyères, il a de l'avenir. De simple ouvrier, il passe laborantin, chef de maîtrise, puis contremaître. Les Villemin, tout au moins Jean-Marie, ont des ambitions, mais modestes.

A force d'économies, ils achètent un bout de terrain sur les hauteurs de Lépanges, font construire. Jean-Marie, après l'usine, met la main à la pâte. Ses frères, son cousin Bernard Laroche, l'aident.

Grégory a quelques mois, quand ses parents s'installent dans le pavillon tout neuf. Christine s'y plaît-elle vraiment ? Ou raisonne-t-elle comme sa grande amie, Christine Jacquot, qui nous expliquera :

— *Nous aussi, on avait pensé faire bâtir là-haut. Je n'ai pas voulu finalement. C'est bien trop triste, trop isolé. A la place de Christine, j'aurais eu peur...* »

Christine est un peu seule dans sa grande maison toute neuve. Jean-Marie n'a pas le meilleur des caractères. Il est buté, un peu orgueilleux, presque ombrageux. Il se fâche successivement, et à tour de rôle, avec ses nombreux frères, sœurs et cousins. Entre deux réconciliations, la jeune femme connaît de grandes plages de solitude. Et cette famille qui la rejette sue la haine et la jalousie. Jean-Marie la gâte. Il lui achète une voiture. C'est elle — preuve de confiance — qui tient les comptes, signe les chèques. Elle est mieux habillée que ses belles-sœurs, peut-être parce que plus élégante naturellement. Viennent les premières lettres anonymes. Les premiers appels du Corbeau. Et si la jeune femme avait voulu goûter au charme vénéneux d'embêter les autres ? De punir ceux dont elle ressent l'hostilité ? s'interroge la rumeur.

La vie du jeune couple se recentre autour du gamin. Un môme turbulent, nerveux, pas commode tous les jours... comme son père. Grégory c'est un « ver coupé », cabochard. Il a du vif argent dans les veines. Il est très fort pour son âge. « *Jean-Marie et Christine étaient en adoration devant lui. Ils en étaient fous. C'était la prunelle de leurs yeux.* » C'est Gilberte Chatel, la grand-mère maternelle, qui parle. « Ils lui passaient tout », disent Albert et Monique Villemin, les grands-parents paternels. Rien n'est trop beau pour le petit. Sa chambre à coucher est meublée de chêne, le papier peint couvert de voitures de course a coûté « chaud ». Il a des jouets en pagaille.

Entre Jean-Marie et son fils, c'est le grand amour. Quand le père constate que le gamin, comme lui, n'a pas d'ongle à l'un de ses orteils, il est bouleversé d'une émotion tendre. « Nounours », c'est le surnom que Grégory donne à son père, fait les trois-huit. Il peut s'amuser de longues heures avec l'enfant. Tous deux passent des matinées entières à se faire des câlins et des chatouilles dans le lit conjugal. Jean-Marie a acheté, pour faire plaisir à son « Titi », une moto, une 125 Yamaha trial, rutilante. Quand l'engin fonce dans la forêt, l'enfant, accroché à la taille de papa, hurle de ravissement.

Le lendemain des obsèques du petit garçon, Christine et Jean-Marie quittent le chalet de Lépanges. La maison du bonheur.

— *On ne pouvait plus habiter là, dans cette maison où nous avons été si heureux tous les trois...*

Christine ferme la chambre aux murs couverts de bolides, remplit des cartons de jouets et de petits vêtements :

— *J'ai tout donné. Je ne pouvais pas supporter de voir toutes ses petites affaires.*

Jean-Marie vend la belle moto qui rendait l'enfant fou de joie. La voiture de Christine, qui rappelait trop de mauvais souvenirs. Sur la porte de bois, il y a très vite une pancarte « à vendre » :

— *C'était surtout pour Grégory qu'on l'avait fait construire.*

Les parents de Jean-Marie, chez qui le père s'était réfugié le soir de la mort de son enfant, leur ouvrent la porte.

Devant l'immense malheur de Christine et Jean-Marie, les parents Villemin, qui n'ont pas pour rien l'esprit de clan, oublient les petites brouilles, les anciennes disputes avec cette bru si différente d'eux-mêmes. Pourtant Christine et Jean-Marie ne vont pas rester. Parce qu'un soir la mère de Jean-Marie ne veut pas admettre que c'est bien la voix du petit Daniel, le fils de Michel, que l'on entend en fond dans un enregistrement de la voix du Corbeau... La mort de Grégory, loin de les apaiser, ravive les vieilles haines familiales.

Les grands-parents ne veulent pas, semble-t-il, trop éclaircir les choses. Et peu après l'arrestation de Laroche, disent une fois de trop à leur fils : « Laisse tomber ! »

Christine et Jean-Marie refont leurs valises. Puisqu'ils n'ont plus de chez eux, ils se réfugient chez Gilberte, la maman de Christine, dans son H.L.M. de Bruyères. Ils remplissent le minuscule salon de photos de Grégory souriant.

*« Une perquisition chez les parents ! Vous n'y pensez pas. »* Au lendemain du meurtre, le capitaine Étienne Sesmat, le chef du groupement de gendarmes d'Épinal, est horrifié. Ce Saint-Cyrien aux yeux bleus a des enfants. Sa jeune femme en attend un autre. Pas question de torturer, par des démarches maladroites, bien qu'indispensables, Jean-Marie et Christine, dont il comprend si bien l'épouvantable chagrin. C'est la mort dans l'âme qu'il se décide à interroger la mère pour savoir comment les choses se sont passées à l'heure du rapt. Le commandant Chaillan, tout rond, d'humeur bourrue, est, lui aussi, bouleversé de pitié devant la jeune femme. Le 18 octobre, les gendarmes entendent pourtant Christine. Ils ont déjà en main l'abominable lettre de revendication du meurtre de l'enfant, adressée à Jean-Marie seul, qu'ils n'osent montrer aux parents. L'audition est un crève-cœur. Cela fait quarante-huit heures que l'enfant a été assassiné. Et là, transporté de la morgue, le corps de Grégory a été déposé dans la maison. Christine n'a pas dormi. Elle parle d'une voix hachée par les larmes. Cette première déposition de pure forme, est surtout destinée à savoir à peu près ce qui s'est passé et à aider de trouver le coupable, dont personne n'imagine qu'il puisse être la mère :

— *J'ai quitté l'usine entre 16 h 50 et 16 h 55. Je suis montée dans ma voiture. Je me suis rendue directement chez Christine Jacquot au H.L.M. du « Gai-Champ ». J'étais pressée parce que j'avais du repassage à faire. J'ai repris mon fils et je suis repartie tout de suite après avoir échangé quelques mots avec Christine. De retour à la maison, j'ai rangé la voiture au garage. Je me suis changée. J'ai enlevé mon pull-over et mes baskets. Il faisait beau. Le petit jouait dehors. Je lui ai mis son anorak, son bonnet. Je l'ai laissé sur le tas de sable. Je me suis installée ensuite pour repasser, dans une pièce à l'arrière de la maison. Les volets étaient fermés. La maison est isolée et Jean-Marie les ferme toujours en partant pour l'usine, à cause des chapardeurs. Il était déjà tard. Je n'allais pas les rouvrir pour si peu de temps. J'ai écouté la chaîne hifi que j'avais mise assez fort, car elle est dans une pièce de devant. Quand je l'ai branchée, j'ai entendu « à vous Nicole, à vous les grosses têtes ».* Il est donc 17 h 03. *Vers 17 h 30, j'ai éteint la radio qui passait une publicité pour le fromage « Grosjean ». J'ai machinalement regardé la pendule. J'ai débranché le fer à repasser. je suis allée chercher Grégory. Il n'était plus là.* Voilà en substance le premier récit du drame.

La jeune femme raconte ensuite sa quête désespérée. Elle va d'abord chez Gilbert Méline, son plus proche voisin. Celui-ci est dans son verger. Il n'a pas vu l'enfant. Sa femme non plus. Christine retourne chez elle, fouille toutes les pièces. En vain. Elle retourne chez les Méline et leur demande de faire attention « au cas où Grégory reviendrait pendant mon absence ».

— *J'ai fermé la porte à clé. J'ai pris la voiture. Et je suis redescendue vers le village. J'ai été gênée par les vaches de madame Claudon qu'elle rentrait.* Bref arrêt chez les parents du petit Parisse, un camarade de classe de Grégory. *Je suis retournée chez madame Jacquot et je suis rentrée chez moi un peu avant 18 heures.*

A Jean Ker, de « Paris-Match », elle précisera :

— *J'ai appelé les gendarmes aux alentours de 18 heures. J'étais à ce moment-là avec monsieur Méline, mon voisin. Le téléphone a sonné à 17 h 50. Ma belle-mère a appelé en disant : « Christine, on t'a enlevé le petit. » J'ai commencé à chialer. Je lui ai dit que j'allais appeler la gendarmerie. Elle m'a répondu que c'était déjà fait. Puis Gilbert Méline m'a convaincu de les prévenir quand même.*

Émus ou pas, les gendarmes se doivent de vérifier les déclarations de Christine. Ils vont voir ses camarades de travail à la manufacture, Mme Jacquot, la nounou, et constatent quelques menues divergences entre la version de la mère de l'enfant et les autres. L'émotion sans doute !

En effet, les camarades de travail de Christine, Mme Jacquot, une voisine de celle-ci, n'ont pas tout à fait les mêmes souvenirs que la maman. Mais si elles la trouvent « peu liante », elles n'ont aucune raison de l'accabler. Maria Leite, par exemple, a « été surprise de voir la voiture de Christine quitter le parking de l'usine et se diriger vers la gauche, en direction de la poste de Lépanges, alors que pour aller au " Gai-Champ " il faut d'abord tourner à droite, puis à gauche : " J'ai même pensé qu'elle allait voir sa mère à Bruyères " », ajoute Maria Leite.

Sandrine Loupes, Marie-Hélène Blondel et Anne-Marie Texeira, sont tout aussi formelles. Ce mardi-là, elles ont bien vu la R5 bleu marine de Christine s'arrêter devant le minuscule bureau de poste. Une des jeunes ouvrières est même certaine de l'avoir aperçue « jeter une ou plusieurs lettres dans la boîte ». Marie-Lina Balland habite au « Gai-Champ ». Elle était à sa fenêtre quand Christine est venue chercher son petit garçon. Elle a aperçu une R5 sombre, noire ou bleu marine, prendre la direction de Docelles. Et des voitures de ce type il n'y en a pas plus de deux dans le village. Christine Jacquot, elle aussi ne dit pas tout à fait la même chose que son amie. Nous l'avons rencontrée peu de jours après le drame. Cette jeune et jolie mère de trois enfants était encore totalement traumatisée par la mort atroce de Grégory, dont elle s'occupait depuis sa naissance, bouleversée par la tragédie qui frappait son amie. *« Quand Christine est revenue, il était un peu plus de 17 h 20. Je ne comprends pas pourquoi Christine dit qu'il était plus de la demie. »* *Mme Jacquot ne porte pas de montre, mais elle a ses propres repères. « Il faisait encore très clair. J'étais avec deux dames de l'immeuble devant l'entrée quand elle est arrivée, affolée. Je suis sûre de l'heure. Le voisin du dessus rentre toujours de son travail à 17 h 15. C'est une véritable horloge. Il n'était pas là depuis plus de dix minutes quand la voiture de Christine est arrivée. Christine conduisait très vite. Elle pleurait. Elle était comme folle. Elle m'a demandé si Grégory était là. J'ai répondu que non. Elle a pleuré encore plus fort et m'a dit : « S'ils l'ont pris, c'est foutu. » Avant de repartir en trombe, elle m'a dit : « Ma pauvre Christine, si tu savais ce que j'endure depuis sept ans. »*

Une série de témoignages négatifs donc, auxquels viennent s'ajouter ceux de M. Méline, le voisin immédiat, de M. Colin, que Christine aurait croisé avec son chien au bas de la colline, et de Mme Claudon. Ils sont incapables de dire avec précision l'heure exacte à laquelle ils ont aperçu Christine. Plus embarrassant, ils ne se souviennent pas d'avoir vu Grégory entre 17 heures et 17 h 30. Et M. Colin ajoutera que, passant devant le chalet des Villemin, il n'a pas remarqué la R5 de la jeune femme, ce qui ne signifie rien pour autant.

Le 24 octobre, Christine Villemin s'est portée partie civile. Elle a donc accès au dossier. Ses détracteurs, et ils sont peu nombreux à l'époque, affirment qu'à partir de ce moment-là, elle modifie ses déclarations pour les faire coller de plus près avec celles des autres témoins. En particulier celles de Mme Jacquot. Exemple : le 18 octobre, Christine dit : *« J'ai mis son bonnet et son anorak à Grégory. »* Le 19, la nounou affirme : *« Le petit était habillé avec son blouson et un jean. Il était nue tête. »* Et le 28, Christine se souvient : « *Je suis allée chercher son bonnet. Je lui ai mis. Le vent soufflait, j'ai eu peur qu'il n'attrape froid.* » Plus d'anorak cette fois !

Il y a tout de même d'autres explications à ces variations de détails. Christine est entendue pour la première fois le surlendemain de la mort de son petit garçon. Il n'est même pas encore enterré. Elle est en état de choc. Peut-on exiger que, dans son état, sa mémoire soit très fidèle ?

— *Mes collègues se trompent,* affirme Christine. *Le 16, j'étais devant la poste de Lépanges, mais après 17 h 30. Je faisais demi-tour, je cherchais Grégory. C'est le lundi que j'ai posté des lettres : une réponse à un concours et une commande de vêtements d'enfants à une maison de vente par correspondance de Tourcoing.*

On retrouve les bulletins du concours. La maison « Vert Baudet » de Tourcoing a bien reçu la commande de Christine le 17, accompagné d'un chèque de 164 francs. Libellé le 15, mais l'enveloppe pourtant le cachet de la poste a été détruite.

Jean-Michel Lambert veut en avoir le cœur net. Il organise, le 22 novembre, une confrontation entre Christine et les quatre couturières de la M.V.C. Toutes les quatre maintiennent leurs affirmations, sont certaines de ne pas s'être trompées de date. Sandrine Loupes, par exemple :

— *Je suis sûre que c'était le mardi, parce que tous les mardis soir je prends un café avec ma sœur.*

Une autre :

— *Il n'était pas 5 h 30 quand j'ai vu Christine devant la poste. Je prends mon train à la gare de Lépanges à 17 h 02. A 17 h 30 je suis chez moi.*

Les autres jeunes femmes ont elles aussi des points de repère, qui les rendent si certaines de la date :

— *Ma mère m'a téléphoné ce soir-là pour me dire*

*que le fils de Christine avait disparu. Et je me suis fait la réflexion que la malheureuse ne devait guère se douter du drame qui l'attendait quand je l'ai aperçue devant la poste.*

Une autre :

— *Le lendemain, en allant au pain, un peu avant 7 heures, j'ai appris le drame. Et je me suis dit que Christine n'était vraisemblablement pas au courant quand je l'ai vue à la poste.*

Et aussi :

— *J'ai failli rentrer dans sa voiture qui faisait demi-tour devant la poste.*

On vérifiera bien sûr ces « sous-témoignages », qui sont authentiques.

Christine est jetée en pâture à l'opinion publique, presque traitée en accusée. Depuis quelques jours déjà des bruits circulent, des rumeurs, des ragots. Christine, jusque-là murée dans son chagrin, a peu parlé. Le lendemain de cette confrontation, elle se justifie dans une longue interview à l'A.F.P. :

— *J'ai l'impression qu'on me suspecte, mais ceux qui me suspectent se trompent. Je ne vois pas ce que cela m'aurait apporté d'avoir fait ça. Je n'ai plus de gosse, je n'ai plus rien. Le lundi 15 et non le 16, je suis allée à la poste avec le petit. Oui, le mardi je suis bien passée devant comme une folle. Je cherchais Grégory. A 16 h 55, j'ai quitté mon travail. Je suis allée seulement chercher son bonnet à l'intérieur pour lui couvrir la tête.* Et elle répète mot pour mot ses premières déclarations devant les gendarmes avant d'ajouter : *Quand on voit déjà l'opinion publique, on va croire que j'ai manigancé le coup avec Michel, le frère de Jean-Marie, et Laroche, alors que j'ai tout perdu.*

Deux témoignages pourtant lui sont favorables, celui de M. Colin et de Mme Grandidier qu'elle a croisés en bas du village, sur la route. Mme Grandidier justement était en grande conversation avec un gendarme en villégiature dans la région. Et ces deux personnes sont formelles. Leurs déclarations ont été dûment enregistrées par la maréchaussée :

— *J'ai vu passer madame Villemin à bord de son véhicule. Son fils se trouvait passager arrière dans la voiture.*

Mme Grandidier est même beaucoup plus précise :

— *J'ai vu passer le véhicule de madame Villemin que je connais puisqu'elle habite à deux cents mètres de mon domicile. Madame Villemin conduisait et le petit garçon se trouvait à l'arrière, cramponné au siège avant. Je suis certaines de mes dires.*

Ces deux procès verbaux ont été joints au dossier, à quelques pages de ceux qui « accablent » la mère de l'enfant.

Jean-Marie vole au secours de sa femme. « *On veut semer le trouble dans cette enquête. On sait que c'est Laroche. C'est lui, mais il n'y a pas de preuve matérielle.* »

Et l'insouciance de Christine ! Alors que depuis des années elle vit dans la hantise du Corbeau, elle laisse son « Titi » sans surveillance. Elle est à l'intérieur toutes fenêtres fermées, l'enfant dans le jardin. Alors que Jean-Marie avait été prévenu par le Corbeau :

— *Un appel d'une demi-heure à mon usine qui me disait : « Je m'en prendrai au gamin, ça vous fera plus de mal. Ne le laissez pas traîner. Je le surveille avec des jumelles. Si je le vois, je l'embarque. Et tu le retrouveras en bas.*

Christine l'admet, elle a été imprudente. Elle n'aurait pas dû sans doute laisser son fils sans surveillance, hors de portée de voix, puisque le double vitrage et les persiennes l'empêchent d'entendre. Elle s'explique :

— *Il faisait très beau. Grégory voulait absolument jouer dehors encore un moment. J'ai cédé. Je n'avais pas particulièrement peur. Depuis longtemps déjà, nous étions tranquilles. Cela faisait plus d'un an et demi que le Corbeau n'avait pas appelé, pas écrit. Nous n'y pensions presque plus. On n'allait quand même pas laisser enfermé le petit jusqu'à son mariage...*

Autre détail gênant. Il n'y a pas de publicité « Grosjean » à 17 h 30, sur R.T.L. Le dernier message remonte à 16 h 12. Et si Christine écoute bien R.T.L. à l'usine, sa hifi est branchée sur la modulation de fréquence, remarquent les enquêteurs, mais rien ne dit que personne n'a touché au poste entre-temps.

Autre étonnement des enquêteurs : la précipitation de Christine le 16 octobre. Le juge Lambert trouve qu'elle était bien pressée ce jour-là. Deux fois, le 12 et le 24 décembre, le magistrat, chronomètre en main, va refaire le parcours de la jeune femme depuis l'usine jusqu'à son chalet. Pour être devant ses serviettes et ses torchons à repasser à 17 h 03, moment où, dit-elle, elle a entendu après le flash d'information de R.T.L. le démarrage des « Grosses Têtes », elle n'a pas perdu de temps. En comptant 4 minutes 15 secondes pour faire la route, il lui reste 5 minutes et 45 secondes... c'est peu. Elle se serait donc arrêtée 9 secondes maximum chez Mme Jacquot pour reprendre Grégory et n'aurait pas mis plus d'une minute 34 secondes pour rentrer chez elle, se déshabiller, envoyer son fils jouer dehors, dresser la planche à repasser, brancher le fer. Mais là encore, cela n'est qu'un détail secondaire. Christine a pu entendre le début des « Grosses Têtes » en arrivant et confondre après.

Christine explique à Jean-Michel Jeandon, de « France-Soir » :

— *Je ne suis pas remontée trop rapidement chez moi. Je ne suis pas femme à papoter ici ou là. J'allais chercher le petit chez Christine Jacquot et je rentrais directement. Si je ne rentrais pas à la maison, c'était pour aller chez ma mère. J'avais mon ménage à faire. Je n'ai pas de bonne. Je travaille toute la journée et le soir, à 20 h 30, j'aime être tranquille.*

Des calomnies ! Jean-Marie et Christine envoient un télégramme au président de la République pour lui demander qu'on les soumette au sérum de vérité.

— *Nous sommes les parents de Grégory,* écrivent-ils à François Mitterrand. *Nous faisons appel à vous pour mettre fin à toutes ces calomnies qui nous torturent. Nous n'en pouvons plus des doutes qu'on fait peser sur nous. Nous vous demandons l'autorisation de nous soumettre au sérum de vérité, qui existe en Amérique.*

Et après avoir expédié ce télégramme, Christine a ce cri inhumain :

— *Que peut-on me demander encore. On me reproche de vivre ! Il y a des jours où j'ai envie de rejoindre mon fils.*

La réponse présidentielle mettra plus d'un mois à arriver.

Noël sur la Vologne. Le premier sans Grégory. Trois jours avant ce qui, pour elle, ne serait plus désormais une fête, Christine m'a longuement reçu, parlé. Elle habite chez sa mère à cette époque. Elle a des larmes dans la voix quand elle évoque ses souvenirs si récents.

— *Les cadeaux de « Titi », on les commandait des mois à l'avance, pour les mettre sous l'arbre. Le sapin c'était pour lui. On a commencé à en faire après sa naissance. On le dressait à la Saint-Nicolas. Et je ne le jetais qu'à la fin février, une fois les dernières aiguilles tombées. Le sapin, c'était un gros morceau de bonheur pour mon petit garçon. L'année dernière, Grégory m'avait donné un coup de main. Il me passait les guir-*

*landes du sapin. Je les accrochais dans l'arbre. Pour le réveillon, j'avais mis un pantalon blanc et une chemise blanche à carreaux noirs. Grégory m'a dit : « Qu'est-ce que tu es belle ! » Il y avait de la neige partout. Le petit était fou de joie. Il est resté avec nous toute la soirée. Il s'amusait tant. Je n'ai pas eu le cœur de le mettre au lit. Il est allé se coucher en même temps que nous. Il devait être 3 heures du matin.*

Jean-Marie et Christine s'engourdissent dans leur chagrin. Jean-Marie a repris son travail de contremaître à Autocoussin. Il est encore plus silencieux qu'avant. Devant lui, on n'ose à peine parler de l'affaire. Lui, ne discute que boulot. Il a peu changé. Les kilos perdus au moment du drame sont revenus. Pas parce que le jeune père a repris goût à la vie. Ce sont les tranquillisants qui lui bouffissent le visage, l'enveloppent d'une graisse pas très saine. Il semble s'être installé définitivement chez la mère de Christine. C'est plus sûr, Jean-Marie a peur d'un geste désespéré. La jeune femme ne travaille plus. Elle en est incapable. Elle ne peut plus affronter le regard des collègues qui l'ont « faussement accusée ». Elle sort très peu. Seulement pour aller faire ses courses. Et sa visite quotidienne au cimetière de Lépanges. Ils s'endettent pour commander une belle stèle pour le petit. Dans la salle de séjour de l'appartement, qu'elle brique à fond pour s'occuper, Christine tricote, lit des romans d'amour, compte les heures, regarde le calendrier. Quinze jours après la mort de son enfant, elle a fait enlever son stérilet. Une « confidence » qui en a choqué plus d'un, mais qui correspond au caractère tout de franchise de la jeune femme. Souvent, elle écarte le rideau de la fenêtre pour contempler les flocons de neige qui tombent sur la campagne désolée. Et ce rêve qu'on lui prête d'une autre existence, loin de ce pays âpre et rude où elle est si malheureuse, la hante à nouveau. Christine sait que le temps joue pour Bernard Laroche, emprisonné depuis près de deux mois. Elle sait que le flot des rumeurs dont elle est la cible, ne cesse de grossir. Les partisans de Bernard Laroche sont devenus les ennemis irréductibles des Villemin.

Un clivage qui transparaît dans la presse. Les médias, eux aussi, ont choisi leur clan... La réponse tant attendue du président de la République ne calme qu'à moitié ses craintes. La lettre est signé de Mme Paule Dayan, une très proche collaboratrice :

— *La question que vous soulevez pose un problème de procédure et n'entre pas dans les compétences du président de la République. Je transmets en conséquence votre courrier au cabinet de M. le Garde des Sceaux, auquel je demande de vous répondre directement.* Christine est presque satisfaite.

— *Je suis un tout petit peu rassurée. On ne l'espérait plus cette lettre du Président. Maintenant, je reprends courage. Alors que depuis des semaines quelque chose de pas très net passait dans la manière dont les gens me regardaient. On a colporté des ragots odieux. Maintenant c'est comme si j'étais lavée des soupçons dirigés contre Jean-Marie et moi...*

Autre chose la réconforte :

— *Mon dernier entretien avec le juge a été très cordial. Enfin, il semble n'avoir plus rien à me demander, plus rien à me faire préciser. Il ne met plus ma parole en doute. Vous ne pouvez pas savoir à quel point je suis soulagée. Il m'a dit qu'à présent il n'avait plus besoin de me voir. Bien sûr, ça ne rendra pas mon petit garçon. Mais je respire mieux. Tout cela pourtant à un goût de cendre. Le mal qui a été fait est fait. Dès que notre maison sera vendue, nous quitterons la région, ici nous avons trop souffert. Quand nous serons ailleurs, on fera venir le petit.*

Jean-Marie est plus réservé.

— *Attendons la réponse de M. Badinter.*

Dès ce jour-là, les parents de Grégory vont tout mettre en œuvre pour être soumis à ce fameux test du sérum de vérité ou, à défaut, au détecteur de mensonge. Ils sont appuyés par Me Garaud, qui feuillette fiévreusement toute la documentation existant sur la machine. Il envisage successivement de faire venir un appareil de détection en France, d'utiliser celui que possède (peut-être) l'armée française et même de faire un voyage aux États-Unis...

C'est à une autre épreuve pourtant que Christine est, pour le moment, soumise. Celle des dictées, le 24 janvier, sous le contrôle des nouveaux experts commis par le juge. Christine lavée de tout soupçon ? Alors pourquoi cette page d'écriture ? Étrange... D'autant que la justice, dix jours plus tard, n'a plus de « coupable à 100 % ». Les gendarmes ont « aidé » Muriel à charger son beau-frère. Laroche, toujours inculpé, a été remis en liberté le 4 février. Jean-Marie ronge son frein. Il confie à José Benjamin, de « France-Soir » :

— *Lorsque Bernard Laroche dit : « Il faut savoir si on veut un coupable ou le véritable assassin », je suis d'accord avec lui. S'il faut que je me fasse policier pour apprendre la vérité, je le ferai. Pour Bernard Laroche, je ne suis pas si sûr. Je ne pourrai jamais lui serrer la main, si l'assassin n'est pas arrêté... Il n'y a qu'une solution : il faut que nous partions d'ici, surtout si nous voulons un enfant. Et nous le voulons...*

Christine, assise dans un fauteuil, approuve avec un sourire secret.

L'hiver glacial des Vosges, n'a pas fait taire les bruits des rumeurs qui disculpent Laroche. Dès le 15 février, son avocat, Gérard Welzer, ne craint pas de dire que son client n'est pas le Corbeau.

— *J'ai rencontré le juge Lambert,* précise-t-il. *Il m'a dit simplement : ce n'est pas lui.*

Le juge Lambert aurait composé, dès cette date, son

hit parade des corbeaux possibles. En tête, deux femmes et un homme. Laroche y fait figure d'outsider. Le juge a entre les mains, non un nom unique, mais un classement numérique de huit personnes, dressé par Mme de Ricci et Alain Bucquet, avec pourcentage de probabilité. Pour l'instant, le juge garde ces documents pour lui. Les experts ont travaillé d'arrache-pied. Résultat de leurs analyses : une épaisse liasse de feuillets, accompagnée d'une explication de la méthodologie utilisée. Ils ont, dans un premier temps, établi que les quatre lettres du Corbeau était de la même main. Il a fallu ensuite savoir laquelle. Un nom arrive en tête : la méthode dite « des discordances » désigne la même personne à 82 %. Celle dite « statistique » à 99 %... Le 23 février, l'épais dossier est officiellement remis au magistrat instructeur.

Le S.R.P.J. de Nancy, sous la direction du super-flic Pierre Richard, a repris l'enquête. Ce que, depuis des mois, Me Garaud, l'avocat des parents de la petite victime réclame. Jean-Michel Lambert, conscient que les gendarmes ont un peu loupé leur travail, ne veut pas prendre le risque d'influencer les hommes de la P.J. Ils sont entrés dans le champ clos de la Vologne le 18 février, le jour où Bernard Laroche retrouvait le chemin de son usine. *« Pierre Richard,* explique Christian Chardon du " Parisien Libéré ", *est directeur adjoint de la police judiciaire, responsable des affaires criminelles. Il n'y a, en fait, que deux précédents en France à une telle mesure : en janvier 1976, lors du rapt du petit Philippe Bertrand, à Troyes. Son homologue de l'époque, Honoré Gevaudan, avait l'ordre du ministre de l'Intérieur, de se rendre à Reims pour y contrôler et diriger le travail de la P.J. Le second, en pleine guerre des polices en 1979, dans l'affaire Mesrine. A un moment où les luttes entre les divers services étaient particulièrement vives. Maurice Bouvier, directeur central de la P.J., prenait personnellement l'affaire en main. Pierre Richard n'envisage pas la possibilité d'un échec. Le démantèlement du Front de Libération de la Bretagne, c'est lui. La dislocation du gang des Lyonnais c'est encore lui. Il a traité l'affaire Martin Schleyer, le patron des patrons allemands, enlevé et retrouvé mort dans le coffre d'une voiture, le 19 octobre 1977. »*

La passation de pouvoirs, le 18 février, est une simple formalité. Un court entretien dans le cabinet du juge, avec le capitaine Sesmat, puis un déjeuner à trois dans une auberge vosgienne, entre le capitaine Sesmat, le commissaire Gérard Andrieux chef de la P.J. nancéienne et Pierre Richard. »

Les feux de l'actualité vont pourtant, pour quelques jours, se détourner de l'enquête proprement dite : Christine Villemin attend un enfant ! Elle se confie, le 21 février, à Christian Chardon et Gilles Ouaki, du « Parisien » :

— *Pour moi, c'est le début d'une autre vie. Cela fait trois mois et demi que nous avons décidé de donner un frère ou une sœur à Grégory. Le destin veut qu'il naisse autour du 16 octobre. Grégory ne sera pas remplacé pour autant. Lorsqu'il était encore avec nous, nous avions prévu d'avoir un autre enfant en 1986. Grégory voulait un bébé... Dès que la maison sera vendue, nous partirons vers l'Atlantique ou la Méditerranée. Le bébé s'appellera Jonathan ou Fallon.*

Christine n'oublie pas d'évoquer l'affaire :

— *Les rumeurs contre nous sont monstrueuses, mais c'est ainsi. Les gens aiment bien inventer ou médire. Cela m'est égal. Ce que j'ai dit au juge, c'est la vérité...*

Et tout se précipite... Le garde des Sceaux ne recevra pas les Villemin. Il ne reçoit jamais une partie en cause dans une affaire. Le juge Lambert ne néglige aucune piste. Il retourne même le 1er mars voir M. Claude, le voyant d'Épinal, qu'il avait déjà rencontré au mois de décembre. Il sait que les parents de Jean-Marie le consultent...

Pierre Richard ne reste pas inactif. Lui et ses hommes avalent d'abord l'énorme dossier établi par les gendarmes. Le super-flic sait qu'il dispose de très peu de temps. Il a été nommé préfet de police dans les Bouches-du-Rhône et doit prendre ses fonctions le 26 mars. A Lépanges, Bruyères et Aumontzey, l'atmosphère est pesante. Les voitures banalisées des policiers en civil sont vues un peu partout. Les enquêteurs, comme les gendarmes avant eux, retournent sur le terrain.

A Épinal, les avocats de Bernard Laroche s'impatientent. Ils savent que le rapport des experts en écriture est prêt. Le nom de la personne qu'il désigne est un secret de polichinelle. Ils savent surtout que ce n'est pas leur client. Ils veulent que le non-lieu soit accordé. Très vite. Me Welzer et Me Prompt décident de précipiter les choses. Ils envoient un télégramme au procureur général de Nancy, Gérard Descharmes, et au procureur de la République d'Épinal, Jean-Jacques Lecomte, sans oublier le petit juge Lambert, avec photocopie au garde des Sceaux :

— *S'il n'était pas procédé dans les quarante-huit heures à cette notification, nous nous verrions contraints de prendre les mesures nécessaires pour qu'en tout état de cause, la vérité soit connue... de faire un communiqué à la presse, ne pouvant accepter que le Ministère public maintienne son obstruction à la pleine manifestation de la vérité.*

Le petit juge n'a pas connaissance de ce télégramme. Il est en congé de maladie, après avoir été hospitalisé pour une intervention chirurgicale bénigne. Il se sent tout de même suffisamment bien pour voir longuement à Nancy Pierre Richard. Coïncidence ? Le même jour, la manchette de « France-Soir » explose :

*« Grégory : le Corbeau est une femme. Le juge*

*connaît son nom. Mais rien ne dit qu'elle ait tué le petit Villemin.* » Les trois femmes désignées par les experts sont : Marie-Ange Laroche, Liliane Jacquel-Villemin, la femme de Jacky, et bien sûr Christine. *« L'une d'elles sait »*, titre « le Parisien ».

Le printemps est tardif sur les hauteurs d'Aumontzey et de Lépanges. Bernard est à l'usine, Maire-Ange est dans sa villa. Elle a les yeux rouges et gonflés. Lunettes sur le nez, elle recoud à points soigneux l'ours en peluche de Sébastien. Le petit garçon, malgré la fraîcheur de cet hiver qui s'éternise, joue sur la terrasse avec Prince, le chien. Marie-Ange est moins fine, moins jolie que Christine Villemin, mais très chaleureuse. Elle fait un effort, offre le café : *« Je n'en peux plus. Je n'attends qu'une chose, que l'innocence de mon mari soit reconnue par un document officiel, une décision de justice. Ce n'est qu'à ce moment là que je respirerai enfin. »* Officieusement, elle a été avertie par son avocat spinalien qu'elle n'est pas le Corbeau.

A Granges-sur-Vologne, Liliane Villemin, la couturière en chambre, correspondante du journal local, l'intellectuelle de la famille, est épuisée : *« Je sors de l'hôpital. Les médecins parlent de tumeur au cerveau. J'ai l'impression que l'on saura bientôt. »* Elle aussi sait que la femme que désignent les experts, ce n'est pas elle.

Christine et Jean-Marie Villemin ne sont pas dans les Vosges. Ils sont à Petitmont, le village natal de Christine. Chez sa grand-mère Jeanne. Jean-Marie aide à retaper la maison de son beau-frère. Il fait du béton. Se dépenser physiquement, lui fait oublier son angoisse. Le soir, il est crevé, il dort. Christine est sereine, encore une fois. *« Laissez faire les choses. Les racontars. On s'en moque... »* Pas tant que ça. A peine quarante-huit heures plus tard, elle s'insurge contre ces fameux ragots. Dans une déclaration à l'A.F.P., Christine sort les griffes. La jeune femme, en cinq mois de vedettariat, a appris à se servir de la presse.

— *Si on a maintenant des soupçons sur moi, qu'on me le dise en face. Ou bien qu'on fasse un démenti officiel. Si on essaie de me faire craquer, c'est peine perdue. Je ne craquerai pas. On peut me mettre en garde à vue, je n'ai rien à me reprocher. Ce n'est pas comme cela qu'on trouvera l'assassin de mon fils.*

Les articles de presse qui la mettent en cause ?

— *C'est dégueulasse. Mais maintenant, ça me laisse froide. Si je suis désignée par les experts, comme le Corbeau, comme certains le disent, on demandera une contre-expertise. Non, je n'ai pas eu de liaison avec Bernard Laroche, ni avec personne d'autre. Si j'en avais une, je l'aurais dit au juge. J'adorais mon fils. Nous étions heureux tous les trois.*

Le dénouement est proche. Le lundi 25 mars, le petit juge doit signifier aux Villemin et aux Laroche les rapports d'expertise. Et ce n'est sans doute pas pour rien que les policiers du S.R.P.J. de Nancy sont descendus sur les bords de la Vologne. S'ils ont revu les témoins, les familiers des deux familles. On murmure que ce même lundi, le petit juge pourrait faire faire une autre dictée à quatre personnes... dont Christine. En attendant cette échéance, les policiers nancéiens aimeraient bien « avoir un entretien avec Christine et son mari ». Le problème de droit est délicat. En principe, la partie civile ne peut être entendue hors la présence de son avocat. *« Renoncez à ce droit »,* conseille Me Garaud. *« Allez-y. »* Le jeudi 21 mars, en début d'après-midi, les parents de Grégory franchissent la lourde porte de l'hôtel de police de Nancy. Ils y resteront neuf heures. Ils sont interrogés ensemble, puis séparément. On les laisse se reposer. On leur donne des repas froids. Mais les questions posées par le commissaire Andrieux et ses collaborateurs, qui se relaient sans relâche pour un entretien courtois, sont précises, très précises. Si Jean-Marie parle surtout de ses bizarres relations familiales. Christine, elle, est priée de se rappeler à la seconde près ce qu'elle a fait entre 16 h 50 et 17 h 50, de cet après-midi déjà lointain du 16 octobre. Tard dans la nuit, les policiers sont enfin satisfaits.

Et le lendemain matin, la porte du H.L.M. de Bruyères, autrefois largement ouverte, se ferme au nez des journalistes. Jean-Marie et Christine, jusqu'alors si désireux de s'exprimer, n'ont plus rien à dire. A moins que les policiers ne leur aient recommandé de se taire ? Jean-Marie est sur le pallier. Christine, derrière lui, téléphone. Un sourire aux lèvres : « *Nous voulons qu'on nous laisse tranquilles ;* fulmine Jean-Marie. *Les policiers veulent que désormais tout se passe dans le plus grand secret.* » Et Jean-Marie claque la porte. Dimanche, ils ne sortent pas de chez eux, si ce n'est pour une brève visite au cimetière de Lépanges, suivis d'une meute de photographes avides d'immortaliser l'image d'une presque coupable. On sait maintenant qu'après la communication du rapport d'expertise, Christine et Jean-Marie seront invités à se soumettre à une dernière dictée... et que le nom qui vient en tête est celui de Christine. Et cette dictée doit avoir lieu le lundi.

Minuit et demi. Dans la nuit de dimanche à lundi. Jean-Marie Villemin erre dans Épinal à la recherche de Me Garaud, arrivé le soir même de Paris, pour assister ses clients. L'avocat vient de finir de dîner au « Mouton Blanc ». Jean-Marie lui fait signe. Il est livide. Christine a été victime d'une hémorragie. Il vient de la conduire à toute allure, au risque d'avoir un accident, dans sa R18, à la clinique de la Roseraie, où, le vendredi précédent, elle a subi une échographie.

A la veille de son audition capitale, la jeune femme a craqué physiquement. Certains ne se privent pas d'insinuer que c'est une manœuvre, celle de la dernière chance.

L'hospitalisation subite de Christine Villemin n'entrave pas le cours de la justice. A neuf heures et demie, Jean-Marie est au palais de justice. Il en sort à onze heures, très pâle. Le juge Lambert vient de lui donner le nom du Corbeau. Celui de sa femme. Me Garaud, à ses côtés, tonne :

— *L'assassin doit se réjouir de ne plus à avoir à envoyer de lettres anonymes pour torturer les parents. Christine n'est pas mourante, mais elle risque de perdre l'enfant qu'elle porte...*

14 heures. Jean-Marie est à nouveau au palais de justice pour sa nouvelle dictée. Jacky, son demi-frère, Lilianne, sa demi-belle-sœur, composent avec lui, dans une pièce à côté du bureau du juge. Jean-Marie est à cran. Malgré cela, il termine le premier.

15 h 45. La clinique de la Roseraie est encerclée par une foule de journalistes. Deux Renault 4 pénètrent dans la cour du bâtiment rococo. Experts en écriture, juge d'instruction, greffier et même procureur de la République sont là. Jean-Michel Lambert n'a plus qu'à confirmer à Christine Villemin ce qu'il lui avait fait savoir officieusement six jours plus tôt.

Christine est suffisamment « solide » pour écrire, sur une petite table roulante, qu'on a poussée près de son chevet.

Elle est peut-être malade, mais elle a conservé tout son franc-parler. Elle apostrophe même les experts :

— *Vous pouvez me faire faire une dictée et me désigner à 100 % cette fois. Cela ne changera rien à mon comportement, ni à la vérité.* Mme de Ricci lui tend un stylo à bille.

18 heures. Bernard Laroche sort du palais de justice. Rayonnant. Il tient très fort serrée la main de

Marie-Ange. Elle est radieuse. Les expertises disculpent Bernard Laroche. Ses défenseurs précisent :

— *Nous demandons le non-lieu. Aucune charge ne subsiste à son égard.*

On ouvre les grilles, pour laisser passer Mme de Ricci et M. Bucquet, qui, mission accomplie, vont regagner Paris avec leurs « devoirs », complément d'expertise. Pourquoi cette épreuve supplémentaire ?

— *Nous sommes sûrs, mais nous voulons être encore plus sûrs,* lâche peut-être imprudemment Mme de Ricci.

— *Nous déposerons nos conclusions dans un mois...*

Un mois de répit ? Le sort et Jean-Marie Villemin vont en décider autrement.

# 11.

# JEAN-MARIE SURGIT LE FUSIL A LA MAIN

Vendredi 29 mars — 14 h 30. Fin du déjeuner. Le premier à Paris depuis quinze jours. Retour à la rédaction et la voix du chef des infos : *« Villemin a descendu Laroche ! »* Premier réflexe : *« Le premier avril, c'est lundi ! Ça suffit, ne plaisantez pas avec ça. » « Mais c'est vrai, la dépêche vient de tomber. »* Même devant cette preuve, on n'y croit pas encore. Vite, un coup de téléphone à Marie-Ange. Et une voix de femme cassée par les larmes répond. Puis une voix d'homme. Puis plus rien. Stupeur atterrée. Dix minutes plus tard, la voiture du journal prend l'autoroute de l'Est. Quatre heures de route rythmées par les flashs et les bulletins d'information...

Il est 13 h 15, ce vendredi. Une journée presque tiède sur les Vosges, où le printemps a fini par arriver. Marie-Ange est allée en voiture chercher son mari à l'usine de Granges. Ils sont revenus jusqu'à Aumontzey par les petites routes. La 305 vert bronze s'arrête devant le garage de la maison. Bernard porte sa musette et deux baguettes de pain. Lucien, le beau-frère, qui gardait le petit Sébastien, est sur le seuil. Bernard descend. Une silhouette, fusil en mains, surgit de derrière un arbre. Le soleil brille sur le canon. C'est Jean-Marie. Visage blême. Le regard caché derrière des lunettes noires. Les deux hommes s'affrontent. Quelques mots sont échangés. Lucien tente de s'interposer. « Fais pas le con ! », hurle Bernard.

Trop tard. Jean-Marie a tiré à bout portant. La décharge de chevrotine atteint son cousin en peine poitrine et le foudroie. Le « bûcheron » oscille, s'écroule. Le sang coule sur le gravier. Marie-Ange est courbée en deux sur le corps étendu de son mari. Une écume sanglante couvre déjà les lèvres de l'homme à l'agonie. Lucien penche sa tête vers la bouche et entend ces derniers mots *« je suis innocent »*.

Sébastien a vu son père s'effondrer. Marie-Ange ne serre plus dans ses bras qu'un cadavre. Jean-Marie court déjà à travers bois, fusil en mains. Il rejoint sa R18 blanche, garée dans un petit chemin. Une demi-heure plus tard, près de Bruyères, des journalistes, alertés par Jean-Michel Caradec'h, de « Paris-Match », qui était au moment même du meurtre dans le bureau de Gérard Welzer, croisent la voiture de Jean-Marie Villemin, qui fonce à toute allure vers la clinique de la Roseraie d'Épinal, où sa femme est hospitalisée depuis cinq jours. La voiture s'arrête devant le perron. Jean-Marie descend, passe devant le bureau de la réception sans saluer personne, court sur le linoléum des couloirs, pénètre dans la chambre 70 : *« J'ai tué Laroche ! »* Livide, il explique, s'approche du téléphone, demande la Sûreté Urbaine d'Épinal. Quelques minutes plus tard, quatre policiers descendent d'une 4L. Ils viennent chercher le meurtrier de Laroche.

Dans la ville, c'est une panique épouvantée. Jean-Michel, le petit juge n'est pas là. Sac à dos accroché à ses épaules, il a pris le train de 7 heures le matin même. Il partait en vacances dans le Hoggar, « là où il n'y a pas de rivière ». Il faut coûte que coûte rattraper le magistrat, avant le départ de son avion.

A Aumontzey, ceux du clan Bolle sont déjà là. Hommes et femmes, au visage tragique, dépassés par tant d'horreur. Ils montent le chemin qui serpente au flanc de la colline. Le corps de Bernard est enveloppé dans une couverture. Marie-Ange sanglote, réfugiée dans sa cuisine. Devant le pavillon, les beaux-frères et les cousins ramassent de gros cailloux. Pas question pour les curieux et les journalistes d'approcher de trop près. Injures, cris de douleur et de haine, jets de pierres, interdisent l'accès de la maison. Les photographes arrivent en masse, sortent les téléobjectifs. Les portières claquent. L'affolement. Des petits groupes d'observateurs, tenus à distance respectueuse, s'écartent pour laisser passer les officiels : médecin légiste, policiers. Les gendarmes, eux, sont interdits de séjour. On les verra seulement s'éparpiller à bonne distance de la maison. Quand la nuit tombe, la lumière continue de briller dans la maison toute neuve de Marie-Ange et Bernard Laroche. Sébastien ne sait pas que son père est mort. Le corps est été transporté à la morgue pour l'autopsie. On peut distinguer des hommes en uniformes devant le monument aux morts. Eux aussi, malgré la nuit, ne veulent pas s'aventurer trop près. La victime de la vengeance de Jean-Marie Villemin était leur coupable.

Cette journée à Épinal et Aumontzey est un sinistre cauchemar. Infernal. Les envoyés spéciaux, rentrés pour la plupart la veille à Paris, sont revenus en catastrophe dès l'annonce du « cataclysme ». L'hôtel Cadet-Roussel est sous le choc. Il y règne une drôle d'ambiance. Contrecoup du rebondissement, bien sûr, mais mêlé d'une certaine tristesse, teintée de gêne... ou de remords. Laroche, ce n'est pas pour la plupart d'entre nous un inconnu. Nous avions discuté avec lui, parfois de très longues heures. Nous avions recueilli les confidences, écouté les explications, les protestations d'innocence de cet homme taciturne, a qui il fallait arracher les mots. Beaucoup l'ont cru coupable, jugé. La dernière fois que nous l'avions vu, c'était le lundi précédent, à la sortie du palais de justice. Il était tout sourire, comme délivré. Il serrait très fort la main de Marie-Ange. Il voulait prendre un nouveau départ.

Il est mort, maintenant, et nous ne nous sentons pas très bien dans notre peau.

Ça grouille de monde du côté de l'hôtel de police d'Épinal. Un bâtiment rose, sur les bords de la Moselle. Il y a des caméras, des appareils photos, des journalistes encombrés de Nagras. Jean-Marie Villemin y a été emmené dès sa sortie de la clinique. Et les policiers, cette fois, veulent éviter tout incident. Non pas que les gens crient à la mort, mais on ne sait jamais... Un inspecteur, couverture sur la tête, est enfourné sans trop de ménagement dans un car bleu. Il va servir de leurre. Jean-Marie Villemin quitte très discrètement Épinal, dans une autre voiture, pour la prison Charles III de Nancy, où, justement, sa victime avait été emprisonnée cinq mois auparavant.

Reste à savoir ce qui s'est exactement passé ce vendredi. La nuit tombera sans que l'on sache très bien. C'est le lendemain que les premières révélations vont se faire jour. Deux versions données par Christine et Marie-Ange.

Le matin de ce vendredi, comme tous les jours depuis l'hospitalisation de Christine, les journalistes sont en planque devant la clinique de la Roseraie. Ils dressent des plans pour tenter d'approcher la jeune femme, espèrent vaguement qu'elle sortira plus tôt que prévu, tâchent de glaner des renseignements, de parler avec Jean-Marie ou l'un des visiteurs. Jean-Marie arrive vers 9 h 30. Il monte à la chambre 70. A 10 h 30, il ressort. Il est encore plus pâle que d'habitude, a l'air excédé. Il repasse à Bruyères, chez la mère de Christine, prend le fusil à pompe, acheté plusieurs semaines auparavant à Saint-Dié. Il va ensuite monter vers Aumontzey par une route écartée, pour tendre son guet-apens. Il gare sa R18 au bord d'un chemin creux, près du château d'eau. Et attend, fusil chargé à la main.

Marie-Ange Laroche va, la première, raconter ce qu'elle a vu. Nous sommes samedi matin. La jeune femme est dans le cabinet de Me Gérard Welzer, devant les caméras de la télévision. Son récit est insoutenable. La veuve de Bernard Laroche a le visage gonflé par les larmes, la voix cassée par les sanglots. Elle fait un effort surhumain pour parler.

— *Je suis allée chercher Bernard à l'usine, comme d'habitude,* souffle-t-elle. *Quand nous sommes arrivés chez nous, j'ai cherché les clés du garage dans la poche de mon anorak. Bernard s'est engagé le premier vers la maison. On a entendu quelqu'un courir derrière nous. On s'est retourné. C'était Jean-Marie Villemin, qui arrivait avec son fusil. Bernard a parlé le premier. Il lui a dit : « Jean-Marie, fais pas le con. Je comprends ta douleur, mais ce n'est pas moi qui ai tué ton gosse. Je te le jure. » Jean-Marie a répondu : « Il paraît que tu ne veux pas t'expliquer avec moi. Je voudrais que tu me dises quelque chose à propos de Michel et de toi. » Bernard a répliqué : « D'accord, mais pose ton fusil et monte. » Il a baissé un peu le canon et dit encore : « Pourquoi Muriel a dit tout ça ? » J'ai répondu : « On va t'expliquer tout ça. » Et Jean-Marie a eu cette phrase : « C'est ta faute s'ils sont tous sur Christine. » C'est à ce moment-là qu'il a tiré. Il n'était pas venu poser des questions à Bernard. Je suis sûre qu'il avait l'intention de le tuer.*

Et la veuve de Bernard Laroche accuse :

— *On avait demandé aux gendarmes qu'ils nous protègent, mais ils nous ont dit que ce n'était plus leur affaire. Jean-Marie a été intoxiqué par le capitaine Sesmat. Sesmat lui répétait sans arrêt : « C'est Laro-*

*che, c'est lui, nous en sommes sûrs. » Je suis formelle, Jean-Marie a été poussé par Sesmat et par Christine.*

Dans son lit d'hôpital la maman de Grégory contre-attaque déjà. Elle décroche le téléphone installé à côté d'elle, appelle Laurence Lacour, journaliste à « Europe 1 », qui suit l'affaire depuis le début.

— *J'ai des choses à dire. Rappelez-moi...*

A 13 heures, son bouleversant récit fait l'ouverture du journal. Christine est submergée par l'émotion. Elle parle d'une voix très lente, refoule ses larmes.

— *Jean-Marie,* commence-t-elle, *est venu plus tard que prévu et je lui ai demandé où il avait été. Il m'a dit : je suis allé voir les gendarmes pour voir ce qu'ils pensaient de Laroche. Ils lui ont répondu : « De toute façon, c'est Laroche, mais on n'a pas assez de preuves pour l'arrêter. Le S.R.P.J., ils en reviendront. Mais ce sera comme nous, ils ne pourront pas l'arrêter. Il n'y a pas assez de preuves. » Ensuite, la gardienne du petit est venue... Elle est restée avec Jean-Marie un moment dans le couloir et quand ils sont entrés, elle avait les larmes aux yeux. Jean-Marie était tout blanc et retourné. Il a téléphoné à Me Garaud et lui a dit : « J'en ai marre, la P.J. essaie de démolir tous les bons témoignages qui sont pour Christine. J'en ai marre, j'essaie de lui remonter le moral. » Puis il est parti en disant : « Je vais chez Mamie, puis à la P.J. voir s'ils font pareils, s'ils sont en train de démolir ton témoignage. Puis je pars au cimetière. Ne t'inquiète pas, je serai là vers deux heures. Vers deux heures, il est arrivé avec une infirmière. Je le trouvais drôle. Je lui ai dit « ça va ? ». Il m'a dit : « J'ai tué Laroche. » Je n'ai pas voulu le croire. J'ai commencé à pleurer. J'ai dit « c'est pas vrai, tu racontes des conneries ». Il m'a dit « non », puis il s'est mis à pleurer, à genoux, en me criant : « J'ai tué Laroche. » J'ai demandé pourquoi. « Je suis allé le voir, j'ai pris le fusil. Je voulais le faire parler. Et puis Laro-*

*che s'est moqué de moi. » Laroche lui a dit « on a rien à se dire ». Jean-Marie a ajouté : « Comment ça, on a rien à se dire ! Et le témoignage de Muriel, qu'est-ce que tu en fais ? » Laroche lui a répondu : « Je ne sais pas ce qu'elle a dit Muriel, je ne comprends pas pourquoi elle a dit ça. » Et après Laroche s'est moqué de lui. Il commençait à rentrer. Jean-Marie lui a alors dit : « et les expertises ? ». Et Laroche, en rigolant, a répondu : « Les experts, on les a payés pour qu'ils enfoncent ta femme. » Il s'est mis à rire. C'est là que Jean-Marie a tiré. Il m'a dit : « Je te jure, je ne voulais pas le tuer. Je voulais parler, mais il n'a pas voulu. »*

La journaliste lui demande :

— *Avez-vous fait des révélations à votre mari ?*

Et Christine répond une fois encore :

— *Non, on n'a pas parlé du tout de cela. C'est juste la gardienne qui est venue nous parler de la visite d'inspecteurs du S.R.P.J. à son domicile, mais qu'il valait mieux ne pas m'en parler, du fait que je faisais une hémorragie. Avant de partir au commissariat, il m'a dit : « Je t'aime beaucoup, j'ai fait ça pour toi. Pense au petit que tu portes. On se reverra... »*

Tout cela dit d'une voix brouillée par les larmes, entrecoupée de sanglots. Un cri de souffrance d'une intensité émotionnelle insoutenable, qui a dû faire s'interrompre net plus d'un déjeuner ce samedi-là.

A ce moment-là, Christine a déjà quitté la clinique, où Me Garaud la manque de quelques minutes. Elle est en route pour l'hôtel de police de Nancy. Les hommes du commissaire Andrieux veulent l'interroger sur ce que son mari lui a dit avant son geste de folie désespéré.

Marie-Ange, après avoir quitté le cabinet de son avocat, est rentrée chez ses parents à Lavelines. Et cette femme a un geste d'amour surprenant, inouï. En signe de deuil, elle coupe ses longs cheveux cendrés, que Bernard aimait tant. Le lendemain, en ultime hommage, elle liera d'une mèche soyeuse les grosses mains de Bernard, refermées pour l'éternité sur une petite rose jaune et un chapelet.

Extraordinaire Marie-Ange qui, l'après-midi de ce samedi, tente de calmer les esprits surchauffés de sa famille altérés de vengeance : « Arrêtez le carnage », supplie-t-elle, devant José Benjamin, de « France-Soir ». Et cette jeune femme, brisée par la douleur, oublie sa révolte, pour demander grâce, pour demander qu'enfin la haine cesse.

— *Il faut que tout s'arrête. J'espère qu'« ils » se tiendront. Sans ça, ils vont tuer la femme de Jean-Marie et alors ça ne finira plus.*

« Ils » c'est le clan, dont le patriarche, Lucien Bolle, est à bout. Le vieil homme, en pantalon militaire et pull-over maladroitement tricoté, passe la plus grande partie de son après-midi devant le chalet de sa fille, hargneux, très énervé. Il ne tient pas en place et nous menace, nous qui restons de l'autre côté de la route, près des voitures, glacés par une petite pluie fine. Nous sommes les spectateurs de cette douleur qui explose en cris de rage impuissante.

Le « vieux » veut aller chercher son fusil, déloger tout le monde à coups de carabine.

— *Foutez-le-camp, foutez-nous la paix,* hurle-t-il.

Les jeunes essaient de le calmer. Le Lucien va même se jeter, poings en avant, sur le fiancé d'une de ses filles, qui tente de l'apaiser.

Les avocats de Bernard Laroche sont eux au palais de justice d'Épinal. En plein désarroi, mais très en colère. Gérard Welzer est muet, bouleversé. Me Prompt, lui, tonne : « *Un climat d'exaspération a été créé autour de Bernard Laroche. On a délibérément excité Jean-Marie Villemin.* » Il dénonce les gendarmes : « *Si le capitaine Sesmat a dit à Jean-Marie Villemin qu'il était persuadé que Bernard Laroche était le coupable et qu'il avait des preuves, et qu'il n'a rien communiqué au juge, c'est très grave. Malgré nos demandes et la lettre que nous avons envoyée au Procureur Leconte le 6 mars, ils ont refusé d'assurer la protection de notre client. Nous déposons plainte contre les gendarmes. Elle sera instruite à Dijon. »* L'avocat voudrait savoir quel a été le rôle exact de Christine Villemin « dans la préparation et l'assassinat de Bernard Laroche ». Et celui du capitaine Sesmat, « directeur de conscience de Jean-Marie Villemin ». On apprend que le 27 mars, deux jours avant sa mort, Laroche avait reçu d'un émule du Corbeau, habitant la région parisienne, une lettre de menace, affirmant que Jean-Marie, à plusieurs reprises, avait été aperçu aux environs d'Aumontzey et qu'il n'était pas seul.

Christine et Jean-Marie sont, pour leur part, à 65 km de là. Ils s'expliquent devant les policiers du S.R.P.J. de Nancy. La dépositon de Jean-Marie est très claire. Il affirme avoir agi seul, même s'il reconnaît que Christine était avec lui lors de tentatives précédentes et d'opérations de reconnaissance du terrain. Il est persuadé, plus que jamais, que Bernard Laroche est l'assassin de son enfant. Il a fait justice lui-même et il ne comptait pas s'arrêter là ! Le « justicier » voulait enlever Marie-Ange et le petit Sébastien pour leur faire dire la vérité, la sienne : Laroche coupable. Et il comptait obtenir et enregistrer sur magnétophone les preuves que lui aurait sans doute données Marie-Ange.

On se croirait dans un très mauvais film. Jean-Marie n'est pas homme à fuir ses responsabilités et l'une d'elles pourrait bien être de protéger jusqu'au bout et à tout prix sa femme, qui porte en elle leur enfant.

La lumière va brûler très tard à l'hôtel de police de Nancy. La « garde à vue », non démentie par son avocat, Me Garaud, de Christine va se prolonger jusqu'à deux heures du matin. Les enquêteurs veulent absolument savoir ce que les deux époux se sont dit, dans la petite chambre de la maternité, ce qui s'est exactement passé. Elle précise ce qu'elle avait déjà dit à Laurence Lacour : que, pendant que les infirmières s'occupaient d'elle, Jean-Marie est sorti dans le couloir quelques minutes avec Christine Jacquot, la nourrice de Grégory. Et qu'après sa conversation, son amie était visiblement bouleversée. De longues heures d'interrogatoires à demander des précisions sur cette journée et sur cette journée seulement. La Chancellerie a bien insisté et bien spécifié qu'il n'était pas question de déborder... c'est-à-dire d'évoquer l'assassinat de Grégory le 16 octobre.

Christine est repartie libre.

Le petit juge n'a pas pris l'avion pour Tamanrasset. On l'a rattrapé juste à temps, averti de la catastrophe. Il a posé son sac à dos et est rentré à Épinal, atterré. Vers 23 heures, les abords du palais de justice sont déserts. Il n'y a pas un journaliste, quand le concierge ouvre les grilles pour laisser passer Jean-Michel Lambert et Jean-Jacques Leconte, le procureur de la République. Les pas des deux hommes résonnent dans les couloirs vides. Ils doivent se sentir bien mal à l'aise ces deux magistrats, au moment de recevoir le père de Grégory.

Dans le cabinet du petit juge, l'atmosphère est étouffante. Jean-Marie Villemin a les yeux brillants de fièvre ou d'avoir trop pleuré. Mais il semble plus calme, son geste fou, celui qui a fait d'un père torturé un assassin, l'a presque soulagé. La mort de son cousin, le coup de fusil, l'ont comme soudain délivré de la tension qui, depuis des mois, l'accablait. Jean-Marie surmonte son émoi. Il ne regrette rien. Il sait qu'il a scellé son destin. Mais que se sont dit ces deux jeunes hommes, enfermés dans le minuscule bureau ? Le juge Lambert, face au père meurtrier, n'a pas pu ne pas penser à cette autre inculpation, celle qu'il prononçait le 4 novembre de l'année précédente, à l'encontre de l'homme qui a payé de sa vie l'accusation portée contre lui... justifiée ou non.

Il est presque 3 heures, quand Jean-Marie Villemin quitte le palais de justice pour une cellule de la maison d'arrêt d'Épinal, à quelques mètres de là. Jean-Michel Lambert n'a plus qu'à éteindre la lumière, refermer la porte vitrée de son cabinet, où le dossier de la tragédie vient de « s'enrichir » d'un nouveau et terrible procès-verbal. Il va regagner à pas lents sont deux pièces de célibataire, pour réfléchir sans doute à ce que les avocats de la seconde victime de l'affaire Grégory appellent — et ils ne se trompent pas — un épouvantable gâchis.

Dimanche. Christine a disparu. Réfugiée dans une maison de repos, disent les uns. Cachée dans sa famille, prétendent les autres. Les rumeurs enflent toujours. La mort de l'inculpé Laroche n'a pas apaisé les esprits. L'oncle de Bernard, Marcel Jacob par exemple, est persuadé que plusieurs personnes, et au moins deux voitures, ont participé à l'embuscade. Il a remarqué plusieurs traces de pneus dans la terre humide du chemin forestier empreunté par « la R18 de l'assassin », autour du chalet d'Aumontzey. Il a même trouvé une bouteille de vin entamé et un réveil neuf !

Le long défilé de la nombreuse famille de Marie-Ange, femmes en pleurs, hommes lèvres serrées, visages hostiles, a repris en direction des hauts d'Aumontzey. Le clan veut être là « au cas où ». La tension est palpable. On a rendu à son épouse, après l'autopsie, le corps de l'homme assassiné. L'impressionnante silhouette est couchée sur une simple table, dans la salle de séjour, entourée de plaques mortuaires disposées en quinconce, et de gerbes de fleurs rouges. On a revêtu la dépouille mortelle de Bernard Laroche de son plus beau costume, le gris bleu, on l'a cravaté de sombre. Quel contraste avec les gros pulls jacquard et les jeans dans lesquels nous l'avons toujours vu. Le visage du mort est paisible. Marie-Ange tente de se « tenir », de recevoir comme il se doit les condoléances des amis, des camarades de travail, de ceux qui ont toujours cru à l'innocence de son Bernard. Et c'est très dur. Moralement bien sûr. Physiquement aussi. Marie-Ange attend, elle aussi, un enfant. L'enfant qui devait être celui de la liberté et de l'innocence retrouvées.

Dans un coin, en larmes, complètement hagarde, Muriel est là. Incapable de parler. Écrasée sous le poids d'une responsabilité trop lourde pour ses jeunes épaules. Muriel, c'est sûr, se sent coupable d'avoir envoyé son beau-frère vers la mort. Entre deux pleurs, Marie-Ange fait savoir que pour les obsèques, elle ne veut ni les Villemin, ni les gendarmes.

Ceux-ci se défendent âprement des accusations portées contre eux par Christine et Marie-Ange. Jean-Marie serait bien passé à la caserne vendredi matin. Mais le capitaine Sesmat ne lui a pas parlé, pour la bonne raison qu'il n'était pas là. Le patron de la gendarmerie lorraine, le colonel Fressy, puis le directeur général de la gendarmerie nationale, M. Olivier Renard-Payen, défendent l'honneur du jeune capitaine. Le premier dénonce « beaucoup de mensonges » accusant ses hommes et certifie que « le capitaine Sesmat n'a absolument pas failli à son devoir ». Le directeur général s'élève avec indignation contre les propos « qualifiant un officier de gendarmerie de directeur de conscience d'un meurtrier ». Le capitaine Sesmat n'a encore rien dit. Obligation de réserve sans doute.

Ce n'est que le lundi qu'il est entendu par Jean-Michel Lambert pendant deux très longues heures. Ses supérieurs hiérarchiques sont venus pour l'assurer de son soutien. Il y a là, le général Boule, commandant la 6e région militaire, et le colonel Fressy. Il s'agit, pour le jeune magistrat, « d'évaluer » l'influence qu'aurait pu avoir le capitaine sur le père de Grégory. Jean-Marie, de tout temps, avait bien aimé les gendarmes. A l'époque où le corbeau sévissait, il aurait donné des coups de téléphone anonymes pour les aider dans leur tâche. A leur demande ? Démarche incompréhensible.

Dès le début de l'enquête, les deux hommes se sont fait confiance. Et le capitaine Sesmat s'est toujours efforcé de réconforter le père de l'enfant assassiné. Quoi de plus normal alors que Jean-Marie ait recherché à nouveau un appui moral auprès d'Étienne Sesmat ! Celui-ci reconnaît, par ailleurs, avoir rencontré Jean-Marie Villemin dans les locaux de la gendarmerie de Bruyères, mais c'était parce que Jean-Marie insistait pour le voir. Les gendarmes s'étaient montré vexés, ulcérés d'avoir laissé la place à la P.J., et demeuraient persuadés que leur enquête avait été bien faite et que le coupable qu'ils avaient déniché était bien le bon. Ont-ils alors fait part de leurs certitudes à Jean-Marie ?

En saura-t-on davantage un jour ?

Il est évident qu'au lendemain de l'assassinat de Grégory, les lignes téléphoniques de Jean-Marie et de Christine Villemin, de Gilberte Chatel, chez qui le couple s'était ensuite réfugié, et celle de la plupart des membres de la famille, ont été placées sur écoute à la demande des autorités judiciaires...

A Aumontzey, Marie-Ange s'apprête à enterrer « son » Bernard. Et c'est peut-être un innocent qui va être inhumé dans le petit cimetière de Jussarupt, à quatre kilomètres à peine, à vol d'oiseau, de celui de Lépanges.

— *Jean-Michel Lambert nous avait promis, dès le 26 mars, un non-lieu,* affirme, navré, Gérard Welzer. *« L'ordonnance était prête, elle allait être rendue. »* Le coup de fusil de Jean-Marie Villemin a fait s'éteindre l'action de la justice... Marie-Ange espère que son mari sera réhabilité « à titre posthume.

— C'est vraiment trop injuste », commente, le coude sur le comptoir du bistrot face au monument aux morts, un farouche partisan (dès le début, affirme-t-il) de Laroche. Il est inquiet. *« Ça m'étonnerait pas que l'enterrement tourne mal. Les Bolle sont exaspérés. Jean-Marie a tué pour rien. »*

La veillée funèbre prend parfois des allures de veillée d'armes, sous la houlette du « vieux Lucien ». Il est d'accord avec Marie-Ange, quand elle dit qu'il faut absolument interdire l'accès de l'enclos du cimetière aux gendarmes. Pour éviter tout incident, les camarades de Bernard Laroche, les syndiqués C.G.T. de l'entreprise Ancelle (qui sera fermée tout l'après-midi en signe de deuil) ont promis d'assurer le service d'ordre, comme pour les funérailles d'un « personnage ». Ils sont une cinquantaine de costauds, bien décidés à ce que tout se passe bien. Il est grand temps !

Mardi, 13 h 45. Devant le chalet d'Aumontzey, un long hurlement de femme déchire le calme impressionnant. Un cercueil de chêne vernis vient de franchir le seuil de la demeure des Laroche. Bientôt, la famille sort sur la terrasse. Délicatesse innée de ces rudes montagnards, ils ont voulu laisser quelques instants Marie-ange seule en tête à tête avec son mari, avant de le lui enlever définitivement.

14 h 15. Le glas résonne dans la vallée. A Jussarupt, la foule, près de 500 personnes, s'est déjà rassemblée autour de l'église de Sainte-Gertrude, un bâtiment en pierre des Vosges, champêtre et rococo. Dans le calme, la dignité et le silence, une centaine de camarades de Bernard ont déjà pris position devant les grilles, engoncés dans des costumes un peu trop raides, un peu trop neufs, brassard de crêpe noir sur la manche. Ils l'ont juré, ils sont là pour maintenir l'ordre, pour protéger Marie-Ange. Les photographes respectent les accords. Ils sont tous perchés sur le petit mur qui ceint le cime-

tière romantique comme un décor de théâtre. En bas, coule la Vologne.

Marie-Ange est en noir et bleu-marine. Elle trébuche, elle peut à peine marcher. Dans la petite église aux vitraux très clairs, une vieille dame écorche du Bach à l'harmonium. Les hommes, de leurs grosses voix, reprennent les chœurs. Il manque quelqu'un sur les bancs de la famille immédiate de Marie-Ange. Sa petite sœur, Muriel. Il n'était pas question que l'adolescente vienne. Elle est trop bouleversée.

— *Il valait mieux qu'elle reste à la maison,* confie un beau-frère. *La pauvre petite n'en peut plus.*

Tous les visages ont une vague ressemblance et ce n'est pas seulement parce qu'une semblable émotion les étreint. Tous font partie de la même famille. La veille, on a exclu la branche maudite, celle de Jean-Marie et de Christine. Et pourtant, Jussarupt c'est un fief Villemin. Une bonne douzaine de tombes portent ce nom.

— *Ils l'ont couvert de crachats, ils l'ont flagellé, puis ils l'ont crucifié.*

L'évangile de saint Jean, que récite d'une voix émue, aux accents parfois sévères, le père Duval, a une étrange résonance. Tous ont compris le choix de l'officiant, le jour où l'on enterre celui que les rumeurs et la haine ont assassiné. Et le prêtre, d'une voix encore plus ferme, rappellera dans une très courte homélie « les accusations et les rumeurs qui portent en elles un venin mortel ». Tous, à ce moment-là, ont baissé la tête. Pas une fois le père Duval ne prononcera le nom de famille du défunt.

Les tentatives d'apaisement du curé de Jussarupt n'ont pu faire taire toutes les douleurs :

— *Non, mon Mimi, non !*

C'est la fin du service religieux. Marie-Ange Laroche, goupillon d'argent à la main, est debout devant le cercueil de Bernard. Elle s'effondre tout à coup dans les bras de Jean-Claude, son beau-frère, et de Claude, son frère, qui ont été obligés de la porter jusqu'à son banc. Un banc où, pendant toute la messe, elle est restée prostrée... Elle est méconnaissable, Marie-Ange, sous ses cheveux coupés en hâte, à peine coiffés. Elle n'a pas le même visage. Parfois, une brusque rafale de sanglots la fait frissonner, lui courbe le dos. Et pourtant, il lui reste encore un effort ultime à faire. S'avancer en tête du cortège jusqu'à la tombe fraîchement creusée, parmi la foule qui envahit le petit cimetière. Marie-Ange franchit les derniers degrés de son calvaire. Elle est là, debout, devant le trou béant, seule devant les autres. « Mimi, mon Mimi. » Elle étreint encore une fois le cercueil, sur lequel les camarades de Bernard jettent maintenant des œillets rouges. Le regard fou de souffrance de la jeune femme s'égare. « Il est innocent, il est innocent », lui répond une autre voix de femme.

# 12.

# ÉTRANGE ET SECRÈTE CHRISTINE

Marie-Ange Laroche et Christine Villemin : deux jeunes femmes, que la tragédie de la Vologne a broyées. Aux destins cruellement parallèles. Elles seront mères presque en même temps d'enfants sans pères. Bernard est mort. Jean-Marie en prison. L'assassinat du premier par le second n'est ni le dénouement, ni l'épilogue de l'affaire Grégory. C'est un rebondissement hideux et sanglant. Depuis la mort du petit garçon, jeté pieds et poings liés dans cette rivière des Vosges dont personne, en dehors du département, ne connaissait le nom, haine et vengeance ont définitivement infecté la vie de deux familles et de leur clan. Cinq mois et demi de surenchères, pour aboutir à la folie meurtrière d'un homme acculé au désespoir.

Pour le père de Grégory, il n'y avait qu'un seul coupable « possible », son cousin, son ami d'enfance, son copain de jeunesse.

Et il le tue au moment où le juge Jean-Michel Lambert s'apprête à prononcer un non-lieu... faute de preuve. Saura-t-on jamais pourquoi Bernard Laroche est mort, la poitrine trouée d'une décharge de chevrotine, plus tout-à-fait coupable, pas encore innocent, victime d'une enquête de gendarmerie maladroite, sinon orientée, des imprudences d'un magistrat, peut-être trop novice... Victime aussi de ceux qui, pendant des mois, ont attisé les rancœurs, ranimé les vieilles querelles, laissé courir et s'enfler rumeurs et ragots. Laroche, mort « présumé innocent ».

Le monstre de la Vologne est toujours en liberté. Il s'agit maintenant aux policiers du S.R.P.J. de Nancy, après l'échec des gendarmes, de trouver, et de ne pas cette fois commettre la moindre erreur. Christine est le Corbeau, ont dit les experts. Elle a fait tuer Laroche accusent les rumeurs. Deux femmes désormais ennemies irréductibles essaient de survivre.

Marie-Ange d'abord. Elle n'a rien d'une héroïne de tragédie. C'est une petite bonne femme pas toujours aimable, qui a son caractère. Carrée jusqu'aux bouts des ongles, trop « solide » pour paraître jolie, malgré d'admirables yeux clairs trop souvent cachés derrière des lunettes correctrices d'une forte myopie. On dit que « dans son ménage c'est elle qui portait la culotte ». Elle a son franc-parler, alourdi par l'accent vosgien. Au début de l'affaire, on la haïssait ou on la plaignait. La commisération et la hargne sont devenues respect. Elle s'est battue comme une lionne pour sortir son mari de prison, sans jamais craquer — sinon toute seule — sans baisser les bras. Cent dix jours de combat acharné, sans jamais douter de l'innocence de son homme. Elle pardonne même à Muriel, la petite sœur, qui a expédié Bernard derrière les barreaux, s'occupe d'elle, la protège.

Vient la demi-victoire du 4 février, puis 53 jours de demi-bonheur. Un sursis pendant lequel elle voulut croire que tout était encore possible. Le retour dans la maison neuve d'Aumontzey. C'était la fierté de Bernard qui, après l'usine, passait de longues heures à bricoler aussi bien qu'un vrai « pro ». Ils ont voulu retourner chez eux malgré les avertissements du clan. Elle a eu le courage, en dépit des soupçons qui pèsent encore sur son mari, de vouloir donner un petit frère ou une petite sœur à Sébastien. Un défi peut-être !

Après le « cataclysme », qui a cassé sa vie, broyé son espoir, elle a raconté à Jean-Michel Caradec'h de « Paris-Match », cette trop brève période :

— *Quand il est sorti, il a voulu retravailler tout de suite. Il m'a dit : j'ai perdu assez de temps comme ça, il faut que je retourne à l'usine. Mais il n'était plus tout à fait le même. Ces trois mois, ça lui avait permis de réfléchir sur beaucoup de choses. Il avait décidé qu'on partirait en vacances. On ne l'avait jamais fait. Il avait aussi renoncé à travailler dans la forêt, en plus de l'usine, et il avait vendu son tracteur. Il voulait qu'on passe plus de temps ensemble, avec notre fils. Il voulait prendre plus de temps pour... vivre mieux. Il était trop confiant. C'était pour cela qu'il refusait de prendre des précautions. « Je n'ai rien à me reprocher, je ne veux pas vivre comme un assassin », disait-il...*

Marie-Ange, elle, n'avait pas cette confiance placide. Elle avait vu Jean-Marie rôder autour de chez eux. Et elle avait peur. Elle avait prévenu les gendarmes, fait écrire par son avocat, Gérard Welzer, au procureur de la République, au juge d'instruction... en vain.

Bernard Laroche, tout juste enseveli dans le cimetière de Jussarupt, Marie-Ange, comme en novembre 1984, quitte le chalet de la colline où trop de souvenirs, les bons et l'atroce, la hantent. Elle revient comme à chaque coup dur dans la maison familiale de Laveline, chez les siens. Veuve, désormais sans emploi, elle s'y sent un tout petit peu moins seule. Chez les Bolle, se serrer les coudes n'est pas une image. Elle tente de réapprendre à vivre, mais n'ose pas encore penser à l'avenir. Elle sait seulement que dans quelques mois, elle sera mère pour la seconde fois. Deux enfants à qui elle parlera de leur père. Elle voudrait les voir grandir et vivre.

La « vendetta », ce n'est pas, ou ce n'est plus, son genre.

Au tour de Christine que l'on accuse d'être la mère meurtrière. Elle sort libre de l'hôtel de police de Nancy, tard dans la nuit du 30 mars. Les policiers, semble-t-il, veulent bien croire qu'elle n'était pas au courant qu'en la quittant Jean-Marie allait mettre à exécution sa « folle vengeance ». Et pourtant... Jean-Marie avoue, pendant sa garde à vue, aux enquêteurs : *J'ai profité de ce que Christine était hospitalisée pour agir. Quand elle était là, ça râtait toujours...* » Les autres fois, il y en a eues au moins deux. Jean Ker, journaliste à « Paris-Match » a été le témoin direct de l'une de ces tentatives. C'était le 26 février, quinze jours après la remise en liberté de Laroche. Il a réussi, au petit matin, à empêcher l'irréparable. C'était seulement retarder l'échéance.

Cet après-midi-là, Jean Ker a rendez-vous avec les Villemin, chez Gilberte Chatel, à Bruyères. Il est 17 heures. Pendant des heures, dans l'obscurité grandissante, devant les photos de Grégory, tous les trois parlent de l'enquête, des diverses hypothèses. Jean Ker est retenu à dîner. L'arrivée de Mme Chatel n'interrompt pas la discussion. Encore une fois, Jean-Marie assène cette certitude qu'il rumine depuis presque quatre mois : Laroche est coupable. Il ne veut pas en démordre. Et tout à coup, Jean-Marie file dans sa chambre. Il en ressort avec un fusil à pompe, un calibre 12, pour la chasse au gros gibier, acheté 2 900 F, le 10 novembre 1984, chez un armurier de Saint-Dié, à quarante kilomètres de là. C'est Christine qui a signé le chèque. Normal ! C'est elle qui tient les comptes du ménage. L'arme impressionnante, c'est pour « flinguer Laroche ». Le plan pour l'abattre est fin prêt. Pas question de faire ça dans un lieu public. Jean-Marie a trop peur de blesser un innocent. Il faut l'attendre à l'aube, quand il est de l'équipe de nuit, le coincer avec sa voiture, et ensuite l'abattre. Les Villemin ont déjà préparé leurs bagages, pour la prison, une fois qu'ils se seront constitués prisonniers.

Jean Ker quitte le H.L.M. de Bruyères, inquiet, très inquiet. Il dort mal. A 4 heures du matin, après avoir tenté de joindre en vain les Villemin au téléphone, il fonce vers Bruyères. La R18 de Jean-Marie n'est pas sur le parking du H.L.M. Jean Ker n'a pas besoin de dessins pour comprendre. Il suit son flair.

Il retrouve la voiture à Aumontzey, garée à quelques mètres de la route qui descend du chalet des Laroche. Bernard pour aller à son usine doit passer par là. Une scène de cauchemar. Il fait un froid glacial. La lumière jaune des lampadaires fait scintiller la neige. Pas un bruit, le ronronnement du moteur qui tourne au ralenti. Jean Ker distingue la silhouette de Jean-Marie, tapie dans l'ombre du monument aux morts, l'énorme fusil dans les mains, qui guette.

Jean-Marie voit le journaliste. Il se dresse, hors de lui. Christine, au volant, d'abord très calme, s'énerve.

— *Fous le camp, tu vas tout faire rater.*

Jean Ker crie, tente de les convaincre « de ne pas faire ça ». Trois personnes sortent d'un garage. Ker croit avoir gagné. Jean-Marie accepte de le suivre jusqu'à son hôtel. C'est une manœuvre de diversion. la R18 s'est arrêtée près de la maison de la tante Louisette. Il faut faire vite, très vite. « *Christine est en pleine crise de nerfs,* écrit Jean *Ker. Cette fois elle m'insulte : salaud ! salaud ! salaud ! Ker ! fous le camp ! fous le camp ! tout va rater par ta faute. Il faut le tuer. Salaud Ker !...* »

Une voiture arrive. Celle de Laroche. Ses phares s'éteignent brusquement. Christine et Jean-Marie cette fois abandonnent la partie. A 5 h 01, Jean-Marie et Christine démarrent en direction de Granges. C'est là que 10 minutes plus tard, la 305 de Laroche va les croiser. Jean-Marie a déjà rangé son fusil. Laroche est sauvé... Pour un peu plus d'un mois.

Jean Ker, il l'affirme, « a mis les responsables, gendarmes et juge d'instruction, en garde contre les risques d'un bain de sang ». La tentative suivante de Jean-Marie Villemin sera « la bonne ».

On peut donc, à juste titre, s'étonner que Jean-Marie n'ait pas prévenu sa femme de cette ultime expédition, que les policiers se soient satisfaits des explications données par Christine... Jean-Michel Lambert, le 3 avril, va interroger l'assassin de Bernard Laroche, pendant 5 heures. C'est beaucoup pour un interrogatoire de première comparution.

Christine, au lendemain de son audition par les policiers, fuit les Vosges. Elle se cache à 80 km de là, chez sa grand-mère, Jeanne, à Petitmont. Elle y est née, son père, mort trop jeune, qu'elle aimait tant, y est enterré.

Le lundi 1er avril nous sommes allés là-bas frapper à la porte d'une vaste maison, à peine cachée par une haie de troènes, au bout de ce village en longueur, à la lisière de la forêt. Le paysage est beaucoup plus doux que celui de la Vologne.

Ce jour-là, il fait presque beau. Les arbres ont même un semblant de bourgeons. Grand-mère Jeanne est dans son jardin. C'est une vieille dame aux cheveux gris, emmitouflée dans une robe de chambre bleu marine. Elle arbore un sourire désarmant de candeur, dans un visage plissé de rides, et affirme avec un bel aplomb : *« Non, Christine n'est pas là. Elle a seulement téléphoné. Elle m'a dit qu'elle était encore très souffrante, mais que les policiers avaient été très gentils, très compréhensifs. S'ils l'ont mise en garde à vue, c'est davantage pour la protéger des curieux et de ses ennemis, que pour essayer de lui poser des questions insidieuses ou lui arracher des aveux. De toute façon, elle n'a rien fait. Mais j'ai bien peur qu'on ne fasse du mal à ma petite.*

*Dans son état, elle en a déjà trop vu. Pourvu qu'elle ne perde pas son bébé.* »

Pieux mensonge d'une mémé aimante ? Il nous a bien semblé voir, à une fenêtre de la façade blanche, remuer un rideau.

Trois jours plus tard, il n'y a plus de doute, Christine est bien chez sa grand-mère. On a aperçu sa silhouette derrière un carreau. Mais pas question d'approcher trop près. Dans le jardin, il y a un chien très bruyant. Dès qu'une voiture étrangère montre le bout de son capot, c'est l'alerte générale. Il y a dans le village toute une tribu de Blaise, déterminée à protéger la retraite de leur sœur ou cousine. Alain, le frère costaud, est en première ligne pour décourager les importuns. Christine ne veut voir personne. Sur recommandation de la police ?

Les enquêteurs ont repris le chemin des bords de la Vologne. Le petit juge s'octroie un long week-end pascal. Il retrouvera à son retour de nouveaux procès verbaux. P.J. et gendarmes n'utilisent pas tout à fait les mêmes méthodes. Le commissaire Gérard Andrieux et ses hommes ont d'abord minutieusement épluché le dossier, traqué les plus minuscules regroupements, réexaminé les indices. Un travail de fourmi.

Ils s'intéressent tout particulièrement à une mystérieuse ampoule d'insuline. Deux jours après le drame, le garde champêtre de Docelles l'a retrouvée sur la place près de la Vologne. L'insuline, c'est un médicament destiné à régulariser le taux de sucre dans le sang chez les diabétiques. Sur un sujet non malade, cette substance peut provoquer convulsions ou coma. Injectée par piqûre intramusculaire, l'insuline est pratiquement indécelable. Le crime presque parfait. Agatha Christie a tué l'un de ses personnages de cette manière. Grégory, s'il était inconscient avant d'avoir été jeté à l'eau, aurait eu le visage serein... Une simple hypothèse. L'autopsie n'a pas révélé chez l'enfant les effets secondaires d'une injection du médicament.

Les policiers ont aussi revu de nombreux témoins. L'un d'eux semble capital : Christine Jacquot, 24 ans, la « nourrice de Grégory », l'une des meilleures copines de Christine. Elle a toujours farouchement pris la défense de son amie. Elle sait sûrement quelque chose, peut-être même sans s'en rendre compte, estiment les enquêteurs. On comprend leur intérêt pour la jeune femme. Christine Jacquot est la dernière personne à avoir vu, avant sa mère, Grégory vivant. Elle est la dernière personne à avoir parlé avec Jean-Marie le jour de l'assassinat de Laroche. Que peut-elle bien savoir ? Détient-elle la clé de l'énigme ?

A la veille d'une nouvelle audition à Nancy, d'une nouvelle entrevue avec le juge Lambert, Christine Jacquot fouille sa mémoire. A Jean-Michel Jeandon et Annie Chaussier de « France-Soir », elle fait part de sa perplexité :

— *Les policiers semblent penser que je détiens un élément dont l'importance m'échappe. Je ne vois pas ce que cela peut être...*

Et si c'était le bonnet ! Ce bonnet de laine tricolore, que l'assassin a tiré sur le visage de l'enfant pour tenter de l'étouffer ou ne pas le voir mourir. Grégory, le matin du 16 octobre, le portait pour aller à l'école. A midi, la maîtresse l'a mis dans le petit sac de l'enfant. Christine, à l'heure du déjeuner, affirme-t-elle « l'a remplacé par une pomme ». Il faisait si beau ! Le gosse n'avait pas besoin de se couvrir la tête.

Autre sujet d'étonnement de la jeune femme : elle ne comprend pas pourquoi Christine prétend qu'à la clinique, elle pleurait. « Ce n'est pas vrai », affirme-t-elle.

Christine Jacquot passe sept heures dans les locaux du S.R.P.J. de Nancy, le 15 avril. On a même dit que si elle ne se montrait pas coopérative, les policiers n'auraient pas hésité à la placer en garde à vue. Elle y est arrivée suivant un scénario, digne d'un film d'espionnage. Premier rendez-vous à midi, chez la belle-mère de la « nourrice ». Deux enquêteurs et son beau-frère l'attendent. La jeune femme, toute menue, va effectuer une partie du trajet dans la malle arrière de la Renault rouge de son beau-frère. Histoire de berner curieux et journalistes. Une R9 banalisée attend à quelques kilomètres de là en pleine campagne. Le transfert s'effectue sans bavure. Trois quarts d'heure plus tard, Mme Jacquot franchit la porte de l'hôtel de police de Nancy et redit « Grégory est parti tête nue de chez moi »... Accablant ?

Que fait Christine, alors que l'enquête progresse ? Dans la maison de Petitmont, elle s'ennuie et s'indigne. Laroche mort, elle devient coupable idéal. La presse n'est pas tendre pour elle. De victime, elle passe au rang de suspecte. Et si elle refuse toujours de faire franchir son seuil aux journalistes, elle s'amuse de les voir « planquer » des journées entières et accepte — très volontiers — de répondre au téléphone. Une attitude que beaucoup vont stigmatiser. Il ne faut pas oublier que depuis six mois Christine, dont l'horizon se bornait jusque-là à son usine, sa maison, son fils et les catalogues de maisons de vente par correspondance, est devenue une « vedette ». Elle a pris l'habitude de répondre à toutes les questions, même les plus indécentes.

Jean-Marie, son plus fidèle soutien, n'est plus là pour veiller sur elle, la rassurer, lui dire qu'il ne croit pas aux odieuses insinuations qui l'accablent. Alors, Christine joue avec le feu. Au bout du fil, elle est le plus souvent volubile, comme si elle voulait se libérer de l'anxiété qui la taraude. Elle parle d'abord de sa santé.

Le week-end de Pâques, elle a commis l'imprudence de faire un long trajet en voiture pour passer les fêtes chez une de ses sœurs. A son retour, elle a eu un nouveau malaise et son médecin lui a ordonné le repos complet :

— *Je suis encore très fatiguée,* confie-t-elle. *J'ai perdu l'un des jumeaux que j'attendais.*

Elle évoque ensuite Jean-Marie :

— *Il a très bien fait. Il est maintenant soulagé. Ce qui est dramatique c'est que l'on soit séparés. Il me manque. Lui, qui fumait beaucoup, ces derniers temps il a complètement arrêté.* Autre crève-cœur :

— *Je ne peux plus aller au cimetière de Lépanges, sur la tombe de mon Titi !*

Parfois elle quitte le registre tragique, émouvant, pour pouffer de rire :

— *De ma chambre, à la clinique, j'ai entendu un photographe dans la pièce au-dessus de la mienne. Il ne se doutait pas que j'étais si près.*

Ces conversations, à bâtons rompus, on va amèrement lui en faire grief :

— *Une mère qui vient de perdre son enfant, dont le mari est en prison, ne se conduit pas comme ça.* Et pourquoi pas ? Christine Villemin a 24 ans. Le droit d'essayer de vivre... et d'oublier.

Gilles Ouaki, du « Parisien », est le premier à lui poser les questions que chacun se pose, à la veille de son audition du 17 avril, chez le juge Lambert. L'entrevue a lieu à huit heures du matin dans la salle à manger de Jeanne Blaise. Christine est en robe de chambre de grosse laine, une chaine d'or autour du cou. Sur la table, devant elle, une lettre de son mari.

Gilles Ouaki : *Vous rencontrerez le juge demain afin de témoigner sur le meurtre de Bernard Laroche. Est-il vrai que vous avez acheté le fusil du crime avec Jean-Marie ?*

Christine Villemin : *Oui, c'est vrai. Je suis allée avec lui l'acheter. C'est moi qui ai fait le chèque. Je suis mariée depuis six ans avec Jean-Marie. Quand il allait au garage, faire des réparations de voiture, ou acheter des outils, c'est moi qui faisais les chèques aussi. Alors, je pense que tout le monde devrait comprendre ça.*

— *Quand il a acheté le fusil il vous a dit pour quoi c'était faire ?*

Christine : *Oui. D'ailleurs j'étais tout à fait d'accord. Laroche s'est fait arrêter le 5 novembre. Et nous sommes allés l'acheter le 9 ou le 10 novembre.*

— *Où l'avez-vous acheté ?*

Christine : *A Saint-Dié.*

— *Des gendarmes ont-ils armé le bras de Jean-Marie ?*

Christine : *Des gendarmes, oui. Mais pas plus le capitaine Sesmat que les autres. Il y a une bonne partie des gendarmes qui l'ont poussé, mais d'autres ont été corrects.*

— *Comment certains gendarmes l'ont-ils poussé ?*

Christine : *Ils lui donnant la certitude que Laroche était coupable.*

— *C'est-à-dire ?*

Christine : *Ils lui ont toujours dit : il n'y a pas assez de preuves pour arrêter Laroche, mais il y aura des preuves pour défendre celui qui veut le descendre.*

— *S'il n'y avait pas de preuve, il y avait des suspicions. En ont-ils parlé à Jean-Marie ?*

Christine : *Ils lui disaient ce qu'il y avait. De toute façon, lorsqu'on lisait les P.V. et qu'on allait les voir, ils nous disaient les choses qui étaient contre Laroche et que ça ne pouvait être que lui...*

— *On dit que vous auriez eu des différends avec votre mari. Qu'en est-il ?*

Christine : *Là, c'est entièrement faux. J'adore mon mari. Je ne serais pas en train de le défendre en ce moment, d'être avec lui, à ses côtés, après ce qu'il a fait pour moi et pour un autre enfant. Il a vengé notre enfant ! De toute façon, si je n'adorais pas mon mari, il y a longtemps que je serais divorcée. On n'est plus au temps des seigneurs à rester avec un mari qu'on n'aime pas.*

— *Jean-Marie aurait accepté un divorce, si vous aviez connu des problèmes ?*

Christine : *Oui. Même si j'avais eu une chose avec un autre homme, admettons, sans avoir de rapports, mais que j'avais dit : Jean-Marie... Il aurait très bien compris. D'ailleurs, c'était toujours arrangé comme ça. Même lui, s'il avait préféré une autre femme, avant de me faire cocue, on se serait séparés.*

— *J'ai vu Jean-Marie, j'ai vu l'amour qu'il vous portait. Vus pensez que Jean-Marie aurait accepté que vous partiez avec un autre homme ?*

Christine : *Oui. Il préférerait que je parte avec un autre homme, avant de faire le mal, que... De toute façon, j'aurais divorcé. Il n'aurait pas voulu rester avec moi ou me forcer si je ne l'aimais plus.*

— *Comment avez-vous rencontré Jean-Marie ? On dit que c'est Bernard qui vous a fait vous rencontrer ?*

Christine : *Non, pas du tout. J'ai connu Ber-*

*nard Laroche et Marie-Ange une fois que j'ai fréquenté Jean-Marie.*

*— On a parlé d'une liaison possible entre vous et Bernard Laroche ?*

Christine : *Bernard Laroche n'a jamais été mon amant. C'était vraiment pas mon genre. Avec aucun autre non plus. Je faisais mes huit heures de boulot. J'adorais mon mari. Il me suffisait.*

*— Est-ce que vous rencontrerez maintenant Marie-Ange ?*

Christine : *Non, jamais. Parce que je pense qu'elle a une grande part de responsabilité. Si elle n'avait pas empêché sa sœur de maintenir la vérité, ce qu'elle avait dit au début, Jean-Marie ne serait pas en prison, et son mari aurait eu un jugement correct.*

*— Vous pensez que Muriel détient une part de vérité ?*

Christine : *Oui, elle sait la vérité. Et j'espère maintenant qu'on a assez souffert, qu'elle reviendra sur la vérité.*

*— Vous allez rencontrer demain le juge d'instruction en tant que témoin. Redoutez-vous certaines questions ?*

Christine : *Aucune. J'y suis toujours allée sereine depuis le début de l'enquête.*

*— Comment est le juge Lambert avec vous ?*

Christine : *Correct. Je ne le sens pas contre moi.*

— *Et que pensez-vous des experts en écriture ?*

Christine : *Les experts en écriture, ils ont été bien payés ! De toute façon, je ne me suis pas gênée pour leur dire qu'ils avaient touché un bon chèque !*

— *On dit qu'au début vous ne vouliez pas écrire la dictée. Il a même fallut que Me Garaud intervienne pour que vous acceptiez enfin ?*

Christine : *A aucun moment. La première fois, c'était avec les gendarmes. On l'a écrite tout de suite. La deuxième fois, c'est Jean-Marie. Il s'est attrapé avec les experts, parce qu'on n'était pas au courant de ce qu'on devait écrire. De toute façon, je n'ai jamais été contre. C'est Jean-Marie qui a toujours pris les décisions. Moi, je suis allée devant les experts, j'ai été d'accord tout de suite.*

— *Est-ce que vous avez été le Corbeau, Christine ?*

Christine : *Non, jamais !*

— *Pensez-vous que le Corbeau, la personne qui a écrit la lettre est l'assassin de Grégory ?*

Christine : *Je le pense, oui.*

— *Est-ce que vous voyez un mobile ?*

Christine : *La jalousie, car le couple qu'on présentait tous les deux, avec notre enfant, était vraiment heureux. Je pense que c'est un couple — ça ne me gêne pas de le dire — comme celui des Laroche, qui nous enviait, qui pouvait faire ça ! Je sais que c'était pas la lumière leur couple, aux Laroche !*

— *Mais Bernard Laroche gagnait plus d'argent que votre mari ?*

Christine : *Non, c'est faux. Laroche ne gagnait pas plus d'argent que nous. Il est seulement passer surveillant en septembre 1984, avant il était un simple ouvrier payé au Smic. Donc, il gagnait moins d'argent. Sa maison était peut-être plus grosse, mais elle est beaucoup moins belle intérieurement. Et puis, Jean-Marie et moi on était amoureux, nous.*

— *Que pensez-vous de la piste de l'insuline ? L'ampoule retrouvée au bord de la Vologne ?*

Christine : *L'autopsie du petit a été faite dès le début et ils se sont intéressés à la seringue qui a été retrouvée. Il n'y a pas de trace d'insuline dans son corps. S'il y avait des traces, la piste reviendrait du côté Laroche.*

— *Christine, avez-vous tué votre enfant ?*

Christine : *Non, c'est monstrueux de penser ça !*

— *Que faudrait-il faire à une femme qui aurait agi de la sorte ?*

Christine : *C'est la mort qu'elle mériterait. Même pas de jugement !*

— *Votre mari a une confiance totale en votre innocence ?*

Christine : *Oui, parce que dans sa première lettre que j'ai reçue après qu'il ait descendu Laroche, il m'écrit : « Il ne faut pas m'en vouloir de ne pas t'avoir prévenue ! Grégory était pour moi de l'or pur du trésor que tu es. » Et, à la fin, il m'écrit : « Je t'aime très fort, ma chérie, et ne vis que pour toi. Et pense à notre petit que tu portes. » Si Jean-Marie n'avait jamais ressenti l'amour que j'ai pour lui, il ne m'aurait jamais écrit des trucs comme ça et il n'aurait jamais vengé notre enfant.*

— *Christine, et l'avenir, c'est quoi maintenant ?*

Christine : *C'est attendre mon mari, avoir mon enfant, attendre la sortie de prison de mon mari, et on partira tous les trois ensemble. On partira assez loin, et si on part à l'étranger, je chercherai du travail assez loin. Et si c'est en France, assez loin en France, de ce qui nous est arrivé, on emmènera Grégory avec nous.*

Jean-Michel Lambert attend Christine Villemin de pied ferme. Elle doit venir sans son avocat. Car il n'est pas question, ce 17 avril, d'évoquer le meurtre de son fils. La jeune femme comparaît comme témoin pour celui de Bernard Laroche. Périlleuse entrevue ! Mais le petit juge a prévenu : si Christine est trop fatiguée pour venir à Épinal, le magistrat ira à Petitmont. Christine ne fait pas d'histoire. Elle est même assez bien rétablie pour accomplir une partie du trajet cachée, comme son ami Christine Jacquot.

— *Ça a été toute une histoire,* dit-elle. *Ils m'ont fait asseoir par terre dans une 4L. Ce n'était pas très confortable.*

Elle se désole de ne pas avoir su convaincre le juge de l'autoriser à voir Jean-Marie. Sur son long entretien — quatre heures — avec le magistrat, elle est beaucoup plus discrète. Secret de l'instruction oblige !... Elle n'a pas nié avoir participé aux autres « essais », mais maintient que le 29 mars son mari « voulait simplement avoir une explication avec Laroche ».

Une explication que la jeune femme justifie lors d'une interview accordée à Lucien Miard et Valérie Duponchelle du « Figaro » :

— *Laroche, nous le croyons coupable. Mais il n'est pas seul. Peut-être a-t-il servi de relais à une autre vengeance. Nous avons soupçonné depuis longtemps Michel (l'un des frères de Jean-Marie, ami d'enfance de Bernard) et nous le soupçonnons toujours. Il nous côtoyait et pouvait raconter notre vie à celui qui l'aimait comme un frère... Michel pouvait tenir le rôle d'observateur du Corbeau. D'ailleurs, en ce moment, il dépérit et a perdu treize kilos. Il n'aimait pourtant pas le petit au point d'être bouleversé par sa noyade... Certains ont prétendu que j'aurais dit à Jean-Marie : va tuer Laroche. C'est faux ! Oui les deux autres fois je l'ai accompagné. J'étais d'accord pour qu'il le tue, mais je voulais être à ses côtés. Je ne l'aurais pas empêché et après j'aurais partagé sa peine de prison. Grégory était son fils autant que le mien.*

Les enquêteurs patiemment tissent la toile, dans laquelle ils espèrent prendre le Corbeau et l'assassin, qui sont peut-être une seule et même personne. Les perquisitions qu'ont négligées ou bâclées les gendarmes... ils les refont. Ils fouillent minutieusement les abords de la maison de Lépanges. L'un des inspecteurs passe une bonne partie de son temps à quasiment tamiser le gravier où jouait Grégory le jour de sa mort.

Il passe du tas de sable au toit. Là-haut, il distingue un bout de ficelle qui attache ensemble deux morceaux de gouttière ! Cela fait des mois que les gendarmes puis les policiers cherchent le restant de la pelote de ficelle qui a servi à entraver les poignets et les chevilles de Grégory. C'est un modèle peu courant fait de trois brins de coton torsadés que l'on utilise dans les filatures. Les quincaillers de la région n'en vendent pas ou très peu. Lors des perquisitions du début de l'enquête, on a retrouvé un long métrage de ce « cordonnet » chez un Jacob, un cousin de Bernard Laroche. Celui-ci a toujours affirmé qu'il n'en avait jamais eue en sa possession.

Et si cette ficelle était la fameuse ficelle ? Le policier la récupère sous l'avancée du toit. Un autre morceau traîne près de la maison sur un outil de jardinage. Il en existe deux courts tronçons qui remplacent les lacets d'une vieille paire de chaussures de Jean-Marie. D'autres encore sont retrouvés sur des paquets que les Villemin avaient confiés à des amis après leur déménagement.

Christine a une réponse toute prête :

— *Je ne m'occupe que de mon intérieur. Les outils et les cordes, ce n'est pas mon rayon. Il faudra poser la question à Jean-Marie. Je ne sais pas d'où vient cette ficelle.*

Madame Chatel de son côté explique :

— *Il y a trois semaines, un ami avec lequel je finissais de déménager la maison des enfants a réparé un cheneau avec une ficelle trouvée à proximité. Chez nous, on s'en sert pour entraver les vaches...*

Le 23 avril, On perquisitionne en présence de Christine et de son avocat, Me Garaud, le châlet de Lépanges, vidé de ses meubles. Traînant dans un coin, par terre, il y a encore un morceau de la fameuse cordelette. Ces cordelettes usées, abîmées — celles trouvées à l'extérieur délavées par le grand air et les intempéries — il va falloir les faire « parler », éventuellement en les trempant dans les eaux de la Vologne. Les analyses effectuées sur certains brins dans les laboratoires de la police lyonnaise sont positives. La corde est bien semblable à celle retrouvée sur le cadavre de l'enfant. Des examens plus poussés seront effectués à Paris.

Deux jours plus tard, Jean-Marie est entendu par le juge Lambert. Celui-ci lui montre les bouts de ficelle. Le père de Grégory pâlit. Les chaussures sont bien à lui et il ne peut que constater la similitude des liens qui ligotaient son fils, de ses lacets de fortune et des autres brins de coton. Ce jour-là, le magistrat va le garder six heures dans son cabinet. Christine piétine derrière la porte. Jean-Michel Lambert lui a promis qu'elle pourrait voir son mari. Leur entretien dure trois trop brèves minutes, en présence de gardiens de la paix. Les parents de Grégory ont tout juste le temps de s'embrasser. Ensuite, Jean-Marie est de nouveau enfermé à quelques mètres de là, dans la prison d'Épinal, en attendant son transfert à Nancy.

Ce n'est pas que le 10 mai que Christine et son mari se verront une heure au parloir de la prison de Nancy.

Le 29 avril, Christine, en blouson, pantalon noir et sandales blanches, toute fragile et menue malgré sa grossesse, entre par une porte dérobée dans le palais de justice d'Épinal. On doit lui communiquer le complément d'expertises effectuées après la dictée du 25 mars par Françoise de Ricci et Alain Bucquet. Son avocat l'accompagne. Les deux experts confirment leurs précédentes conclusions.

Christine est « l'auteur possible » du message posté à Lépanges le 16 octobre, celui qui revendique le meurtre de son fils. « Je n'ai jamais écrit ces lettres anonymes, proteste encore une fois la jeune femme. Les experts se trompent ! »

Dernier round de cette bataille, la contre-expertise réclamée par Me Garaud, le 25 mars. Roger Laufer et Jean Glenisson, experts nationaux, commis par le juge, se mettent à leur tour pour un mois au travail...

Christine, elle, est à bout. Elle réagit violemment dans une lettre lue par son avocat contre ceux qui « la désignent » comme coupable...

— *Je n'ai rien à cacher... Pour la justice, les magistrats, je suis la victime... Mais dans les journaux, je suis désignée comme la coupable. Je n'en peux plus. Je ne continue à lutter que pour Jean-Marie, car si je venais à mourir, il ne pourrait pas le supporter. On porte atteinte à ma liberté essentielle, celle d'aller et venir et de pouvoir me déplacer librement... De jour et de nuit, on tente de violer ma porte. Je suis harcelée au téléphone, par ceux qui ont décidé de me juger sur la place publique et de me déclarer coupable...*

# 13.

# ÉPILOGUE : QUI ?

*« Vous qui avez enquêté là-bas, vous avez bien dû vous faire une idée sur l'affaire... Alors, pour vous, c'est qui l'assassin ? »*

Il ne se passe un jour sans que dans notre entourage quelqu'un ne nous pose cette question. Chez des amis, en reportage sur une autre affaire, en congés au bout de la France. L'interrogation est rituelle, dès que l'on apprend que « nous étions là-bas, dans les Vosges : « C'est qui, pour vous ? »

Anciens combattants de Lépanges et d'Aumontzey, nous nous sentons avec quelques dizaines de confrères de la presse écrite, parlée ou télévisée, l'âme de vétérans ayant eu le triste privilège de vivre au jour le jour des événements exceptionnels. Nous savons que dans vingt, trente ans, nous parlerons encore de l'affaire Grégory.

Mais, comme nous, avec nous et en même temps que nous, la France entière s'est découverte une vocation de Rouletabille. Les Français, révulsés par la mort horrible du petit martyr de la Vologne, ont souhaité un châtiment exemplaire pour son bourreau. Au fil des mois, sans oublier Grégory bien sûr, leur colère s'est un peu estompée pour laisser la place à un gigantesque besoin de savoir. Une sorte de curiosité morbide s'est emparé de nous tous.

De même que nous avons envie de courir à la dernière page d'un polar pour connaître le nom de l'assassin, nous sommes depuis des mois impatients (et inquiets) de savoir la fin. Une fin que les enquêteurs ont promis « proche » des centaines de fois, sans cesse remise à plus tard.

Le fiasco de l'enquête, les innombrables rebondissements, les coups de théâtre en cascade ont donné envie à chacun de jouer les Tintin.

Un mélange de curiosité, de voyeurisme, et de grand jeu de piste a envahi la France qui en oublierait presque sa haine pour le Corbeau assassin. Qui a tué ? reste la grande interrogation, mais comme la réponse à une devinette, à un casse-tête chinois.

Le plus brillant auteur de romans policiers n'aurait jamais imaginé le scénario du mystère de la Vologne. L'affaire Grégory dépasse tout ce que l'on a connu jusqu'ici. Dans ces moindres détails, elle est hors norme : mélange d'Eugène Sue ou de Balzac pour ce qui concerne le contexte familiale, elle rappelle Zola ou Marcel Aymé pour son décor mi-prolétaire, mi-rural. Mais c'est aussi Ponson du Terrail et « Rocambole ». Et même Edgar Poe pour le Corbeau. Et par là-dessus, une atmosphère à la Conan Doyle, un zest d'Agathie Christie et la patte de Simenon. Maigret en vacances dans les Vosges serait très à son aise sur les bords de la rivière maudite, omniprésente dans l'affaire Grégory.

Maigret, nous avons essayé de l'être Catherine Tardrew et moi. Voici les pistes qui s'offrent au lecteur, ainsi qu'une tentative d'explication du crime.

## Le scénario du crime

On a beaucoup réfléchi et épilogué sur la façon dont le ou les meurtriers ont agi. Discussions sans fin. Il paraît évident que l'on a souvent mal analysé le geste.

On y a vu un acte supérieurement intelligent, hyper-calculé. Certains ont même envisagé l'emploi de talkies-walkies pour réussir le rapt. Il est certain que cela expliquerait tout... Mais c'est exclu, même s'il est normal d'envisager cette possibilité. Devant l'incapacité de trouver une explication rationnelle, on se prend même à croire à l'intervention d'OVNI, de petits hommes verts et — pourquoi pas ? — d'hommes invisibles... Là encore, l'appel au surnaturel ou aux rencontres du 3e type faciliterait bien les choses.

Mais les choses sont plus simples. Inutile de compliquer à plaisir. Essayons de comprendre, et tout, ou presque tout, s'éclaire.

D'abord il est un postulat qu'il faut garder en mémoire : ce n'est pas le crime lui-même qui est extraordinaire, mais bien la façon dont il a été accompli ; sa mise en scène (pieds et poings liés, la corde...) ; le dépôt de l'enfant dans l'eau ; l'appel de revendication ; la lettre anonyme...

La mise en scène est hallucinante... Dommage que l'assassin ne l'ait pas fait exprès... Car il est aussi sûr qu'il n'avait rien prévu de ce qui est arrivé. L'affaire aurait dû se conclure le soir même. M. Joubert faisait de la prose sans le savoir. Le meurtrier de Grégory a réalisé un scénario génial sans y songer.

Examinons les faits : l'assassin a été obligé de « kidnapper » l'enfant entre 17 h 03 et 17 h 12 au maximum. Un laps de temps qu'il n'a pas pu prévoir, puisque rien n'indiquait qu'obligatoirement Grégory serait dehors. Il aurait suffi qu'il pleuve pour que l'enfant se réfugie dans la maison... et que le scénario échoue.

S'il a déjà posté sa lettre de revendication (entre 16 h 45 et 17 h 12 à la poste de Lépanges), il est pourtant condamné à réussir le rapt puisqu'il ne pourra pas recommencer. Or, même si le ravisseur a passé des journées à surveiller les allées et venues de la maison, rien n'indiquait que Grégory serait dehors le 16 octobre à 17 h 03. Rien donc n'a pu être préparé à l'avance. A moins d'imaginer que ce soit la mère elle-même (sans parler d'une autre hypothèse la concernant évoquée plus loin) qui remette l'enfant au meurtrier. Seule solution pour que le rapt ait cent pour cent de chances de réussites.

De toute façon, le ravisseur pouvait être vu — il aurait dû être vu — à ce moment-là. Le fermier, M. Méline, était dans ses champs ; la fermière voisine gardait ses vaches ; M. Colin remontait la rue avec son chien... Coup de chance inouie, nul n'a aperçu passer sa voiture sur les petites routes où tout le monde voit tout, sait tout, remarque tout.

Or, nul n'a rien remarqué autour du pavillon comme aux alentours de Lépanges et de Deycimont que ce soit sur le C.D. 44 qui conduit à Docelles ou sur les routes minuscules de campagne.

A Docelles, personne encore ne le voit sortir avec l'enfant de la voiture, le ligoter, le jeter à l'eau. Or, à 17 h 20, il fait jour le 16 octobre. Le soleil brille. Des centaines de fenêtres donnent sur la Vologne. Des dizaines de passants ou d'ouvriers sont dans les rues ou traînent pas loin de la rivière bordée d'usines animées qui possèdent des quais donnant sur l'eau.

Quel que que soit l'endroit où Grégory a été « mis à l'eau » (phrase textuelle et significative du Corbeau à Michel Villemin), on aurait dû le voir. Il est tout à fait normal d'ailleurs qu'à 17 h 30 une femme traversant le pont-passerelle de Docelles, en plein cœur du village, remarque le corps de Grégory (qu'elle prend sur le moment pour un sac poubelle). Si c'est bien Grégory qui dérive à cet instant, rien d'étonnant qu'elle le voit. Le plus étrange serait même que d'autres témoins n'aient rien aperçu... Ce qui pourrait signifier que le corps de l'enfant n'est arrivé à Docelles que bien plus tard. Quoi qu'il en soit, l'assassin a bénéficié là encore d'une chance supplémentaire.

Mais détaillons mieux : où Grégory a-t-il été ligoté ? Dans la voiture, sans doute arrêtée au bord de la route ou d'un chemin. Cela a dû demander deux minutes minimum. Personne, là encore, n'a vu le véhicule en stationnement. Si l'enfant a été sorti de la voiture déjà ligoté, il a fallu le porter jusqu'à l'eau. Grégory devait peser quelque quinze kilos. Si l'on soupçonne une femme — la mère entre autres —, comment elle, si frêle, a-t-elle eu la force de le porter jusqu'à la rivière, et sur combien de mètres ?... Était-il endormi par un somnifère, ce qui a dû rendre son ligotage moins aisé...

Si l'enfant n'a été attaché qu'au bord de l'eau, étonnant que personne n'ait vu un homme, une femme ou un couple descendu d'une voiture dans Docelles avec un enfant ; marcher jusqu'au bord de la Vologne ; puis prendre le temps de le ligoter sans qu'il bouge trop (on ne l'a pas assommé), ce qui demande deux minutes ; de lui passer une corde au cou pour y lester une pierre (qu'il a fallu trouver) — à moins bien sûr que cette corde ne soit qu'un symbole. Enfin, enfoncer son bonnet, ficeler celui-ci pour le faire tenir avec un lien ; puis prendre l'enfant dans ses bras et de le déposer sur l'eau... Et aucun témoin n'aurait aperçu cette scène ?...

Il semble anormal que sur ces points les enquêteurs n'aient pas, à notre connaissance, effectué une sorte de reconstitution avec un enfant de même poids et de taille égale que Grégory aux divers endroits supposés, comme ils l'ont fait avec un mannequin pour les essais de flottaison. Les enquêteurs n'ont semblé s'intéresser uniquement qu'au moment où Grégory était noyé, en négligeant les instants d'avant, peut-être tout aussi capitaux. Ne serait-ce que pour analyser le comportement du ravisseur dans ces moments dramatiques.

Mais si personne n'a rien vu, c'est peut-être que le crime ne s'est pas déroulé à Docelles. Entre Lépanges et ce village existent plusieurs points facilement accessibles en voiture depuis la route. Comme ce petit chemin de terre qui, deux kilomètres avant Docelles, prend sur la gauche en venant de Lépanges, à travers champs et bois et rejoint la Vologne. Le courant était fort, le 16, et rien ne dit que le corps n'ait pas été jeté ici. Si c'est un sac poubelle qu'a bien vu finalement le témoin de Docelles, il est à supposer que le corps n'est arrivé dans le village sous la passerelle que bien plus tard. Peut-être même que quelques minutes seulement avant 21 h 30, heure de sa découverte. Ce qui expliquerait que personne ne l'ait vu dans la soirée et n'ait aperçu un quelconque suspect vers 17 h 15 ou 20...

Cela laisse un grand choix de lieux où le ravisseur a pu noyer l'enfant. S'il est passé par Prey (sans avoir besoin d'aller à Docelles), il a suivi, après avoir mis la lettre à la poste, une minuscule route qui rejoint La Neuveville-devant-Lépanges et Le Boulay en longeant la Vologne. Rien de plus facile sur ce parcours de jeter le corps sans même descendre de voiture... Et là, aucune habitation, aucun témoin possible...

Et qu'a fait ensuite l'assassin ? Il ne s'est bien sûr pas volatilisé. Si l'on pense à une possible culpabilité de la mère, il lui a fallu retourner à toute allure chez elle, pour faire croire qu'elle y était avant de redescendre chez la gardienne de Grégory. A moins bien sûr qu'elle ne se soit rendue directement chez la nourrice dès son retour de Docelles, ce qui expliquerait qu'elle y soit arrivée dès 17 h 22-25, comme l'affirme la nounou. Ce qui expliquerait aussi son désarroi, concrétisé par cette confidence qui ressemble à une excuse, à un besoin de justifier son acte : « Si tu savais ce que j'ai enduré pendant des années ! »

Mais quel que soit — dans l'hypothèse de la piste de la mère —, le parcours suivi par la jeune femme, nul n'a vu la petite R5 bleu-noir revenir de Docelles, ni sur la grande route, ni par la petite route qui, de Deycimont, rejoint les hauts de Lépanges. Étonnant...

Même réflexion pour n'importe quel autre assassin possible : nul n'a remarqué une absence injustifiée (hormis celle de Bernard Laroche qui a un trou dans son emploi du temps à l'heure du crime) et vu une voiture suspecte ; pas même remarqué le retour à son domicile de l'assassin... S'il est marié et que sa femme ne soit pas complice, celle-ci a bien dû se douter de quelque chose. Et le reste des cordes, qu'en a-t-il fait ?

## Le crime

Contrairement à ce qu'on a longtemps cru, l'assassin a agi de façon on ne peut plus absurde. Il y a calcul dans la décision du rapt et sans doute du crime (encore que là rien ne soit prouvé), mais pas dans son exécution précise. Il aurait dû être vu à un moment quelconque. Sa folie meurtrière (car il y a folie) l'a aveuglé. Aveugle, il a rendu les autres aveugles. Comme par miracle, sa cécité a gagné les autres : il s'est glissé entre les regards comme un homme invisible !... C'est, répétons-le, une série de coups de chance inouis qui ont empêché qu'il soit surpris. Son but n'était pas de se cacher — élément secondaire pour lui ou elle — mais de faire le plus souffrir, et de tuer.

On a eu trop souvent tendance dans cette affaire à

inverser les données. Ce n'est pas dans l'exécution du meurtre qu'il y a un aspect extraordinaire, même s'il a réussi, mais dans le scénario. Enquêteurs, juges et journalistes ont eu tendance à voir dans le retentissement donné à l'affaire et sa mise en scène spectaculaire et morbide, la main d'une sorte de surhomme. D'un crime de fou, d'infantile ou d'immature, servi par la chance, on a fait un crime de Machiavel génial. « Il a suivi son chemin sans prendre garde à ses pas », écrivait fort justement Jacques Lesinge dans « Le Figaro ».

Le seul but du meurtrier était de faire mal sans en prévoir les conséquences, sans penser à l'après. La preuve en est la lettre anonyme et l'appel téléphonique.

Le meurtrier a agi comme s'il n'était pas sûr, comme s'il ne savait pas qu'on découvrirait le corps de Grégory. Comme s'il craignait qu'on prenne l'assassinat pour le crime d'un rôdeur ou de quelqu'un d'autre ou, qu'au pire, on le confonde avec un accident (fugue, jeux d'enfants inconscients, etc.). Il lui fallait signer son geste.

C'est ce qui intéressait le meurtrier ou la meurtrière : être sûr qu'on ne confonde pas crime et accident. Au risque d'être démasqué. Comportement infantile, « maladif », au sens psychiatrique du terme.

Autre signe de ce comportement « a-normal » (hors norme) : l'assassin ne s'est pas rendu compte de la gravité de son geste et des conséquences qu'il allait entraîner, alors que chacun a conclu, durant les proportions prises par l'affaire, qu'il savait ce qu'il adviendrait : l'enquête, les experts graphologues, les gendarmes, la radio, la télévision, les journaux, les avocats, les bagarres d'experts, etc.

Or, il n'a pas une seconde pensé à tout cela. Son coup de téléphone et sa lettre le prouvent. Ils émanent d'un esprit primaire, qui pensait que son crime pouvait rester non découvert, impuni.

Le meurtrier n'avait pas prévu ce déferlement, cette extraordinaire enquête et la stupeur de la France entière.

Même si l'on suppose que c'est la mère de l'enfant qui ait pu commettre ce crime, comme certains le laissent entendre, les mêmes remarques s'imposent. Il est évident qu'elle non plus dans son scénario n'avait pas pesé les conséquences de son geste. Si c'est elle, la façon absurde avec laquelle elle a calculé son horaire, la poussant à revenir à 17 h 23/25 — donc trop tôt — chez la nourrice, le prouve. Elle n'avait pas prévu que des enquêteurs suspicieux, chronomètre en main, examineraient à la loupe ses moindres faits et gestes. Elle non plus, il va de soi, n'avait pas pensé au gigantesque déferlement et à l'épouvantable cataclysme que déclencherait son geste fou.

Le plus extraordinaire, si l'on envisage cette effroyable piste que l'opinion se refuse et se refusera toujours (sauf preuves formelles et aveux précis) à admettre, — ce serait alors l'attitude de cette jeune femme après son acte. On peut comprendre qu'une mère assassine son enfant sur le coup de la colère, d'une crise de démence ou qu'elle maquille un accident en meurtre. Les infanticides ne sont pas rares, mais ils sont d'ordinaire très vite découverts. Mais l'esprit et la raison se refusent à envisager le double jeu qu'aurait pu élaborer après le crime cette femme. Les cas de « dédoublement de personnalité » existent. Mais comment imaginer que le père de l'enfant et tous ses proches n'aient rien remarqué d'anormal au cours des années dans le comportement de la jeune femme ? Comment envisager que sa propre mère — bien placée pour connaître les traumatismes subis par sa fille depuis sa prime enfance — n'ait jamais rien soupçonné de cette folie naissante ?

Or, là, rien de tel. Non seulement ce « suspect » aurait noyé son fils, mais, après, aurait joué un rôle jamais vu. Détournant les soupçons sur des proches (la 4 L, puis l'histoire du « pied sous la table ») pour les faire accuser, sans penser à avouer une seconde son crime. Elle aurait donc aussi — si ce n'est pas elle le Corbeau qui a sévi pendant des années — rédigé la lettre postée à Lépanges, en s'inspirant de l'écriture des précédentes missives ! Elle aurait ainsi joué une comédie jamais vue : sanglotant à la morgue, s'évanouissant (pour de vrai, nous pouvons en témoigner : nous avons vu son absence totale de réactions, lorsque le médecin sous nos yeux lui a effectué deux intramusculaires...) ; continuant à vivre comme par le passé auprès de son mari et des siens, sans que ceux-ci la soupçonnent un instant. Même au plus fort des accusations lancées contre elle ! Ce serait elle, enfin, qui aurait, dit-on, poussé son mari à assassiner l'inculpé libéré.

Du jamais vu !... Inimaginable. Au-delà du seul aspect moral que l'opinion se refuse d'admettre, il s'agirait là d'un cas de « perversion mentale » jamais rencontré, semble-t-il, à ce jour dans les annales médicales. Un cas sur lequel les psychiatres du monde entier se pencheraient pour tenter de comprendre de quel mal est atteint le cerveau de cette mère qui a voulu « très vite » un autre enfant « pour qu'il ressemble » au petit martyr...

Reste les autres pistes. Il y en a une foule. Toutes ou presque restent aujourd'hui plausibles.

La piste d'un camarade de jeu de Grégory. Ce genre de drame est assez courant. Les derniers mois nous en ont offert plusieurs exemples : des gamins jouent ensemble ; un adolescent un peu fragile psychiquement invente une histoire effroyable, mélange de roman-policier, d'aventures, besoin de tuer, absence de notion de morale, de peur du gendarme, inconscience de la mort...

Cette piste n'est toujours pas à exclure totalement, même si elle paraît difficilement envisageable en l'occurrence.

La piste d'un malade mental. L'acte, nous l'avons dit, est celui d'un fou. Folie ne signifie pas démence. Un geste démentiel est un geste accompli en principe sans préparation, sans préméditation, subitement, de façon imprévisible. La folie est plus complexe et peut prendre d'innombrables formes : folie obsessionnelle, persécution, haine, désir de vengeance, paranoïa, schizophrénie, avec des sautes d'humeur, des crises passagères, des éclairs de lucidité ou au contraire des passages à l'acte. Elle peut être cachée. Un « fou » peut préméditer son geste, le calculer, écrire au besoin pour revendiquer et... téléphoner. Il est capable de conduire une voiture, de guetter, etc.

Or, dans l'affaire Grégory, une personne pouvant correspondre à ces critères existe, même si cette piste est — à priori — à exclure.

La piste d'une vengeance. Cette thèse reste, aujourd'hui, la plus probable. Le Corbeau l'a écrit lui-même. Mais le mot vengeance peut recouvrir n'importe quoi, même le désir de se venger à tort pour un fait que l'on reproche à quelqu'un sans que cette personne ait conscience d'avoir mal agi ou de mériter punition. Un individu souffrant de persécution et s'estimant lésé (à tort) peut donc avoir agi. Mais aussi une femme délaissée, un proche jaloux, envieux. Et puis existe aussi la vengeance à l'état brut, primaire, crapuleuse.

Dès les premiers jours de l'affaire, on a parlé d'un terrible « secret » dans la famille. Il a contribué à faire du dossier ce qu'il est et à l'entourer de son extraordinaire mystère. Le secret de l'instruction ; les fuites et les confidences incontrôlables de la part des magistrats et des enquêteurs ; l'absence d'informations sûres ; les histoires d'appels et de lettres anonymes ; les menaces du

Corbeau ; son geste, enfin, ont accrédité cette thèse. « Il faut bien que ce secret soit terrible pour qu'un meurtrier tue un enfant dans d'aussi horribles conditions », a dit la rumeur. C'est alors que surgit l'hypothèse d'une vengeance sur le père à travers son enfant. On rejoint alors la piste des affaires crapuleuses non élucidées dans la région. Ces crimes et ces hold-up commis sans qu'on n'en arrête les coupables. Les seuls inculpés se trouvent être des proches parents de la famille. C'est suffisant pour que l'on ait envisagé des affaires du même genre... Des complices qui se vengeraient à la suite d'un partage mal fait. Là encore, cette hypothèse est peut-être à écarter. Les Villemin sont des gens respectables. Mais il est regrettable que les enquêteurs lancés sur l'affaire Grégory n'aient pas profité de l'occasion pour rouvrir les extraordinaires dossiers qui font de cette région l'une des zones les plus « criminogènes » de France. Cela aurait eu au moins le mérite d'écarter définitivement cette piste aux yeux de l'opinion.

La vengeance peut être aussi celle d'un proche et d'un familier. C'est la plus probable. Il fallait être au courant d'innombrables détails intimes de la famille pour agir. « Cherchez le dernier témoin ; son témoignage est toujours capital », dit une vieille règle en vigueur chez les policiers. Comme on dit, « cherchez la femme ». Le dernier témoin, c'est Christine. Mais, le fait de se contredire dans ses premières déclarations, de ne pas pouvoir affirmer avec certitude quelle radio elle écoutait, ou les heures précises auxquelles elle s'est rendu chez les uns ou chez les autres, ne constituent pas une présomption de culpabilité. De même, le fait que des témoins n'aient pas aperçu Grégory dans la voiture qui remontait vers le pavillon...

Il y a bien sûr le cas Laroche. Jean-Marie Villemin est devenu meurtrier à son tour parce qu'il a cru jusqu'au bout à la culpabilité du contremaître d'Aumontzey. Il n'est pas le seul. La mort de Laroche est dramatique, inadmissible, mais elle n'efface pas totalement les soupçons qui pesaient sur lui. Tout repose encore sur le témoignage de Muriel. Quand a-t-elle menti ? Quand elle me disait avoir vu son beau-frère chez tante Louisette à l'heure du rapt ? Quand elle avouait aux gendarmes avoir menti et qu'elle leur donnait des précisions étonnantes sur la façon dont Laroche avait réalisé le rapt ? Ou quand elle s'est rétractée en affirmant que les gendarmes l'avaient forcée ?

Quelles que soient les thèses que l'on adopte, soit par convictions personnelles ou par idéologie politique (non absente dans le débat...), il y a un mensonge quelque part. Si ce n'est pas Muriel qui ment quand elle constitue l'alibi de Bernard, ce sont donc les gendarmes qui se retrouvent accusés d'avoir travesti la vérité, et même pire : d'avoir menti. Grave accusation. Difficile encore d'imaginer que des enquêteurs aient pu par maladresse agir ainsi. Car il faut bien écarter l'hypothèse qu'ils aient forcé la jeune fille sciemment à accuser son beau-frère.

Jean-Marie Villemin a tué parce qu'il refusait de mettre en doute la parole des gendarmes. Leur compétence. Il a tué par respect pour ces hommes qu'il savait acharnés à traquer la vérité. Par respect aussi pour les décisions de la justice : il savait que le parquet était opposé à la libération de son ancien ami. Trop de choses sont encore troubles dans le dossier Laroche. Pour Jean-Marie Villemin, comme pour tant d'autres encore dans l'opinion, il n'est pas envisageable que justice et enquêteurs aient pu ainsi si gravement se fourvoyer.

C'est cela l'affaire Grégory. Un extraordinaire fait de société où le mystère, le doute, la violence ont cohabité pour en faire l'affaire la plus étrange, sans doute, de ce demi-siècle. Ce petit garçon qui souriait à la vie et qui disait « Salut, à demain ! » à ses petits camarades de classe, un soir d'octobre 1984, sera sans doute depuis longtemps oublié, que l'on parlera toujours de l'affaire Grégory. Car rien ne sera jamais terminé. Il y aura toujours des doutes quant à la culpabilité de tout « coupable » que la justice nous présentera. Il y aura encore de nombreux procès (ne serait-ce que celui de Jean-Marie devant les Assises), des batailles épiques entre les avocats. Les plus grands ténors du barreau se disputeront la vedette. Les experts graphologues venus du monde entier viendront se contredire et se déchirer à la barre des témoins. On disséquera l'enquête dans les écoles de police, de gendarmerie, de magistrature. On dissertera longtemps sur l'affaire. Y aura-t-il un jour une fin ?

Bernard Groslier.
...mai 1985

*Les illustrations contenues dans cet ouvrage sont dues à :*
*Angeli (Franck Canshi - J.-M. Siaud).*
*Sygma (Jacques Pavlovsky - Armel Brucelle - Éric Préau - Gilles Ouaki).*
*L'ensemble de la recherche iconographique est de Gilles Ouaki.*

*Cet ouvrage a été réalisé sur*
*Système Cameron*
*par la SOCIÉTÉ NOUVELLE FIRMIN-DIDOT*
*Mesnil-sur-l'Estrée*
*pour le compte des Éditions CARRÈRE-Michel LAFFON*
*le 24 mai 1985*

Direction technique : Claude Fagnet
Direction artistique : Dominique Jehanne
Attachée de presse : Nathalie Ladurantie

*Imprimé en France*
Dépôt légal : juin 1985
N° d'édition : 3911 – N° d'impression : 2594
ISBN 2-86804-125-5

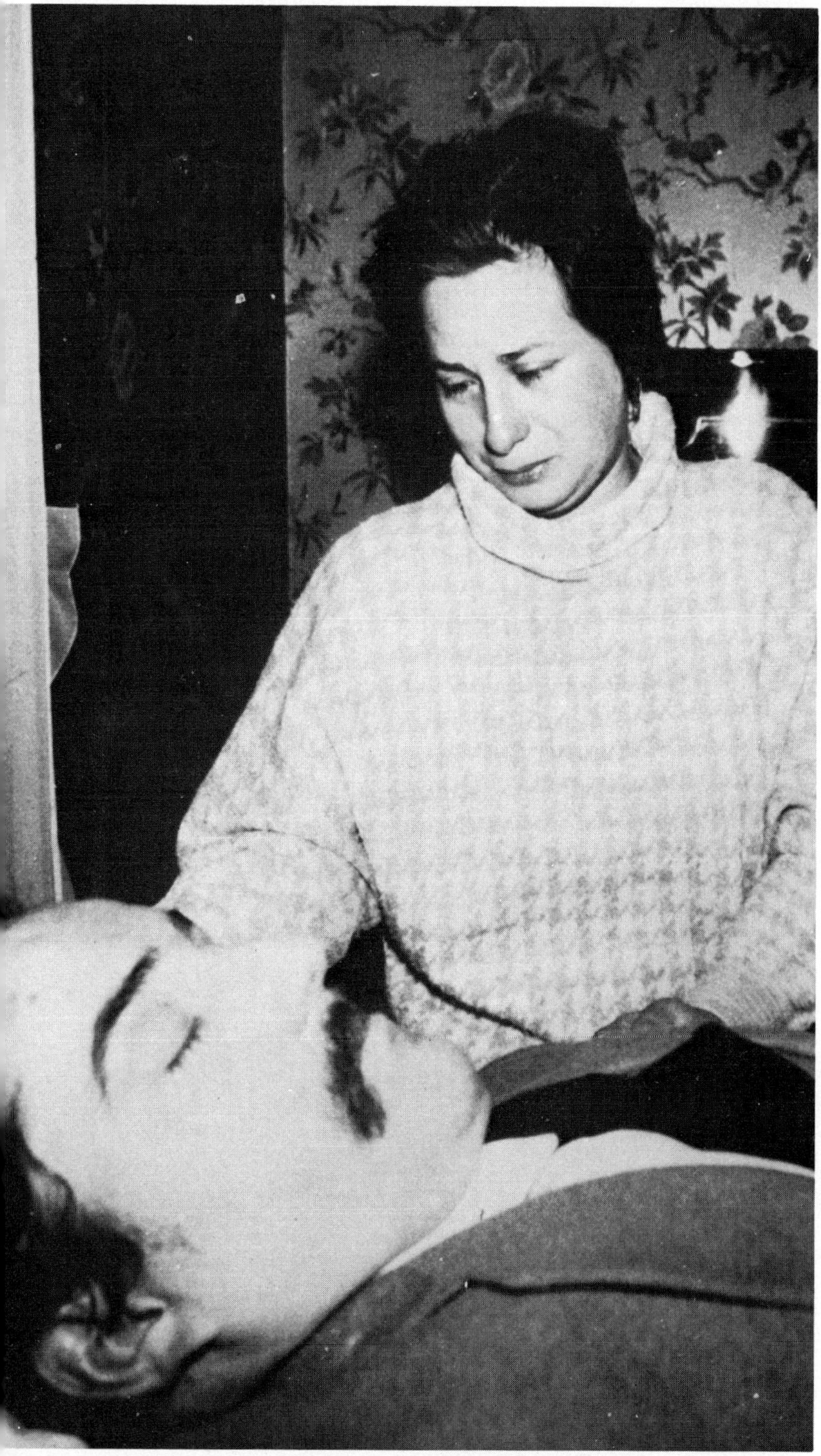

Bernard Laroche sur son lit de mort... Jean-Marie Villemin a tué, l'avant-veille, l'homme qu'il pensait être l'assassin de son fils. Marie-Ange, effondrée de douleur, pleure l'homme qui était toute sa vie. En signe de deuil, elle s'est coupé les cheveux.

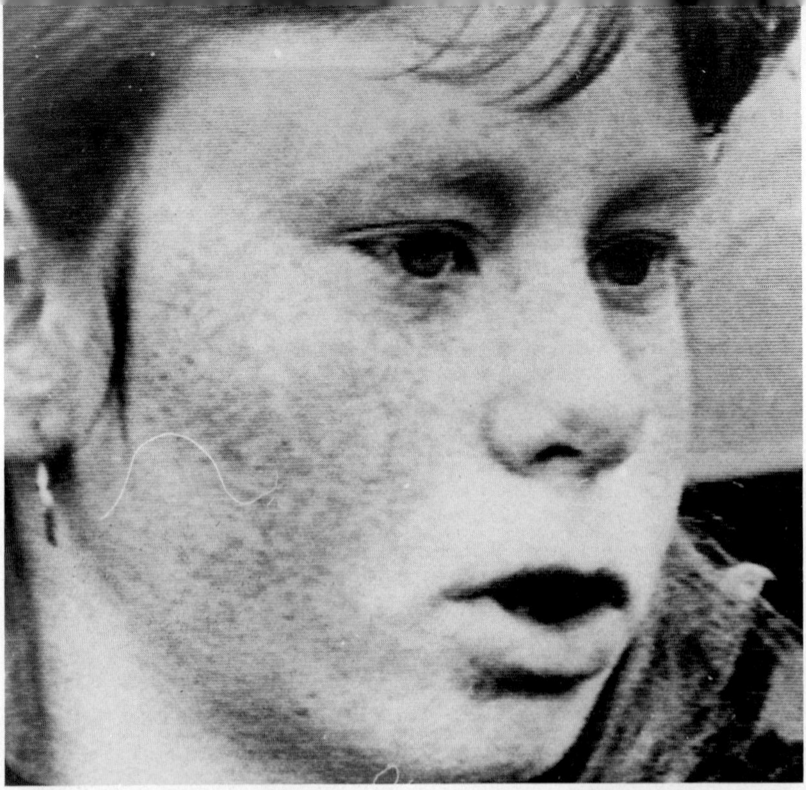

Muriel, la jeune belle-sœur de Bernard Laroche. C'est à partir de son témoignage controversé que les gendarmes ont établi la "culpabilité" du contremaître d'Aumontzey.

Bernard Laroche et Muriel, sa jeune belle-sœur : l'accusé et son accusatrice. La jeune fille ne savait pas encore que son témoignage enverrait son beau-frère en prison et à la mort.

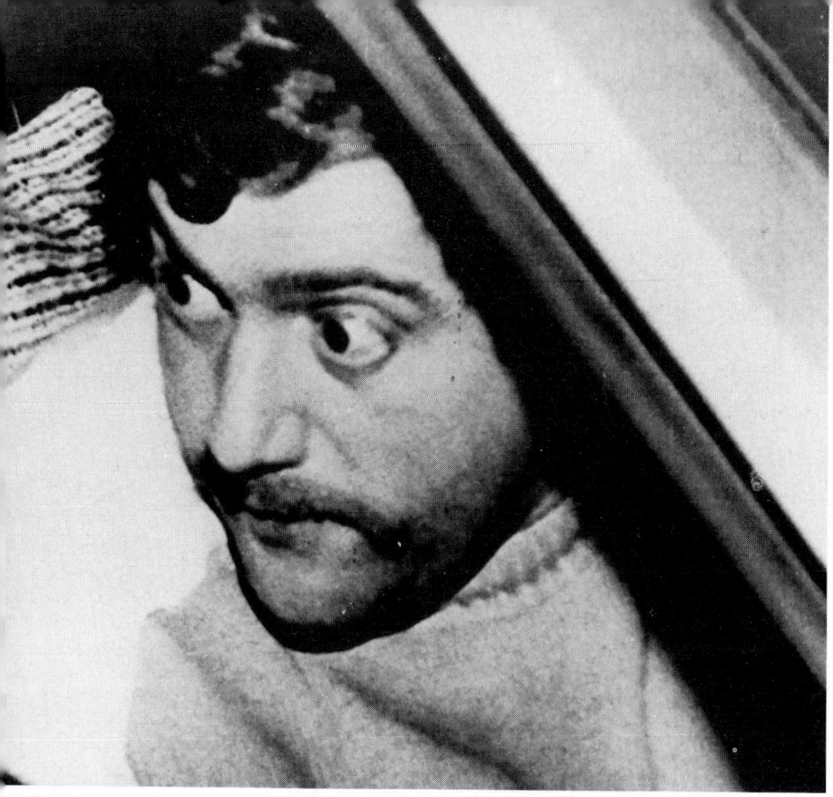

Un visage de bon gros chien un peu pataud, discret, timide, réservé, c'est Bernard Laroche. Etait-il innocent du crime de Lépanges ?

Bernard Laroche est arrêté le lundi 4 ou 5 novembre 1984 à son usine de Granges-sur-Vologne. Les gendarmes ne lui ont même pas laissé le temps de se changer et l'arrêtent en bleu de travail.

Deux familles, deux destins parallèles : on est frappé par la similitude des vies des couples que formaient Jean-Marie et Christine Villemin et Bernard et Marie-Ange Laroche.

Deux familles heureuses de vivre avant la tourmente.

La maison de Bernard Laroche.
Les deux contremaîtres, tous deux pères de famille, avaient fait construire une maison identique en bordure des bois.

Ce couple qui marche dans la campagne : Bernard et Marie-Ange Laroche et leur fils, Sébastien.

La maison de Jean-Marie Villemin.

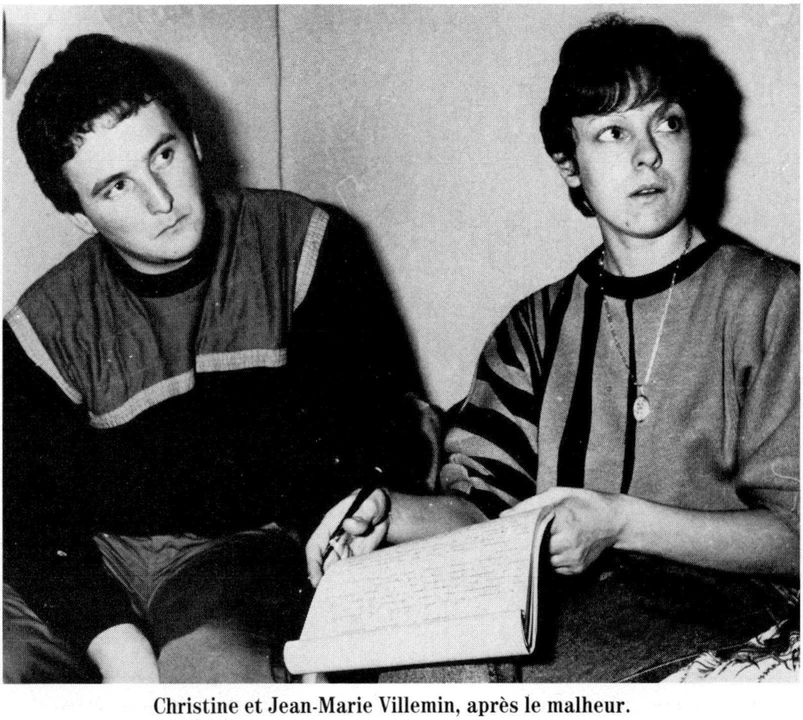

Christine et Jean-Marie Villemin, après le malheur.

Cet homme à l'allure décidée : Jean-Marie Villemin rendant visite à sa femme Christine, hospitalisée. Dans cinq heures, il abattra de sang-froid Bernard Laroche...

Jean-Marie vient d'abattre Bernard Laroche. Sur les marches du pavillon, Muriel, la jeune belle-sœur dont les déclarations ont été capitales, est anéantie. Devant elle, inconscient du drame qui vient d'avoir lieu, Sébastien, le fils de Bernard Laroche, brandit un pistolet en plastique sur les journalistes.

Cinq mois après les obsèques de Grégory à Lépanges, on enterre, dans le petit cimetière de Jussarupt, Bernard Laroche. Même douleur, même accablement. Quand donc la vendetta prendra-t-elle fin ?

Devant le cercueil de son mari, Marie-Ange, digne, qui fera l'impossible dans les jours de colère pour calmer les cris de vengeance de sa famille.

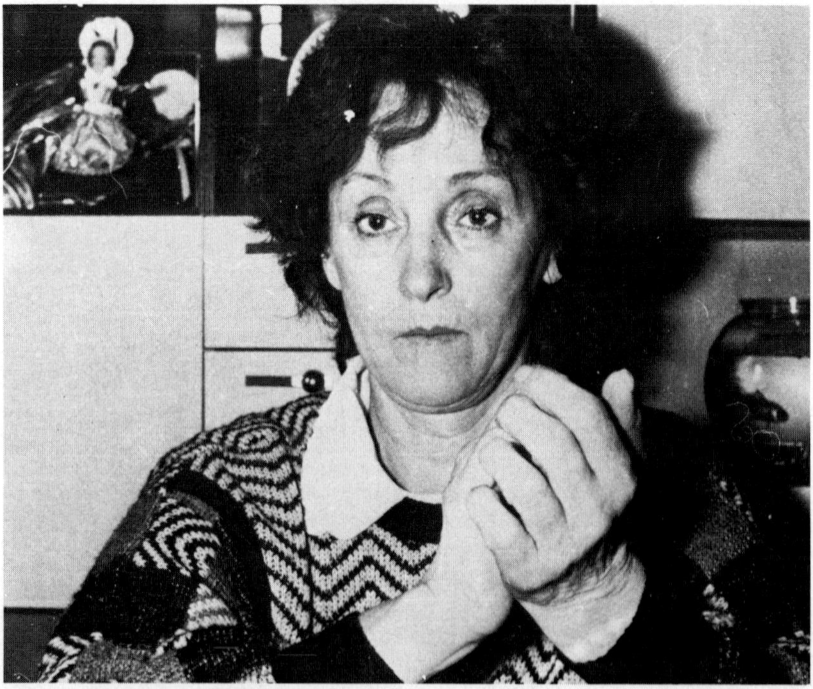

Gilberte Blaise, la mère de Christine Villemin : “De toute façon, la justice se fera d'elle-même”, a-t-elle dit, peu avant l'acte fou de son gendre.

Albert Villemin, le grand-père paternel de Grégory : un brave homme à l'allure de professeur Tournesol qui assiste, impuissant, avec sa femme Monique, à la tempête qui atteint sa famille. Longtemps, il a été la victime du corbeau.

Une image du bonheur : Jacky, le demi-frère de Jean-Marie Villemin, se marie avec Liliane. A leurs côtés, les parents de Liliane, Roger et Paulette Jacquel. Tous les quatre feront au début de l'affaire de parfaits suspects.

Dans leur maison de Granges-sur-Vologne, Jacky et Liliane. Ils ont enregistré plus de cent appels du corbeau qui les a longtemps insultés.

Le capitaine de gendarmerie Etienne Sesmat, le patron de l'enquête, avant que le S.R.P.J. ne prenne la relève. Il s'était juré de découvrir l'assassin. Christine Villemin l'accuse d'avoir influencé Jean-Marie en lui certifiant que Laroche était le vrai coupable.

A gauche : le procureur Jean-Jacques Lecomte. A droite : le juge Lambert.

Monsieur "Claude", médium à Epinal, est régulièrement consulté par divers membres du clan Villemin. Il leur aurait "révélé" le nom probable du corbeau assassin.

Entourés par les journalistes, Me Welzer et Me Prompt, les avocats de Bernard Laroche, au lendemain de l'assassinat de leur client par Jean-Marie Villemin. Rarement, la presse n'aura joué un rôle aussi important dans une affaire.

Bernard Groslier, auteur de ce livre avec les protagonistes de ce drame.

Le 7 février, à dix heures du matin, lors d'un rendez-vous secret, il recueille les réponses de Marie-Ange et de Bernard Laroche (en bas).